深圳市宣传文化事业发展专项基金资助项目

第三届中国（深圳）收藏文化月活动集萃

玉成中华

上

东北地区泛红山文化

长江中下游地区史前文化

刘云辉　韩昌晟　主编

深圳市收藏协会　编

文物出版社

图书在版编目（ＣＩＰ）数据

玉成中华：第三届中国（深圳）收藏文化月活动集萃/ 刘云辉，韩昌晟主编；深圳市收藏协会编 -- 北京：文物出版社,2021.9
ISBN 978-7-5010-6833-3

Ⅰ. ①玉… Ⅱ. ①刘…②韩…③深…Ⅲ. ①玉器－收藏－中国－图集Ⅳ. ①G262.3-64

中国版本图书馆CIP数据核字(2020)第196693号

玉成中华 第三届中国（深圳）收藏文化月活动集萃

主　　编：刘云辉　韩昌晟

编　　者：深圳市收藏协会

责任编辑：张朔婷

责任印制：陈杰

出版发行：文物出版社

地　　址：北京市东城区东直门内北小街2号楼

邮　　编：100007

网　　址：www.wenwu.com

印　　刷：深圳市碧兰星印务有限公司

开　　本：889x1194 1/16

印　　张：31.5

版　　次：2021年9月第1版

印　　次：2021年9月第1次印刷

书　　号：ISBN 978-7-5010-6833-3

定　　价：598.00元（套）

本书编委会

主　编：　刘云辉、韩昌晟

统　筹：　吴　忠、叶舒宪

策　划：　罗伯健、陈绍华

顾　问：　邓淑苹、王仁湘、叶舒宪、古　方、李国强、岳　峰、易　华、张鹏飞、唐士乾
　　　　　（按姓氏笔画为序）

鉴定专家：　刘云辉、院文清、施　俊
　　　　　（按姓氏笔画为序）

编　委：　刘云辉、朱淑华、李　鑫、杨慧积、张　娟、邵寅生、
　　　　　苟　云、林海英、岳　峰、胡文高、唐士乾、常　瑶、
　　　　　韩昌晟、廖健超、廖郭平
　　　　　（按姓氏笔画为序）

设　计：　姚雪晖

摄　影：　丘诚志、廖健超

（本书所收录器物，经鉴定专家组审核，均符合其标称历史年代，来源清晰合法。）

玉成中华

第三届中国（深圳）岐藏文化月活动集萃

陶伯堂题

目 录

第三届中国(深圳)收藏文化月 玉石器展 上

■ 前言 | 009-011

■ 序言 | 013-014

东北地区泛红山文化 | 016-145

■ 打制器、斫砸器、磨制器 | 019-033

■ 玉珠、玉管 | 035-044

■ 玉玦 | 045-052

■ 玉环、玉璧 | 053-064

■ 玉镯 | 065-067

■ 玉匕形器、玉笄 | 069-074

■ 玉斧、玉钺

075-083

■ 玉刀、玉剑

085-089

■ 玉鸮、玉鸟首形器

091-095

■ 斜口筒形器

097-108

■ 玉猪龙

109-115

■ 玉蝉

116-119

■ 三联璧

120-121

■ 勾云形玉器

123-131

■ 其他

132-145

长江中下游地区史前文化 ┃ 146-192

■ 良渚文化玉石器

148-183

■ 石家河文化玉石器

184-192

前言

　　层出不穷的考古出土材料让国人的视野超越文献资料记载，生动清晰地认识中华文明发生期特有的文化基因。这个基因的重要代表之一，那就是玉。玉对华夏后人的影响，是对玉的神圣化信仰所形成的生命力，是强而持久的玉文化传承，华夏文化思想精神的主体来源也同玉的信仰无法分开。从传播学史的视角，玉早就成为前汉字时代中国文化编码的最重要符号载体。在用神话思维解释万物起源和现象的史前，玉是人与天地沟通的有效媒介，是人类智慧结晶的符号物。作为信仰和观念的文化传播载体，玉礼教的分布空间从广袤北方、南方、中原以及河西走廊一带，到台湾岛，甚至拓展到整个东亚地区。关注史前玉文化分布与演进线索，通过红山文化、凌家滩文化、良渚文化、石家河文化、齐家文化和石峁文化、陶寺文化的相互关联，可以大致还原出中国史前信仰的核心和主线。作为中国最古老宗教和神话的玉礼教，产生于大约4000多年以前的无文字、无金属时代。那时在中原以外地区已经率先产生出以玉礼器体系为突出特色的文明萌芽，例如东北地区的兴隆洼文化，距今已有8000年左右。

　　华夏玉崇拜发现之前，存在不同信仰杂陈的假设，星罗棋布的玉器崇拜现象遍及大江南北，使得整体性的玉礼教信仰呼之欲出。将玉崇拜向上延伸到华夏文明发生的大背景中，审视玉文化对于孕育中华文明的基因和编码作用，这一方向在近20年的玉研究领域成果丰硕。若要举出史前玉文化中以礼器为符信的情况，文献例证为《尚书》第一篇《尧典》所讲的尧舜禅让政权之后，登基大典上的"班瑞于群后"一事。舜帝接替尧的王位后，举办祭祀上帝群神的国家礼仪，收集五种瑞玉，召见四方部落的领袖，以颁发瑞玉为执照信物，完成国家中央权力与地方统治者之间的分权统治关系。"辑五瑞"及"班瑞"的事件，可以表明玉礼器使用者共同的信仰，"瑞"作为显示天意神意的好兆头符号物其内涵的行政性意义必须为颁发者及接受者所共同熟悉。在此前提下，以玉为信物的统治制度，方有可能成立。换言之，以玉的共同信仰观念为基础的史前玉文化已发达到相当程度，才有可能出现中原地区的华夏第一王权建构过程中的玉瑞制度。正是由于中华玉文化信仰和基因的无间延续，中华民族才以玉之七德修身治国安天下，坚韧不拔、自强不息，屹立于世界民族之林。

中华文物林林总总，中华文化博大精深，在多如灿星的文物宝库中，"玉"与人的品德融为一体，"君子比德与玉"，玉文化早已融入中华民族的血脉和灵魂。在世界范围内，中华文化多元一体的格局是独一无二的，中华文明绵延不断的生命力是独一无二的，在悠悠万载的中华文明长河中，玉石文化与中华文明始终相伴，从未间断。无论是"中原中心说"还是"满天星斗说"，无论是东夷西戎还是南蛮北狄，各地域、各族群的迁徙融合都与玉文化的交流传播、融汇发展息息相关。每一件玉石文物特别是史前玉石文物，无不经历了冰霜雨雪的洗礼、天地沧桑的变化而备显珍贵。此次中华史前玉器展览及图录编撰，旨在通过史前中华古玉的展示，让观众从珍贵的历史文物中认识中华文化，找到根魂，增强中华民族的认同感和文化自信，同心同德，努力开创，共同实现中华民族伟大复兴的中国梦！

2020年举办的第三届"中国（深圳）收藏文化月"于2019年5月开始组织筹备，同年9月发布《面向全球征集第三届"中国（深圳）收藏文化月"展品的公告》（以下简称《公告》）。《公告》发布后，来自国内外的民间藏家纷纷响应，并根据《公告》要求将藏品照片发至指定邮箱，经组委会初步审核后，通过第一轮审核的藏品由藏家送至收藏文化月组委会进行第二轮审核。第二轮审核采用"按地域知名专家分区筛选"的模式邀请该地区业界公认的专家审核当地征集来的史前文化玉器。同时又请专家和民间收藏家跨地域交叉鉴别，剔除存疑的器件，确保所有参展藏品不存疑，保真、保质，让观众亲眼所见真正的史前遗物，真实地感受先民的智慧和几千年中华文明传承延续的脉络。

本书精选收录了在活动中参加"中华古玉研讨会"的部分专家学者论文，以飨读者。

序言

罗伯健

原中国国家文物局文物交流中心主任、中国收藏家协会会长

　　《玉成中华》一书作为第三届"中国（深圳）收藏文化月"系列活动的展品图录，大体收集了我国各个地区（包括东北、西北、东南、西南、中原）民间收藏的史前文化玉、石器。据我所知，深圳市收藏协会在去年第二届"中国（深圳）收藏文化月"活动举办之前就已经在筹划第三届了。他们对本届活动高度重视，做了大量筹划工作，用了一年多的时间，奔走在各个史前文化玉器的重点区域，拜访权威专家和收藏大家，为能高质量地办好这届活动做好充分准备。

　　"中国（深圳）收藏文化月"系列活动是全国民间收藏的文化盛事，举办得非常成功。中国收藏家协会作为活动主办方之一，每届活动都有参加，尤其是首届收藏文化月活动，与第十七届全国民间收藏文化（深圳）高层论坛相结合，吸引了国内外收藏组织、全国各地区优秀非国有博物馆大咖齐聚深圳，互相学习、借鉴，集思广益、取长补短，被业界一致评为"勇于探索创新的大胆举措"，在全国起到了示范和引领作用，对推动全国收藏文化活动的蓬勃发展具有积极意义。

　　玉成中国。中国也被称为"玉石王国"，中国人对玉石文化的崇拜和热爱自古延续至今。自中华文明诞生以来，玉石文化便与其相辅相成，紧密相连，从未间断。玉石文化是中华文化的重要组成部分，它承载着中华文化的精髓，维系着中华民族的民族精神。本届"中国（深圳）收藏文化月"活动以中华史前玉、石器为主，秉承科学、严谨的态度，保证每件展品"真""精""美"的同时，彰显源远流长，历经沧桑巨变却从未间断的中华优秀传统文化魅力。本届活动最大的特点，打破前两届只有一个专家组统一鉴定的模式，在全国筛选不同地区具有代表性、权威性的专家进行实物分类初选，再将每

位专家的评选初稿电子文本发给其他参与评选的专家，提出不同意见，再次商榷，努力做到"不留疑问、真中取精"。深圳市收藏协会作为"中国（深圳）收藏文化月"活动的承办方，无论是活动组织、活动规格还是活动影响力都为业界树立了标杆。

韩昌晟先生既是"中国（深圳）收藏文化月"活动组委会执行主任，又是深圳市收藏协会会长，也是中国收藏家协会常务理事。2011年，我出任中国收藏家协会会长，召开第一次理事会的时候，与深圳韩会长相识，我们共同商议举办了"首届中国收藏组织创新发展（深圳）高层论坛"和"迎大运·第九届全国体育收藏品展"。之后，我多次参加深圳市收藏协会的活动，每次活动的质量都很高，也很严谨，不难看出深圳市收藏协会的实力和水平，尤其对2017年在深圳盛世收藏博览馆展出的战国楚越青铜剑、戈，印象深刻。深圳市收藏协会举办的很多活动，都得到了深圳市委、市政府及各区委、区政府的大力支持，充分体现出深圳市各级政府十分重视发现、培养、扶持民间力量参与公共文化服务体系建设，积极建设中国特色社会主义先行示范区的前瞻性眼光。

"中国（深圳）收藏文化月"活动全面向社会展示了民间收藏底蕴，为民间收藏持续良好发展树立了榜样，提高了民间收藏的影响力，让更多人认识到民间收藏的实力。我希望所有民间藏家和民间收藏组织能够联合起来，多开展高质量的收藏文化活动，让老祖宗留下的宝贵文化遗产"活"起来，以民间聚集的优秀历史文化成果服务社会，给人民群众送去更加丰富的文化盛宴，使人民有更多的获得感、幸福感，为传承和弘扬中华优秀传统文化贡献一份力量。

2020年6月30日

玉成中華

打制器 斫砸器 磨制器 ■

玉斧、玉钺 ■

玉匕形器、玉笄 ■

玉镯 ■

玉环、玉璧 ■

玉玦 ■

玉珠、玉管 ■

其他 ■

勾云形玉器 ■

三联璧 ■

玉蝉 ■

玉猪龙 ■

斜口筒形器 ■

玉鸮、玉鸟首形器 ■

玉刀、玉剑 ■

展品编号：001

名称：石人像

年代：新石器时代早期

规格：高：20.5cm 宽：10.0cm

介绍：数万年前原始艺术品，横跨欧亚大陆草原广阔地域，造型特征却惊人一致，
工艺粗糙突出乳房和小腹等女性特征，有类似巫术般的祈求生殖崇拜，是面
对恶劣生存条件，追求族群生命繁衍的原始人类普遍信仰。

旧石器时代，人类使用打制石器、石核、石铲、斫砸器、刮削器、尖状器等。新石器时代，人类广泛使用遍体磨光石器。此时地质年代上已进入全新世，大约距今1.8万年开始，结束时间从距今5000多年至2000多年不等。

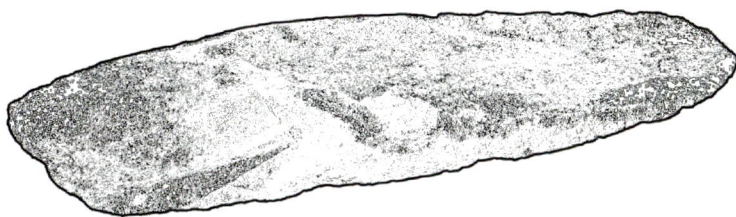

打制器
斫砸器
磨制器

展品编号：002

名称：石铲

年代：新石器时代泛红山文化

规格：长：30.0cm 宽：10.5cm 厚：3.0cm

介绍：石质，原始生产工具利用原始形状，经敲打造型更便于手持和使用。

展品编号：003

名称：斫砸器

年代：新石器时代泛红山文化

规格：长：16.5cm 宽：8.0cm 厚：3.5cm

介绍：石质，斫砸器具有明显加工和使用痕迹，左侧为手握部位，右侧为斫砸部位。

展品编号：004

名称：砍砸器

年代：新石器时代泛红山文化

规格：长：28.0cm 宽：9.0cm 厚：4.5cm

介绍：水草花玛瑙质，照光通透，色彩美丽。上面为背部宽厚（可砸），下面窄薄似刀
　　　刀（可砍切），右侧手握便于砍砸。表面附着有坚硬的土结核和碱壳。

展品编号：005

名称：石斧

年代：新石器时代泛红山文化

规格：长：11.5cm 宽：4.0cm

介绍： 石质，表面有密密麻麻的敲打痕迹，显然是精细敲打而成，侧边有锯齿状敲打痕，整体

小巧精制，表面包浆厚重，应该是主人随身携带，使用较多的器物。

展品编号：006-1

名称：石耜

年代：新石器时代泛红山文化

规格：长：31.8cm 宽：3.0cm 厚：2.0cm

介绍：石质，打磨器，原始社会人们使用的石制锹形农具。

展品编号：006-2

名称：石斧

年代：新石器时代泛红山文化

规格：长：9.5cm 宽：4.0cm

介绍：石质，**打磨器。**

展品编号：006-3

名称：石斧

年代：新石器时代泛红山文化

规格：长：7.0cm 宽：3.0cm

介绍：石质，**打磨器。**

展品编号：007-1

名称：石斧

年代：新石器时代泛红山文化

规格：长：11.0cm 宽：4.3cm

介绍：石质，磨制器是在打制石器基础上采用了磨制
技术，工具更加精细，与农耕生活相适应，是
新石器时代的重要特征。

展品编号：007-2

名称：石斧

年代：新石器时代泛红山文化

规格：长：11.0cm 宽：4.3cm

介绍：石质，磨制石器。

展品编号：007-3

名称：石斧

年代：新石器时代泛红山文化

规格：长：8.3cm 宽：3.6cm 厚：1.2cm

介绍：石质，新石器时代磨制石器。

展品编号：008

名称：石磨盘、磨棒

年代：新石器时代泛红山文化

规格：大：长：29.0cm 宽：18.0cm 小：长：17.0cm 宽：5.5cm

介绍：石质，磨盘、磨棒配套使用，用于谷物脱壳颜料研磨等，是早期的农耕文化文物。
内蒙古敖汉旗的小米种植历史已经超过7500年，此器物从磨损状态看，应该使用
了很久很久。

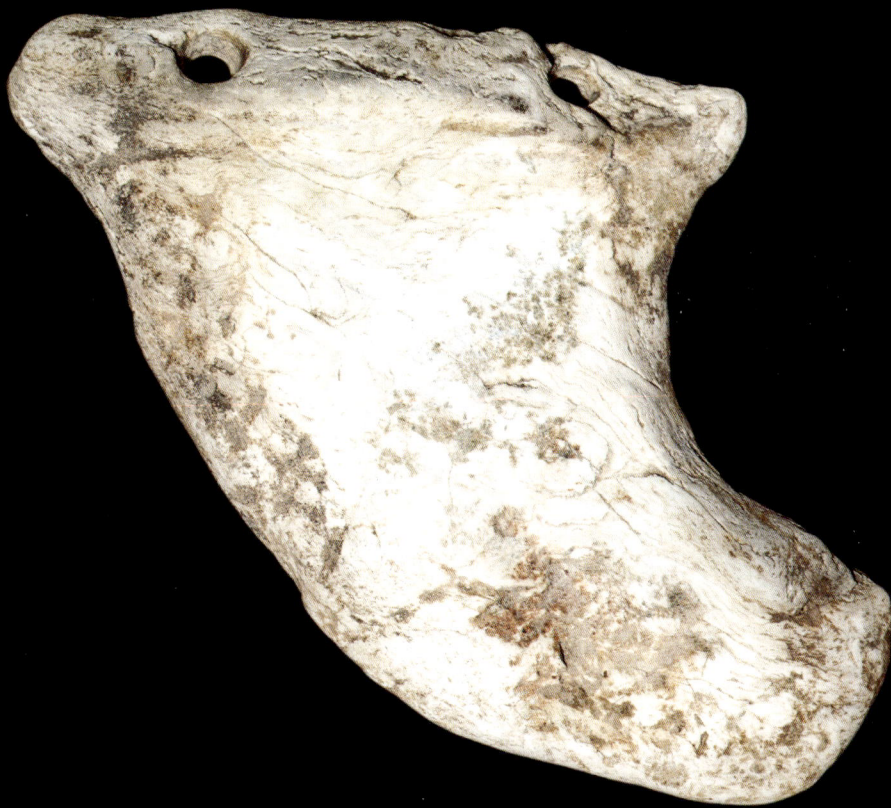

展品编号：009

名称：玉勾镰

年代：新石器时代泛红山文化

规格：长：12.0cm 宽：7.5cm

介绍：地方玉，玉质已石化，触摸仍有玉质的温润柔滑之感，一面弧凸一面平，顶部有
　　　两个穿孔，用途不详。

展品编号：010

名称：玛瑙三角器

年代：新石器时代泛红山文化

规格：长：5.2cm 宽：1.9cm 厚：0.2cm

介绍：玛瑙三角形器，为捶打敲击制成，表面留有捶打制作痕迹，整体包浆浑厚。

展品编号：011

名称：玛瑙刀、玛瑙三角器

年代：新石器时代泛红山文化

规格：高：6.5cm～9.0cm 宽：2.1cm～2.7cm 厚：0.5cm

介绍：玛瑙刀，为捶打敲击制成，表面留有捶打制作痕迹，整体包浆浑厚。

展品编号：012

名称：玉斧

年代：新石器时代泛红山文化

规格：长：5.5cm 厚：0.8cm 孔径：0.8cm

介绍：地方玉料，菱形实用工具，中部有对穿孔，留有台阶痕。

展品编号：013

名称：三棱玉珠型器

年代：新石器时代泛红山文化

规格：高：6.8cm 宽：6.0cm 孔径：0.7cm

介绍：地方玉料，三棱玉珠型器，整体受沁，底部有穿孔，应为实用工具。

考古报告显示，最早出现的玉器，在距今10000年至8000年前，这些玉器是耳环、玦和项饰、珠管等。当人类解决生存问题之后，精上便有了更高的追求，装饰性的玉石器应运而生。

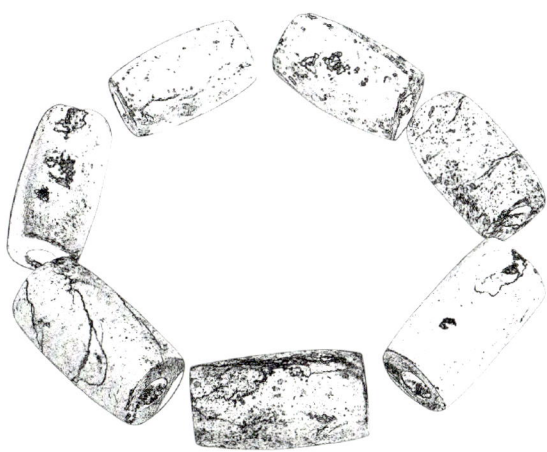

玉珠
玉管

展品编号：014

名称：玉珠

年代：新石器时代泛红山文化

规格：长：3.5cm 孔径：0.9cm

介绍： 透闪石玉，玉珠，黄绿色玉质，局部有土咬痕迹，两面对钻穿孔，两端孔口处有可能是长期
使用磨损呈斜口状态，抑或是当时崇尚的器型，表面包浆浑厚。

展品编号：015

名称：玉管

年代：新石器时代泛红山文化

规格：长：青:6.3cm 黄:5.8cm   孔径：青:0.8cm 黄:1.0cm

介绍：地方玉料，玉管，一枚钙化比较严重，一枚玉质呈墨绿色，两面均有使用破损痕迹。

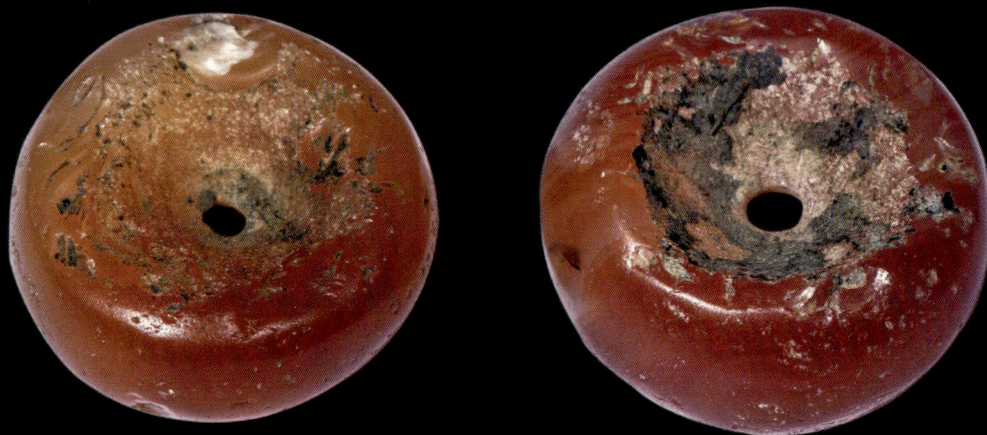

展品编号：016

名称：玛瑙磨盘珠

年代：新石器时代泛红山文化

规格：直径：2.2cm～2.4cm 厚：0.9cm

介绍： 红玛瑙磨盘珠，整体包浆浑厚，两面对钻孔，表面有磕碰使用痕迹，是红山文化早
期玛瑙器的典型器形。

展品编号：017

名称：玉珠

年代：新石器时代泛红山文化

规格：长：3.0cm～4.0cm 孔径：0.8cm～1.0cm

介绍：透闪石玉珠，部分已经白化，有土咬沁斑，双面对钻穿孔，局部有螺旋纹状沙痕。

展品编号：018

名称：玉管

年代：新石器时代泛红山文化

规格：残长：13.2cm 直径：1.9cm 孔径：0.5cm

介绍：透闪石玉管，钙化比较严重，两面均有使用破损痕迹。

展品编号：019

名称：玉珠

年代：新石器时代泛红山文化

规格：上：外径：2.7cm 孔径：0.9cm　左：外径：2.2cm 孔径：1.0cm　右：外径：2.3cm 孔径：0.9cm

介绍：透闪石玉珠，大的整体白化，小的呈黄绿色玉质，局部有土咬沁斑，包浆浑厚，双面对钻穿孔。

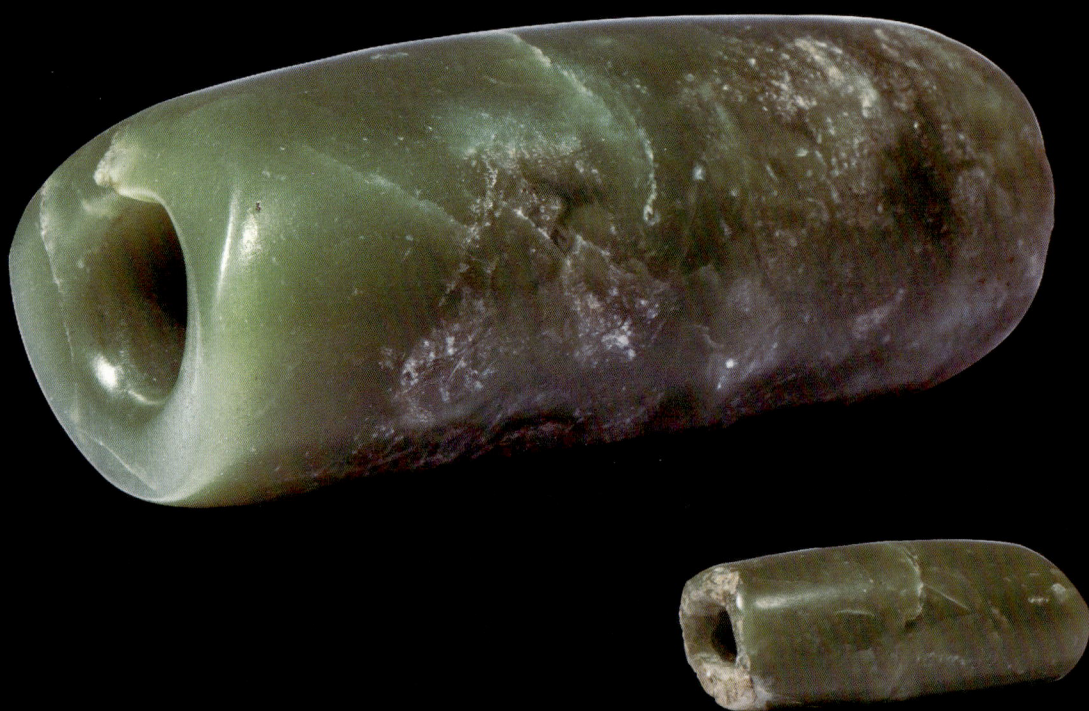

展品编号：020

名称：青玉管

年代：新石器时代泛红山文化

规格：高：7.0cm 直径：2.7cm 孔径：1.0cm

介绍：透闪石玉管，青灰色透闪石玉质，表面有白色沁斑，双面对钻穿孔，两端口部不甚齐整。

展品编号：021

名称：玉珠串

年代：新石器时代泛红山文化

规格：长：3.0cm～3.5cm 粗：1.8cm～2.0cm 厚：0.6～0.8cm

介绍： 地方玉料，玉质为米白色，玉质细密，不透明。管体呈圆柱状，略不规整圆，两
端平齐，系程钻对钻孔，孔内可见加工时留下的螺旋纹即来复线纹，管体通体打
磨，光素无纹，有绺纹沁、黑褐色沁柏油状斑点，油腊包浆内敛均匀自然。

展品编号：022

名称：玉珠串

年代：新石器时代泛红山文化

规格：长：1.2cm～1.8cm 粗：1.1cm～1.7cm 厚：0.25cm～0.4cm

介绍： 地方玉料，腰鼓型，白色，不透明，表面土蚀形成疏松的鸡骨白。通体磨光无纹，两端平齐，
两侧对穿孔，孔壁内可见细密的螺旋纹。

■ 玉玦是人类历史出现最早的玉器，早在8000年前的兴隆洼文化，考古即发现了遗存的玉玦。玉玦是最早的耳环，后期一直延续至楚汉，汉代以后玦形玉器消亡。质地各异，玉质细腻温润，整体状态熟旧，加工工艺古拙，符合早期玉器工艺特征。《山海经》之《海外北经》：『北方禺疆，人面鸟身，珥两青蛇，践两青蛇。』叶舒宪教授认为，北方新石器时代玉文化发端于被称为『珥』器的玉饰，那是一种青绿色环状的玉玦。偏旁『王』就是『玉』。珥字从玉从耳应该同以玉饰耳的远古习俗相关。——

玉玦

展品编号：023

名称：玉玦

年代：新石器时代泛红山文化

规格：外直径：3.4cm 厚：0.8cm 孔径：1.0cm

介绍：透闪石，玉玦，透闪石玉质，大部分白化，局部开窗见地，玦口处不平整，留有线切割痕迹。

展品编号：024

名称：玉玦

年代：新石器时代泛红山文化

规格：高：1.5cm～1.9cm 宽：2.0cm～3.0cm 孔径：1.0cm～1.2cm

介绍：透闪石，玉玦，大的已经整体白化，小的显现深绿色玉质，局部有土咬痕迹，玦口不平整。

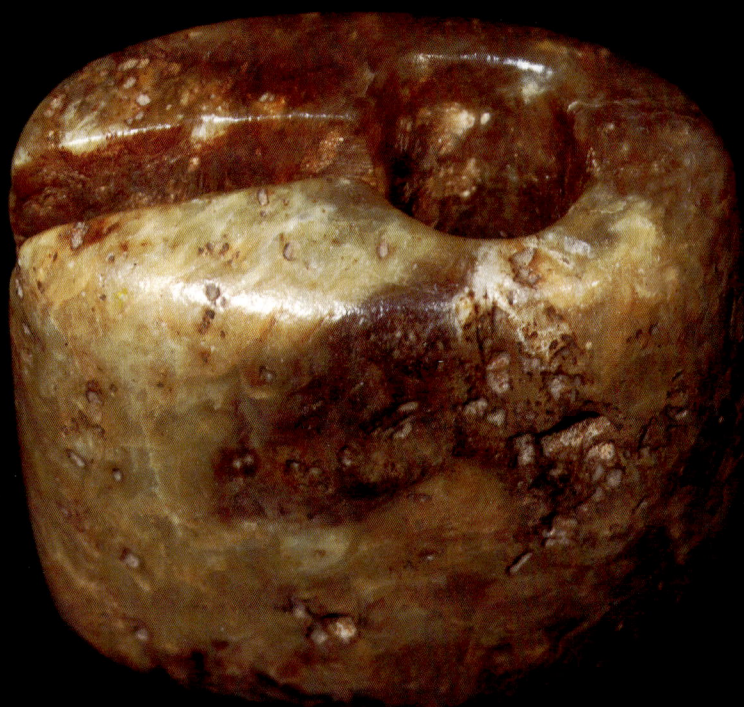

展品编号：025

名称：扁玉玦

年代：新石器时代泛红山文化

规格：高：2.3cm 宽：1.7cm 孔径：0.4cm

介绍：透闪石，玉玦，透闪石玉质，整体已经白化，沁色不均，局部呈现褐色，有土咬痕迹，包
　　　浆浑厚，孔为对钻，玦口比较平整，有明显由内而外的线切割工痕。

展品编号：026

名称：玉玦

年代：新石器时代泛红山文化

规格：高：1.2cm 宽：2.5cm 孔径：0.8cm

介绍：青白玉，玉玦，透闪石，黄绿色玉质，整体包浆浑厚，局部有沁斑，玦口相对比较平整。

展品编号：027

名称：玉玦

年代：新石器时代泛红山文化

规格：左：外径：4.5cm 孔径：2.5cm 厚：0.8cm 右：外径：4.6cm 孔径：2.1cm 厚：1.0cm

介绍：左：青玉玦，右：白玉（闪石）玉玦，透闪石玉质，左玉质偏青，右玉质黄绿，玉质莹亮，
整体包浆浑厚，玦口比较平整。

展品编号：028

名称：玉玦

年代：新石器时代泛红山文化

规格：高：1.2cm 宽：5.2cm 孔径：2.3cm

介绍： 大理岩材质，玉玦，整体已经白化，局部有褐色沁斑和土咬痕迹，玦口不甚平整，
残留碱斑PH试验呈强碱性。

展品编号：029

名称：玉玦

年代：新石器时代泛红山文化

规格：高：1.3cm 宽：3.5cm 孔径：2.0cm

介绍： 玉玦，透闪石，灰青色玉质，局部有褐色。黑色沁斑，包浆浑厚，两面对钻穿孔，
　　　玦口平整。

玉环、玉璧的出现，有可能比玉玦还要早。距今近一万年的黑龙江小南山遗址出土了数量较多的玉璧和玉环，吉林省也有发现同类的玉璧。玉璧有圆形，亦有方形而圆角，玉璧作为祭祀器在红山文化时期首开中华文明礼器之先河。

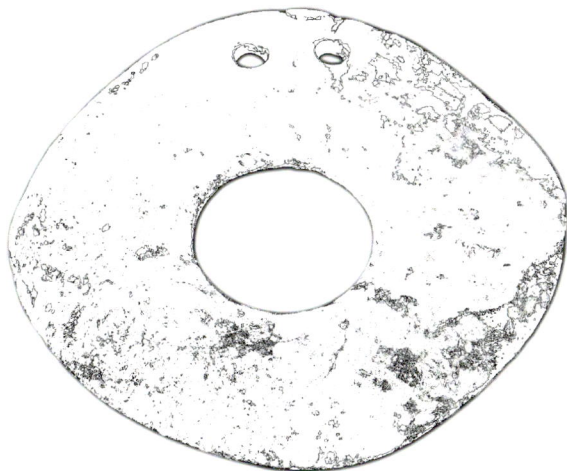

玉环玉璧

展品编号：030

名称：玉环

年代：新石器时代泛红山文化

规格：直径：5.5cm 孔径：4.0cm

介绍：玉环，黄绿色玉质，中间厚，边缘薄，青白玉质地，玉质细腻温润，整体状态熟
旧、形态古拙，造型自然质朴。包浆浑厚，局部有沁斑。

展品编号：031

名称：玉环（方圆）

年代：新石器时代红山文化

规格：外径：12.7cm 宽：11.8cm 厚：0.7cm 孔径：8.1cm

介绍：玉环，整体白化，微黄钙化发白，呈不规则的方圆，局部开窗见地，有土咬沁斑，中间孔呈不规则方圆。

A 面　　　　　　　　　　　　　　　　　B 面

展品编号：032

名称：玉璧

年代：新石器时代红山文化

规格：直径：4.5~5.8cm 孔径：2.0~2.5cm

介绍：玉璧，透闪石，玉质呈黄绿色，局部有白色沁斑，整体包浆浑厚，钻孔呈不规则
　　　圆形。

展品编号：033

名称：玉璧

年代：新石器时代红山文化

规格：直径：12.5cm　孔径：6.0cm　厚：0.5cm

介绍：玉璧，透闪石，玉质呈深绿色，白化部分较多，局部有褐色沁斑，整体包浆浑厚。

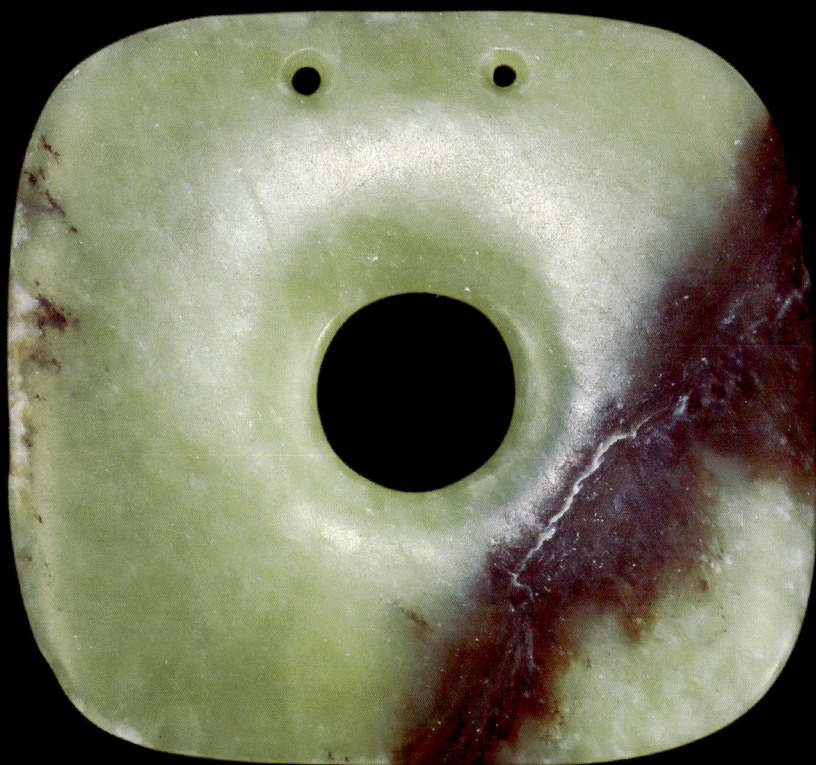

展品编号：034

名称：黄玉方璧

年代：新石器时代红山文化

规格：外径：10.2cm 宽：12.2cm 中孔：3.9cm

介绍：玉璧，黄绿色透闪石玉质，方形圆角，两系孔和中孔均为对面研磨穿透而成孔，微观看研磨孔侧

坡均有细微沁蚀斑，光气足，过渡自然，三分之一有黑色，深褐色沁，整体包浆浑厚和谐。

展品编号：035

名称：玉璧

年代：新石器时代红山文化

规格：外径：17.2cm　宽：16.9cm　孔径：8.0cm　厚：1.4cm

介绍：玉璧，透闪石，玉质深绿色，局部有土咬痕迹，中部厚，两边薄。

展品编号：036

名称：菱形双孔玉璧

年代：新石器时代红山文化

规格：高：9.15cm 宽：9.7cm 厚：0.5cm

介绍：玉璧，透闪石，黄绿色玉质，整体呈菱形，一端有两个穿孔，局部有白色，褐色
沁斑，整体包浆浑厚。

展品编号：037

名称：玉璧

年代：新石器时代红山文化

规格：直径：4.1cm～4.7cm 孔径：1.8cm 厚：0.15cm～0.25cm

介绍：青玉，磨制，器形扁平片椭圆状，内外廓边略薄，表面光素无纹，器身有白化灰
　　　皮及浅土黄沁，云片状结理斜沁纹，橘皮状皮壳明显，油腻包浆内敛均匀自然。

展品编号：038

名称：玉璧

年代：新石器时代红山文化

规格：直径：3.8cm～4.3cm 孔径：0.8cm 厚：0.2cm～0.4cm

介绍：青黄玉，磨制，器形扁平片椭圆状，内外廓边略薄，表面光素无纹，端有一实心

钻孔，器边有浅土黄沁，云片状结理斜沁纹，绺纹沁，油腊包浆内敛均匀自然。

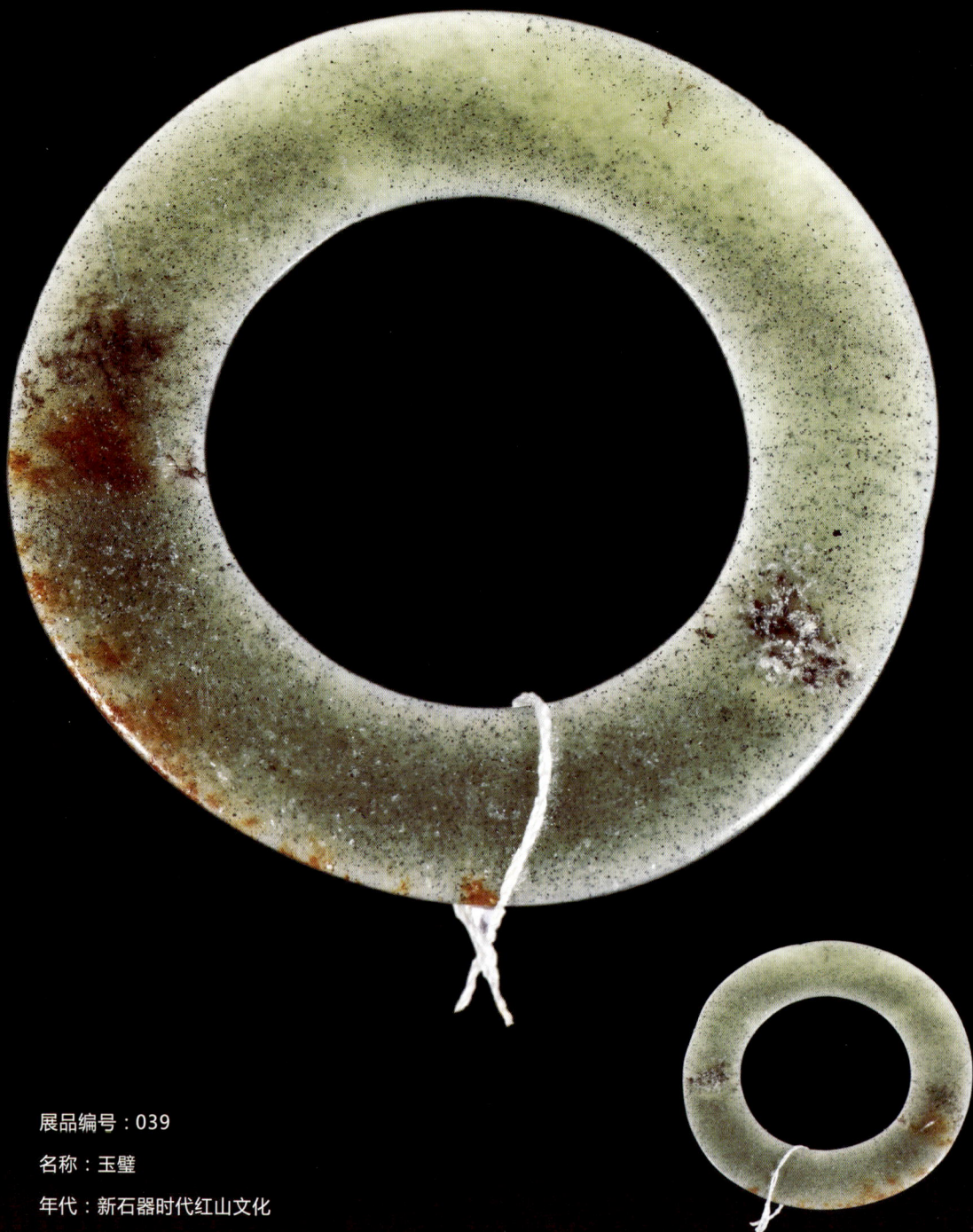

展品编号：039

名称：玉璧

年代：新石器时代红山文化

规格：直径：6.4cm～6.7cm 孔径：3.8cm 厚：0.1cm～0.15cm

介绍：淡青玉，磨制，器形扁平片圆状，内外廓边略薄，表面光素无纹，器边浅土黄沁，
油腊包浆内敛均匀自然。

■ 红山文化遗址出土了很多玉镯。玉镯是装饰腕部的饰品，由早期的环和瑗发展而来。玉镯如同玉璧，其形似女性生殖器，应为女性之象征，属生殖图腾崇拜器。由母系氏族社会发展而来的游牧民族部落，认为是女性创造了人类社会，所以仍然对女性充满崇敬心理。当时生育与繁衍仍处在神秘阶段，人们佩以玉镯，以求得到祖先庇护和部族的人丁兴旺。

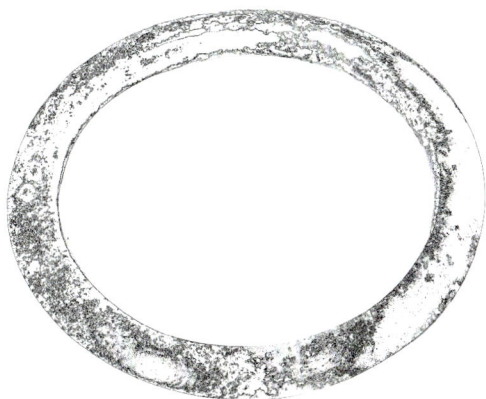

玉镯

展品编号：040

名称：玉镯

年代：新石器时代红山文化

规格：外径：7.3cm 内径：6.7cm 厚：0.7cm

介绍：玉镯，透闪石，白色玉质，中间厚两边薄，边缘呈斜面，有不均匀的黑色沁，整
体包浆浑厚。

展品编号：041

名称：玉镯

年代：新石器时代红山文化

规格：外径：12.6cm 内径：10.2cm 厚：0.9cm

介绍：玉镯，透闪石，灰青色玉质，中间厚两边薄，边缘呈斜面，有不均匀的黑色沁，
　　　整体包浆浑厚。

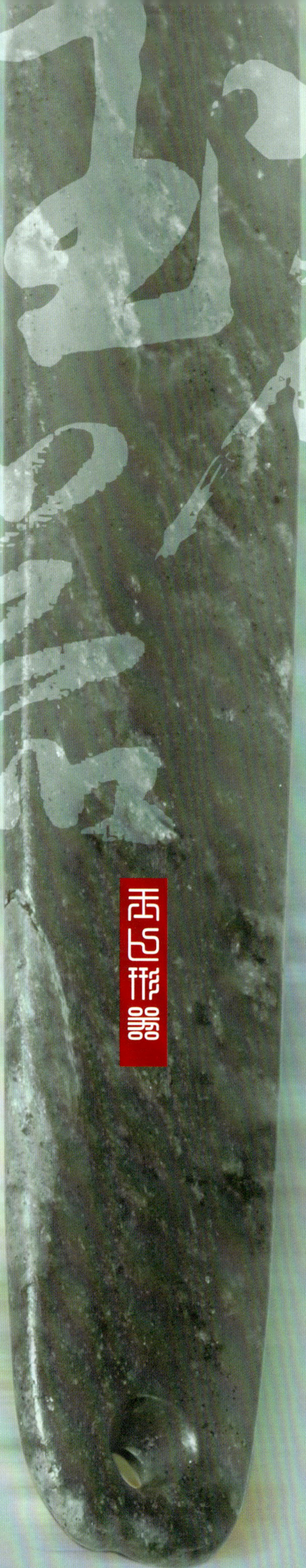

玉石器

玉石形器

早在8000年前的兴隆洼文化，考古即发现了遗存的玉匕形器，匕形器应是类似斧等工具演变而来的。哈民文化遗址发现了虫首匕形器，通过3000年的匕型器的变化可以看出，人类早期文明的发展是非常缓慢的。

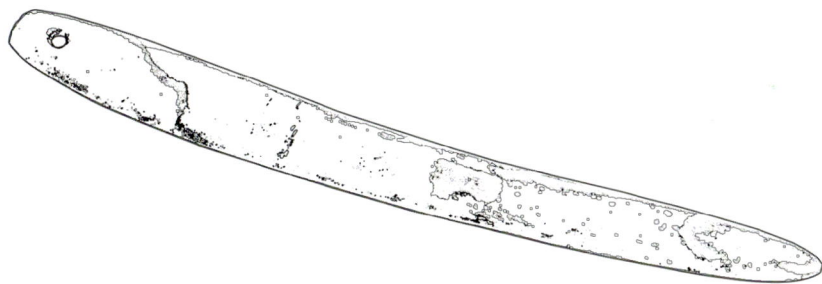

玉匕形器
玉笄

展品编号：042

名称：玉匕形器

年代：新石器时代红山文化

规格：长：10.5cm 宽：1.5cm 孔径：0.3cm

介绍：玉匕形器，透闪石，青绿色玉质，一端有穿孔，中部打洼凹陷，局部有褐色，白

色沁斑，整体包浆浑厚。

展品编号：043

名称：玉笄

年代：新石器时代红山文化

规格：长：14.5cm 宽：1.3cm 孔径：0.3cm

介绍：玉笄，透闪石，黄白色玉质，玉质莹润，包浆浑厚，一端有穿孔，局部浅层开裂，
　　　有土咬痕迹。

展品编号：044

名称：玉匕形器

年代：新石器时代红山文化

规格：长：7.0cm 宽：2.2cm 厚：0.2cm

介绍：玉匕形器，透闪石，浅绿色玉质，一端有穿孔，中部打洼凹陷，局部有褐色，黑
　　　色沁斑，整体包浆浑厚。

展品编号：045

名称：玉匕形器

年代：新石器时代红山文化

规格：长：8.9cm 宽：2.5cm 厚：0.4cm

介绍：玉虫首匕形器，透闪石，灰绿色玉质，一端为虫首造型，有对穿孔，整体白化，
　　　包浆浑厚。

展品编号：046

名称：玉匕

年代：新石器时代红山文化

规格：长：6.0cm 宽：3.0cm 厚：0.4cm

介绍：玉匕形器，透闪石，黄绿色玉质，一端有穿孔，中部打洼凹陷，局部有白色沁斑，

　　　碱壳紧致牢固，整体包浆浑厚。

斧、刀、钺这样的工具，要使用珍贵的玉制作，可见这类玉器并不是使用器，而是彰显身份、地位、权力的高级奢侈品。很多学者认为它们是军权的象征。

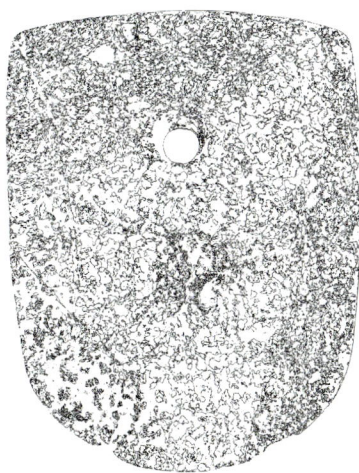

玉斧
玉钺

展品编号：047

名称：黄玉斧

年代：新石器时代红山文化

规格：长：7.4cm 宽：4cm 孔径：0.7cm

介绍：玉斧，透闪石，黄绿色玉质，对穿孔，局部有白色，褐色沁斑，整体包浆浑厚。

展品编号：048

名称：青玉斧

年代：新石器时代红山文化

规格：长：13.0cm 宽：5.5cm 厚：0.5cm

介绍：玉斧，透闪石，深绿色玉质，边缘褐色沁，局部有白色，褐色沁斑，整体包浆浑厚。

展品编号：049

名称：墨玉斧

年代：新石器时代红山文化

规格：长：9.8cm 宽：3.2cm 孔径：0.4cm

介绍：玉斧，透闪石，墨绿色玉质，对穿孔，一侧留有片切割痕迹，局部有白色，
褐色沁斑，整体包浆浑厚。

展品编号：050

名称：青黄玉斧

年代：新石器时代红山文化

规格：长：8.6cm 宽：4.0cm 厚：0.5cm

介绍：玉斧，透闪石，灰绿色玉质，一侧留有片切割痕迹，局部有褐色沁斑，整体包浆
　　　浑厚。

△

此对比图片是敖汉旗博物馆一级文物

展品编号：051

名称：玉斧

年代：新石器时代红山文化

规格：长：20.6cm 宽：7.7cm 厚：0.5cm

介绍：玉斧，透闪石，青绿色玉质，有青色相向纹理，局部受沁，有浅褐色沁斑，有刃，
整体包浆浑厚，一面有老化残损。

展品编号：052

名称：玉斧（钙化）

年代：新石器时代红山文化

规格：长：16.0cm 宽：8.5cm 厚：2.0cm

介绍：地方玉料，玉斧，整体已经白化，局部有褐色沁斑和土咬痕迹，透光好。

展品编号：053

名称：石钺（钙化）

年代：新石器时代红山文化

规格：高：8.8cm 宽：6.8cm 厚：1.3cm

介绍：石钺，黑麻点石质，一端有对穿孔，打磨精细，局部有十咬痕迹。

■ 一件如刀，一件似剑，故此得名。刀剑两端各有一孔，据推测中间应有一条形木板连接两器，做法器或权杖使用。因年久中间木板腐朽，仅遗有两端玉器。此器应是红山文化晚期或夏家店时期所制，弥足珍贵。

玉刀
玉剑

展品编号：054

名称：玉剑

年代：新石器时代红山文化

规格：长：13.5cm～17.5cm 宽：2.0cm～3.0cm 厚：0.7cm

介绍：玉剑，透闪石，深绿色玉质，柄端均有钻孔，局部有白色沁斑，
整体包浆浑厚。

展品编号：055

名称：玉刀剑组合

年代：新石器时代红山文化

规格：高：13.8cm 宽：3.1cm 厚：0.7cm（上）

高：12.1cm 宽：2.1cm 厚：0.6cm（下）

介绍：玉刀剑组合，透闪石，青绿色玉质，柄端均有钻孔，局部有白色沁斑，整体包浆

浑厚。

展品编号：056

名称：玉刀

年代：新石器时代红山文化

规格：长：16.5cm 宽：2.4cm 厚：0.5cm

介绍：玉刀，透闪石，灰绿色玉质，局部有褐色土咬沁斑，整体包浆浑厚。

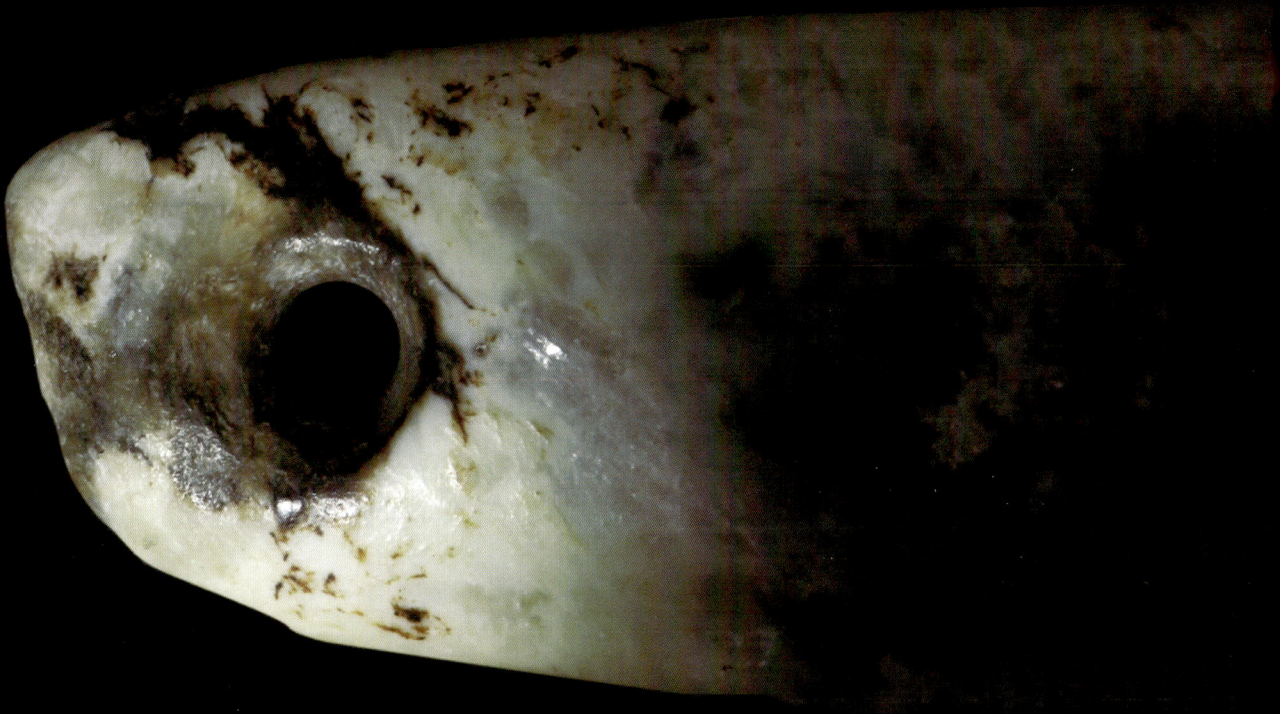

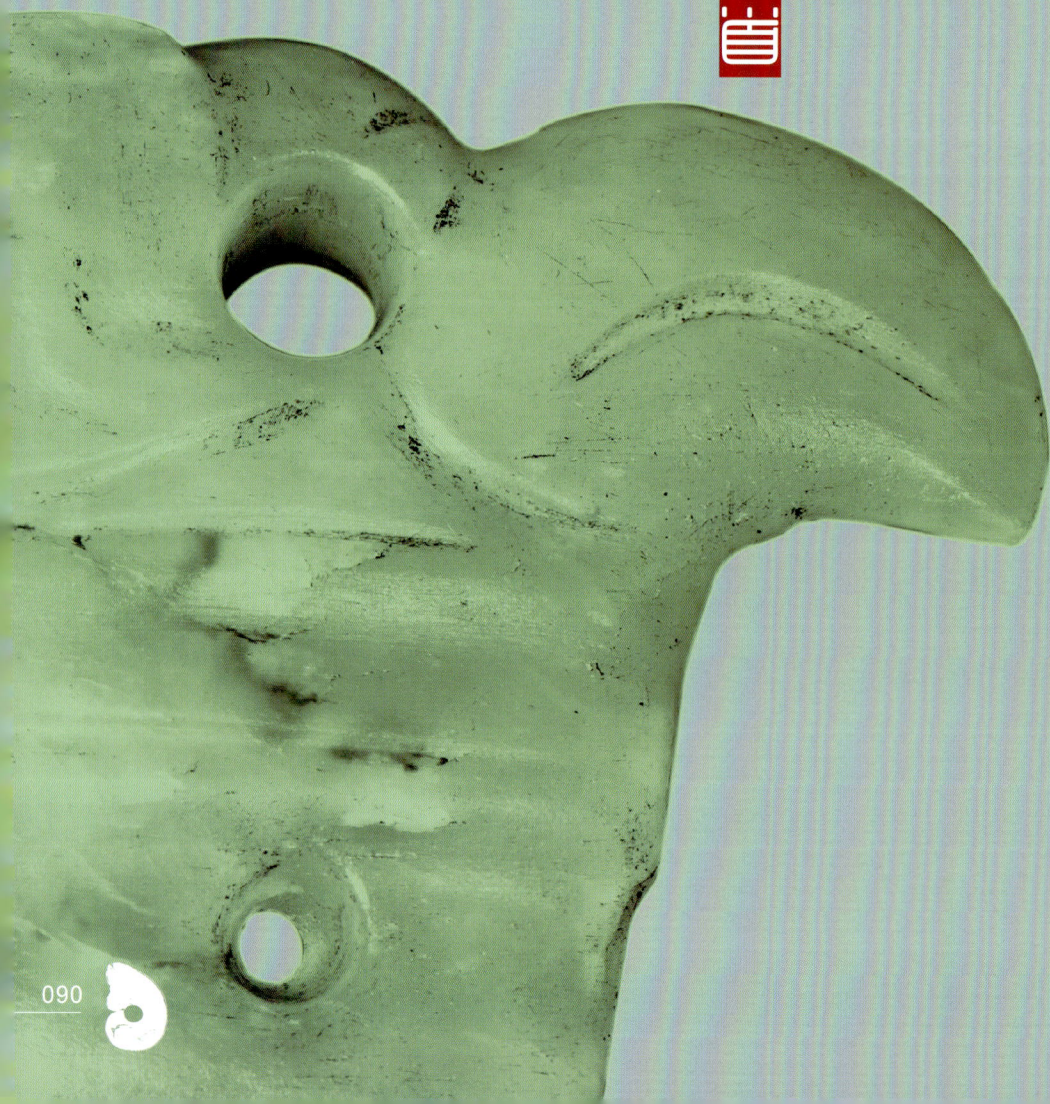

红山文化玉器中，玉鸟造型比较多，这类玉器一般在整个形象上着重突出其头部，再由头部有意识地放大眼睛，而这种表现，一方面说明原始人对这种鸟产生某种原始崇拜，另一方面则可以看出制作者完全是为了使事物原型的特征获得价值，从而成为主观意象中具有规律性的东西。玉鸮作为红山玉器最典型的器形之一，是当时人类出于对天空的向往敬畏制作的祭天礼器。

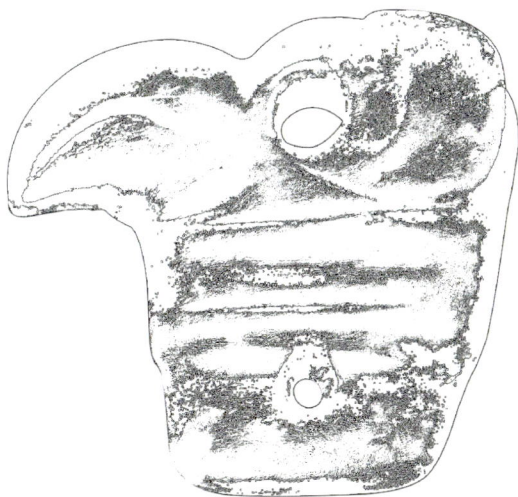

玉鸮
玉鸟首形器

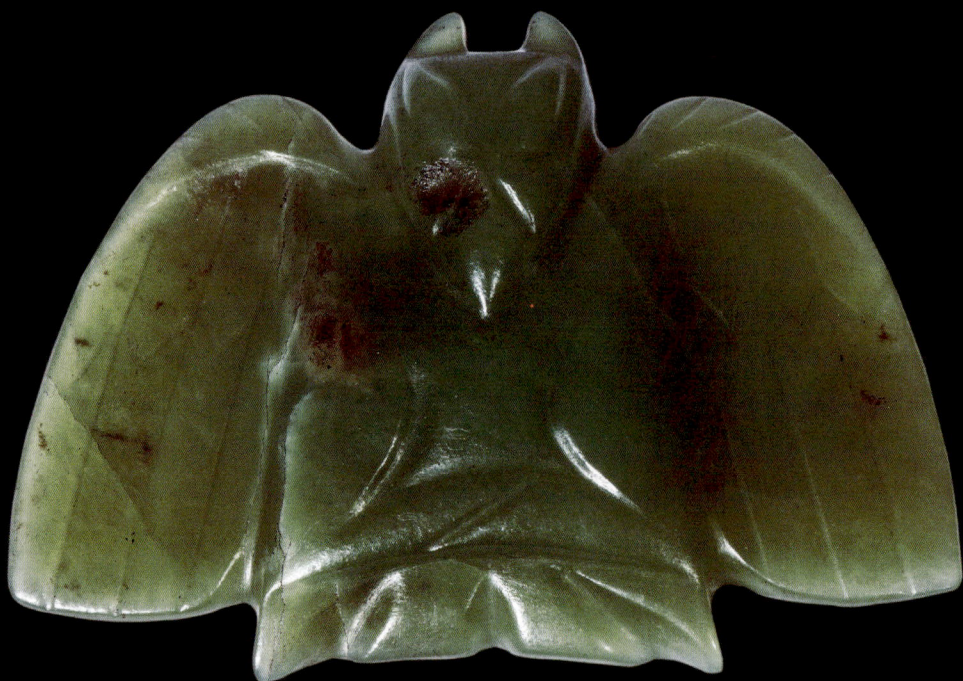

展品编号：057

名称：玉鸮

年代：新石器时代红山文化

规格：长：7.1cm 宽：5.0cm 厚：0.5cm

介绍：玉鸮，透闪石，黄绿色玉质，玉质莹润，身体羽毛以阴刻线刻划，背部有对穿牛
鼻孔，局部有褐色沁斑，整体包浆浑厚。

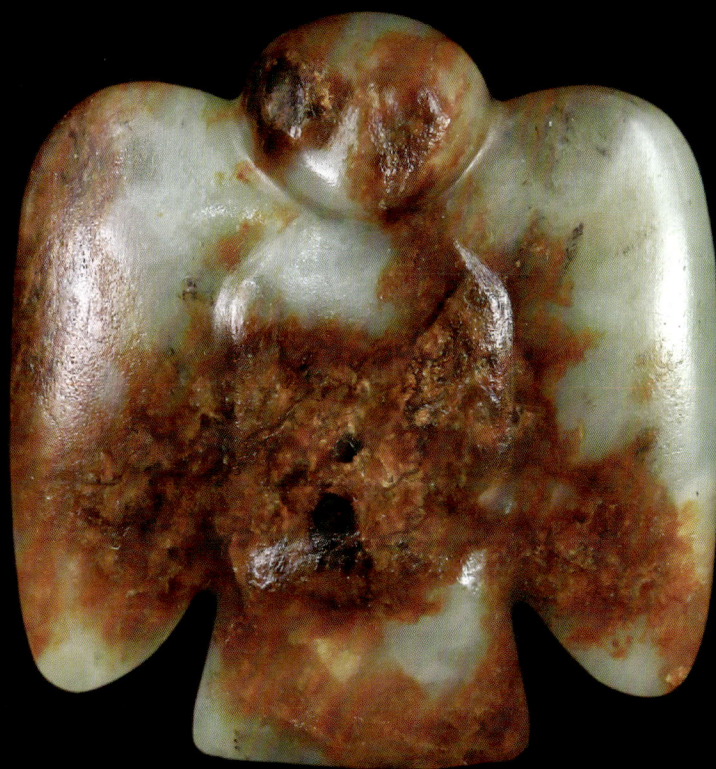

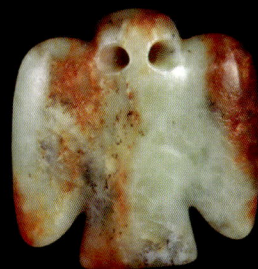

展品编号：058

名称：玉鸮

年代：新石器时代红山文化

规格：长：6.5cm 宽：6.0cm 厚：1.0cm

介绍：玉鸮，透闪石，灰绿色玉质，玉质莹润，背部有对穿牛鼻孔，身体大部分有褐色
　　　沁，整体包浆浑厚。

展品编号：059

名称：黄玉鹰首

年代：新石器时代红山文化

规格：长：3.7cm 宽：3.2cm 厚：1.0cm

介绍：黄玉鹰首，透闪石，黄绿色玉质，玉质莹润，阴刻线刻划鹰的轮廓，眼睛用对穿

　　　孔表达，脖子部位也有一对穿孔，整体包浆浑厚。

展品编号：060

名称：鸟头飞龙

年代：新石器时代红山文化

规格：高：8.4cm 宽：2.5cm 厚：0.9cm

介绍：鸟头飞龙形器，透闪石，灰绿色玉质，整体白化，局部开窗，一端为鸟首形，柄
　　　端有对穿孔，整体包浆浑厚。

玉石鉴赏

斜口筒形器

马蹄形玉箍是红山文化玉器中典型的器物之一，因为它的形状像马的蹄子，因此而得名。扁圆筒状，一端作平口，一端为斜口，斜口外敞，制作此器相对玉猪龙、勾云形器要更加的费时费工。玉箍形器的平口端通常有穿孔，有时一个，有时两个，有时连一个穿孔都没有。在红山文化遗址考古发掘时，人们看到玉箍形器在尸骨上的摆放位置，这是一种高级神职人员通用的器具，一般位于头部，如有两只，则另一只会放在胸前。此物一般被认为是通天的法器，另外，玉箍形器上下贯通，其一端设计为斜口朝向天空，是要最大限度地寻找天与地、人与神联系沟通的切入点，也便于神灵的自由出入。蹄形玉箍是红山人祭祀的通天器，已经具备后世『琮』的功能与作用，是人类文明史上最早的礼器。它在墓葬中出现，是让逝者通过这个通道进入天上，当然也代表了拥有者的身份、地位和等级。

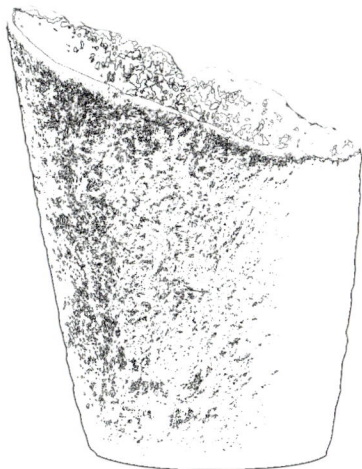

斜口筒形器

展品编号：061

名称：玉筒形器

年代：新石器时代红山文化

规格：高：8.5cm 宽：7.5cm 厚：0.4cm 上孔径：9.0cm 下孔径：7.0cm

介绍：马蹄形器，透闪石，深绿色玉质，局部有白色沁斑和土咬痕迹，整体包浆浑厚。

展品编号：062

名称：玉筒形器

年代：新石器时代红山文化

规格：高：9.2cm 宽：6.5cm 厚：0.3cm 上孔径：7.5cm 下孔径：6.3cm

介绍：部位马蹄形器，透闪石，灰绿色玉质，白化部位较多，局部有黑色和褐色沁斑。

展品编号：063

名称：玉筒形器

年代：新石器时代红山文化

规格：高：6.4cm 宽：4.3cm 厚：0.5cm 上孔径：5.0cm 下孔径：4.2cm

介绍：马蹄形器，透闪石，灰绿色玉质，局部有白色和褐色沁斑和土咬痕迹，整体包浆浑厚。

展品编号：064

名称：玉筒形器

年代：新石器时代红山文化

规格：高：5.0cm 宽：2.7cm 厚：0.3cm 上孔径：3.0cm 下孔径：2.5cm

介绍：马蹄形器，透闪石，墨绿色玉质，一端两侧有对穿孔，局部有白色和褐色沁斑和
土咬痕迹，整体包浆浑厚。

展品编号：065

名称：玉芯

年代：新石器时代红山文化

规格：前高：10.2cm　后高：13.3cm　上宽：8.1cm　下宽：6.4cm

　　　上厚：6.0cm　下厚：4.0cm

介绍：马蹄形器玉芯，透闪石偏黄色玉质，整体受沁表面呈烟褐色，有深浅不一点片状斑块。正面中部有打孔时所形成凹槽，线切割痕从凹槽向右侧牵拉形成的弧线，正面清晰，背部隐约可辨；由于玉质致密，碱壳浅薄且有多处脱落，可见碱壳成分不同呈现多层次，碱壳下仍见与玉质结合的物质附着，形成可见反光的皮壳包浆，温润雅致。时代特征明确，对于红山文化玉筒形器的制作工艺解读很有价值。

展品编号：066

名称：玉芯

年代：新石器时代红山文化

规格：前：11.5cm 后：7.3cm 下直径：4.7cm～6.0cm

介绍：马蹄形器玉芯，透闪石，深绿色玉质，一侧留有开料打孔痕迹，从左图可以看出，开料打孔两端对钻，孔道两端粗中间细；为保障成品（筒形器）的完整，线切割沿筒壁一侧行进，把对钻孔几乎全留在余料（筒心）这边；左图还可看出，切割线从孔道右侧引出向右拉形成的线切割弧线；而右图则可以看出，切割线从孔道引出部位左侧高而锐利，右侧低而平滑，符合切割线从此出孔的特征。玉芯表面皮壳材质退化，钙化呈包裹态，多处呈现白色沁斑和土咬痕迹，整体包浆浑厚。

展品编号：067

名称：斜口玉筒形器

年代：新石器时代红山文化

规格：高：1.5cm 宽：4.5cm 厚：0.3cm 上孔径：4.3cm 下孔径：4.0cm

介绍：斜口玉筒形器，透闪石玉质，玉质黄绿色，侧面有两个单面斜穿孔，整体包浆浑

厚，局部有土咬沁斑。

又名玉兽玦，红山文化的最具代表性玉器。玉猪龙的背部均有一两个对钻的圆孔，似可作饰物系绳佩挂。据出土时成对位于死者胸前的情况看，用作佩饰的可能性极大。但高度达10厘米以上的大型玉猪龙，就其重量来说已不适合佩戴。因此许多学者认为玉猪龙不仅仅是一种饰物，而应是一种神器，一种红山先民所崇拜的代表其祖先神灵的图腾物。红山文化玉猪龙，均采用上等河磨青玉，雕琢精细，造型古朴，包浆浑厚，侵蚀自然，老化明显，极其罕见和珍贵。

玉猪龙

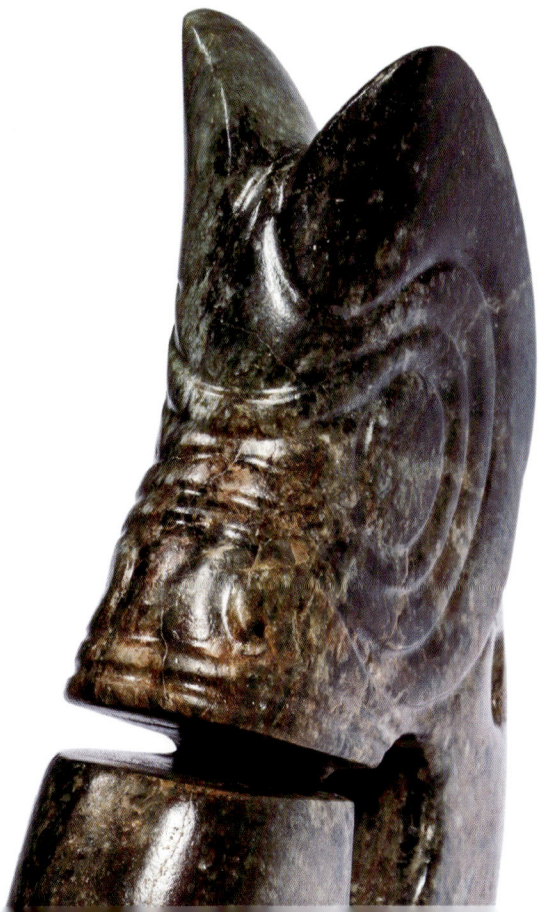

展品编号：068

名称：玉猪龙

年代：新石器时代红山文化

规格：高：17.0cm 宽：11.0cm 厚：3.6cm

中孔径：2.8cm

介绍：玉猪龙，透闪石，灰青色玉质，背孔中孔均为
对钻开孔，高耸的双耳外张，造型生动张扬，
一面有褐色沁，另外一面局部有褐色、黑色沁
斑，五彩斑斓，整体包浆浑厚，古朴大气，体
型硕大，实乃难得之重器。

展品编号：069

名称：玉猪龙

年代：新石器时代红山文化

规格：高：14.0cm 宽：9.2cm 厚：3.6cm 中孔径：3.0cm

介绍：玉猪龙，青黄色透闪石玉质，呈明显阴阳面。一面基本上保持原玉质，另一面整体已经全白化。土结核与包浆浑为一体，局部有褐色沁斑，两孔均为对钻开孔，中孔有明显台阶痕，玦口有成型线切割工痕，大耳耸立，生动威猛，整体包浆浑厚，古朴厚重大气。

展品编号：070

名称：玉猪龙

年代：新石器时代红山文化

规格：高：7.0cm 宽：5.5cm 厚：2.2cm 中孔径：2.0cm

介绍：玉猪龙，透闪石，整体白化，头部阴线琢磨流畅，双耳外张，圆润传神，局部有
褐色沁斑，背孔、中孔均为明显对钻丌孔，整体包浆浑厚，过渡自然。

玉蕴

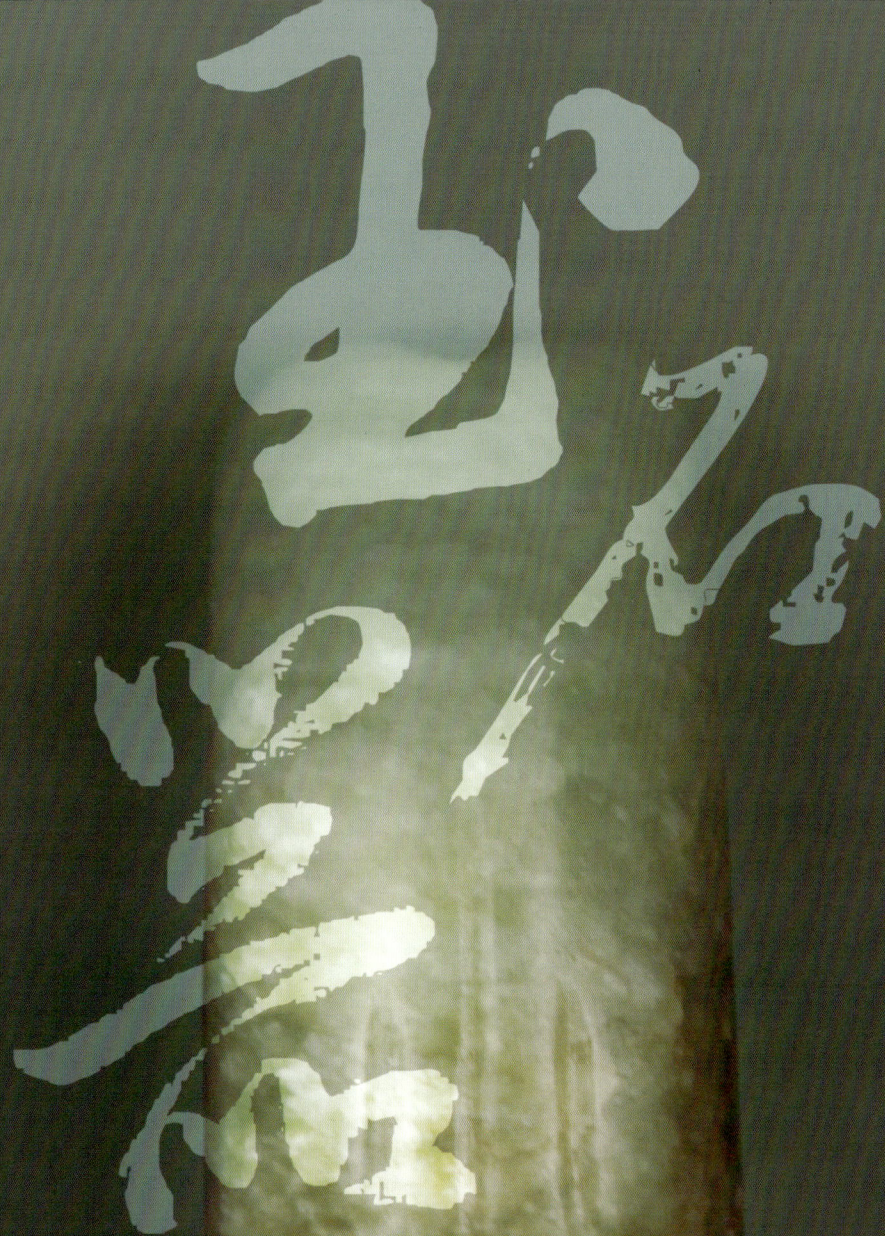

古人认为，蝉蛹出于大地，兀自化生，是为神奇；脱壳成蝉单嘬清露而不复食，高洁而雅，循环往复，生生不息；古人惊奇崇尚，寄意玉之灵性，制成玉蝉，或佩饰在身，或时时把玩，或用于敛藏，以期在世一鸣惊人，身故羽化成仙。是纯洁、清高、通灵的象征。

玉蝉

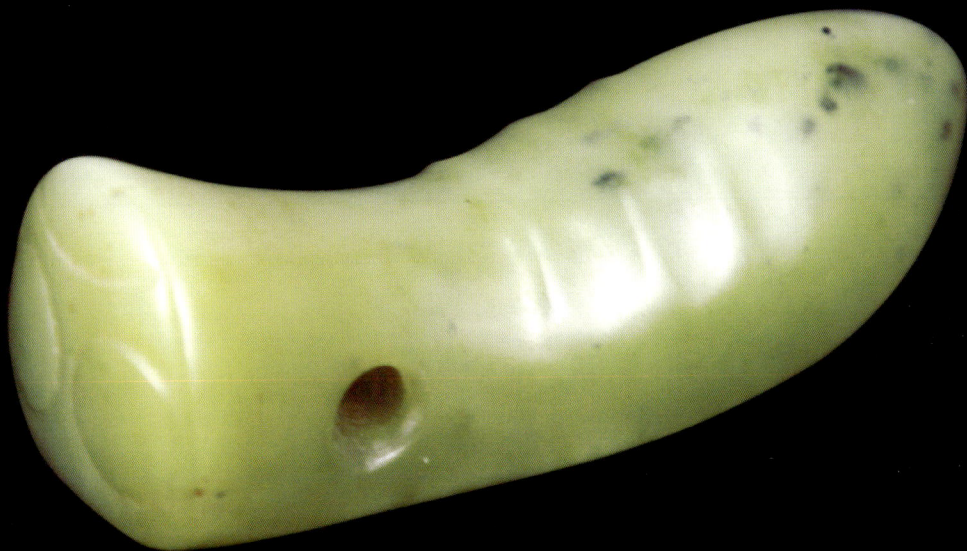

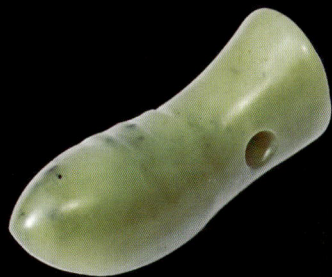

展品编号：071

名称：玉蝉

年代：新石器时代红山文化

规格：高：6.0cm 宽：2.1cm 厚：1.7cm

介绍：玉蝉，透闪石玉质，青黄色玉质，局部有黑色沁斑，头部对穿孔，整体包浆浑厚。

展品编号：072

名称：玉蝉蛹

年代：新石器时代红山文化

规格：长：7.5cm 中高：2.4cm

介绍：玉蝉，透闪石，浅绿色玉质，整体有白色沁斑，头部对穿孔，整体包浆浑厚。

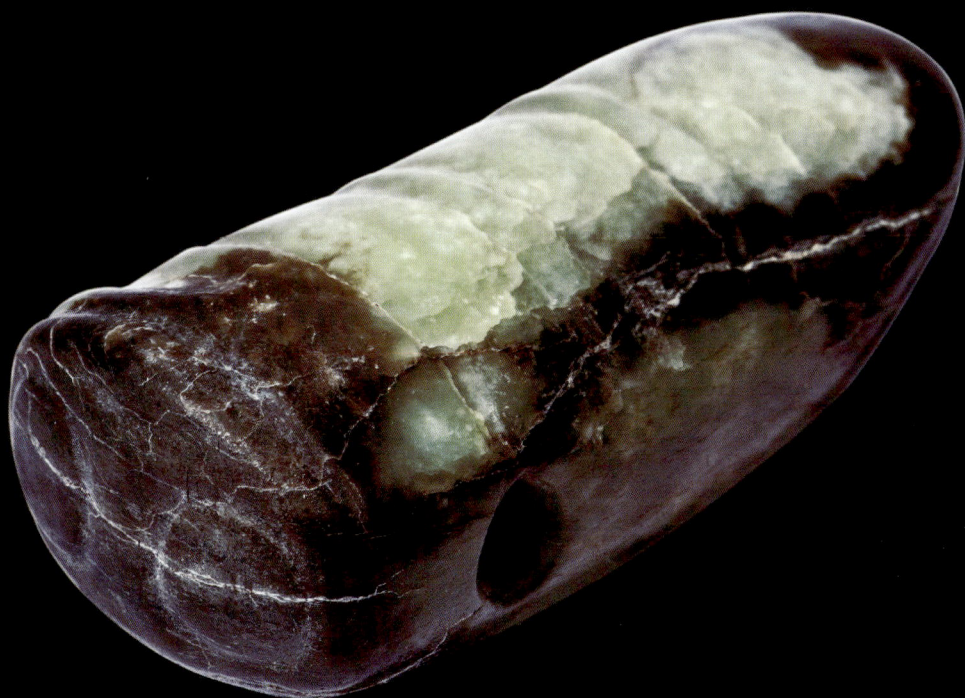

展品编号：073

名称：玉蝉蛹

年代：新石器时代红山文化

规格：高：5.9cm 宽：2.5cm 厚：1.9cm

介绍：玉蝉，透闪石，灰青色玉质，整体受沁，有黑褐色沁，头部对穿孔，整体包浆浑厚。

红山文化玉器三联璧一般认为是神徽、族徽或图腾崇拜象征器，也有学者认为是祭祀礼器，起到沟通神与人之间关系的作用。

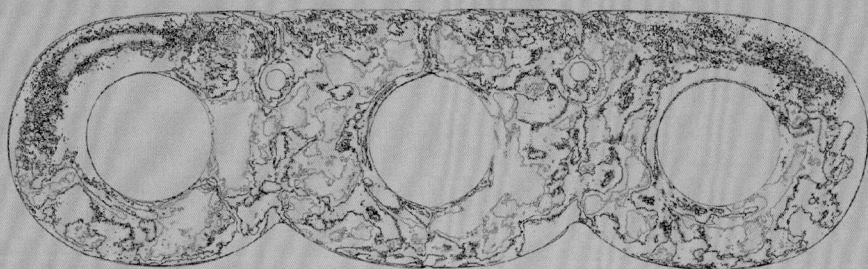

三联璧

展品编号：074

名称：三联璧

年代：新石器时代红山文化

规格：高：8.5cm 宽：3.9cm 厚：0.2cm 孔径：1.5cm

介绍：三联璧，透闪石，浅绿色玉质，局部有红褐色沁斑，中部厚，两边
薄，整体包浆浑厚.

玉器單色雲紋

勾云形玉器乃红山独有造型之玉器。器形富有变化，或像云、鸟、火、梳、兽面。

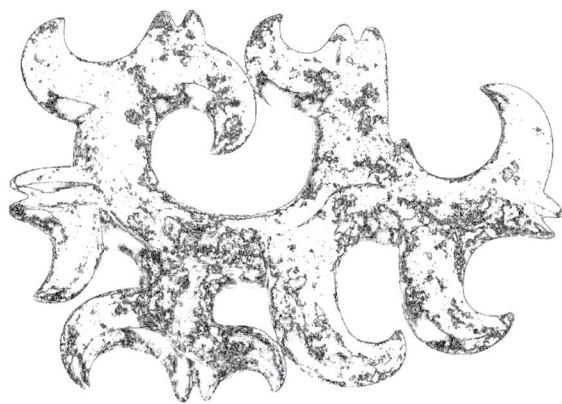

勾云形
玉器

展品编号：075

名称：玉勾云佩

年代：新石器时代红山文化

规格：高：6.4cm 宽：12.8cm 厚：0.3cm

介绍：玉勾云佩，透闪石，灰青玉质，整体受沁白化，局部开窗，顶部有单面穿孔，孔
道呈喇叭状，造型别致，包浆浑厚。

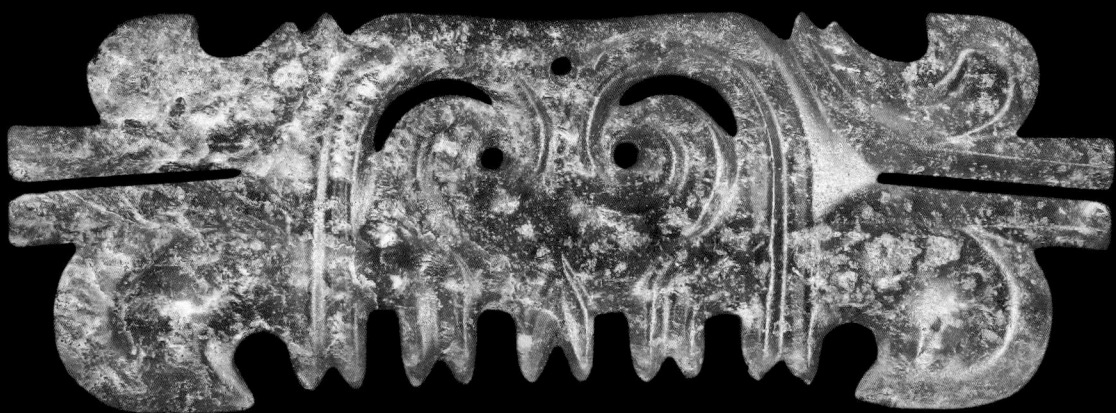

展品编号：076

名称：双勾云玉佩

年代：新石器时代红山文化

规格：高：5.9cm 宽：17.8cm 厚：0.4cm

介绍：双勾云玉佩，透闪石，灰绿色玉质，整体受沁，有白色沁斑，顶部有面穿孔，孔
道呈喇叭状。

展品编号：077

名称：黄玉单勾云佩

年代：新石器时代红山文化

规格：高：7.8cm 宽：10.3cm 厚：0.2cm～0.4cm

介绍：玉勾云佩，透闪石，青黄玉质，玉质莹润，包浆浑厚，顶部有单面穿孔，孔道呈
喇叭状。

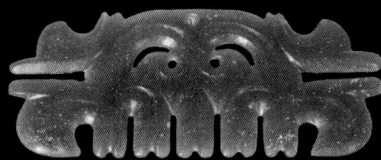

展品编号：078

名称：玉勾云佩

年代：新石器时代红山文化

规格：高：4.7cm 宽：10.6cm 厚：0.4cm

介绍：双勾云玉佩，透闪石，灰绿色玉质，局部有白色沁斑，顶部有单面穿孔，孔道呈
喇叭状。

展品编号：079

名称：勾云佩

年代：新石器时代红山文化

规格：高：10.3cm 宽：5.9cm 厚：0.6cm

介绍：勾云玉佩，透闪石，深绿色玉质，局部有白色沁斑，顶部有单面穿孔，孔道呈喇叭状。

展品编号：080

名称：勾云佩

年代：新石器时代红山文化

规格：高：18.2cm 宽：25.3cm 厚：0.7cm

介绍：勾云玉佩，深绿色透闪石玉质，多处有白色、褐色沁斑，全器布满浅开片，皮壳色浆厚重浑亮，
     表面局部有碱斑类附着物，中部有双面对穿孔应是用于穿缀。孔道呈喇叭状，整体造型大气、灵
     动、线条优美，应是红山文化玉器中之重器珍品。

红山文化勾云佩

△

对比图片来源于台北故宫博物院馆藏品

其他

展品编号：081

名称：石雕人物

年代：新石器时代红山文化

规格：长：12.5cm 宽：3.6cm

介绍：石雕人物立像刻划琢磨成一形。头顶巾冠方圆，国字脸形额头略高，双目对
　　　称，神志自然，两臂下垂自然收于腹前，双腿微曲，双足并拢。整体造型
　　　合理，在远古无金属工具时代，刻划如此精准实属不易。表面有土沁结核，
　　　包浆自然厚重。

展品编号：082

名称：石雕人物

年代：新石器时代红山文化

规格：高：10.4cm 宽：3.9cm 厚：4.0cm

介绍：双面联体站立石雕人像，地方玉质，严重钙化，微透明。
　　　面部用钻孔表现五官，身体雕琢阴刻线，双手对抄于胸
　　　前，整体神秘古拙，形象传神。

展品编号：083

名称：联排双人面

年代：新石器时代红山文化

规格：高：6.8cm 宽：4.0cm 厚：1.1cm

介绍：联排双人面，浅绿色玉质，整体受沁，局部有白色、褐色沁斑，
　　　并有附着物，额头部位有双面对钻孔，整体包浆浑厚。

展品编号：084

名称：人面玉杯

年代：新石器时代红山文化

规格：高：9.8cm 口径：5.2cm 底径：4.0cm

介绍：一个圆雕的杯形器，口沿处雕琢弦纹，一侧突出预留位置，可称之为高浮雕之鼻祖，设计对钻浅孔，

装饰成人面或兽面之眼睛鼻子，虽为实用工具，其设计之精妙讨巧，造型之简洁优美，令人由衷赞叹！

展品编号：085

名称：人形吊坠

年代：新石器时代红山文化

规格：高：3.7cm 宽：2.0cm 厚：2.0cm

介绍：人形吊坠，巴林石质，面部特征抽象，整体显得神秘而古拙。

展品编号：086

名称：兽面玉琮

年代：新石器时代红山文化

规格：高：1.7cm 宽：5.0cm 厚：0.7cm～1.0cm

介绍：兽面玉琮，透闪石，青绿色玉质，玉质莹润，包浆浑厚，以阴刻线雕琢兽面五官，

中间对钻穿孔，孔壁打磨精细。玉琮在红山文化出现，应是琮形玉礼器的鼻祖。

展品编号：087

名称：玉璇玑

年代：新石器时代红山文化

规格：高：6.5cm 宽：6.0cm 厚：0.5cm 孔径：3.5cm

介绍：玉璇玑，透闪石，青绿色玉质，边缘呈锯齿状，局部有白色、

褐色沁斑，整体包浆浑厚。红山文化玉璇玑十分珍罕。

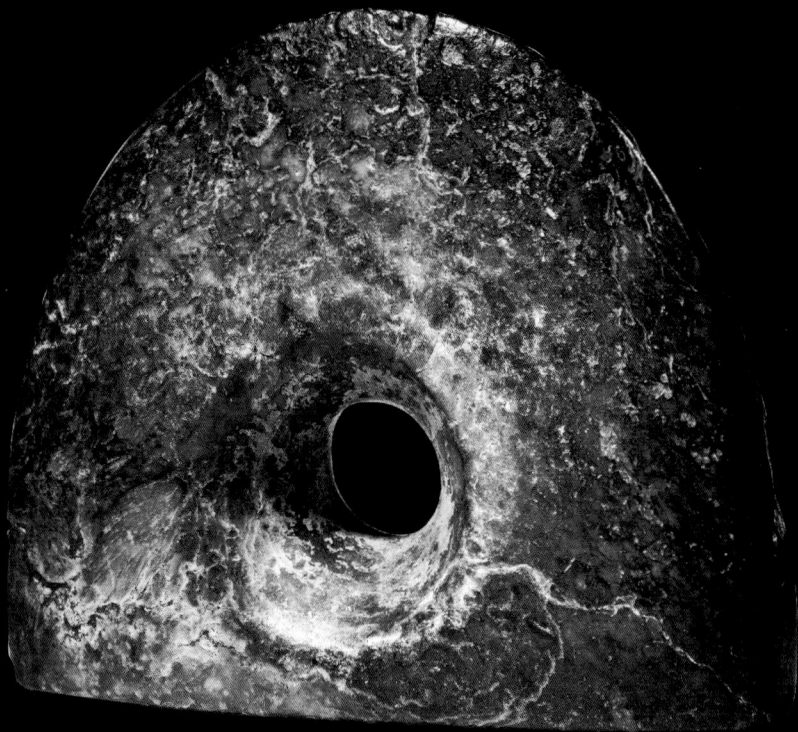

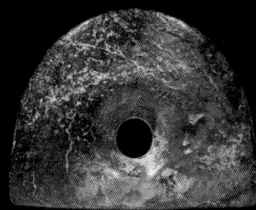

展品编号：088

名称：玉钺

年代：新石器时代红山文化

规格：高：9.0cm 宽：11.5cm 厚：2.8cm

介绍：玉钺，青绿色玉质，整体受沁，呈黑褐色，局部有白色沁斑，双面对钻穿孔，

　　　孔壁斜喇叭形，包浆浑厚。

展品编号：089

名称：玉钺

年代：新石器时代红山文化

规格：高：20.4cm　宽：12.5cm　孔径：3.0cm

介绍：玉钺，透闪石玉质，整体受沁白化，对钻穿孔，留有台阶痕。

展品编号：090

名称：玉盏

年代：新石器时代红山文化

规格：高：4.5cm 宽：9.5cm 口径：8.5cm

介绍：玉盏，地方玉料，四周雕琢弦纹和点状孔形凹槽，应为实用器。

展品编号：091

名称：玉杯

年代：新石器时代红山文化

规格：高：7.9cm 宽：3.9cm 口径：3.5cm

介绍：玉杯，地方玉料。四周雕琢弦纹和点状孔形凹槽，应为实用器。

展品编号：092

名称：石镯

年代：新石器时代红山文化

规格：高：2.0cm 宽：9.5cm 孔径：7.0cm

介绍：石镯形器，大理石，四周为花瓣形凸起，古拙大气。

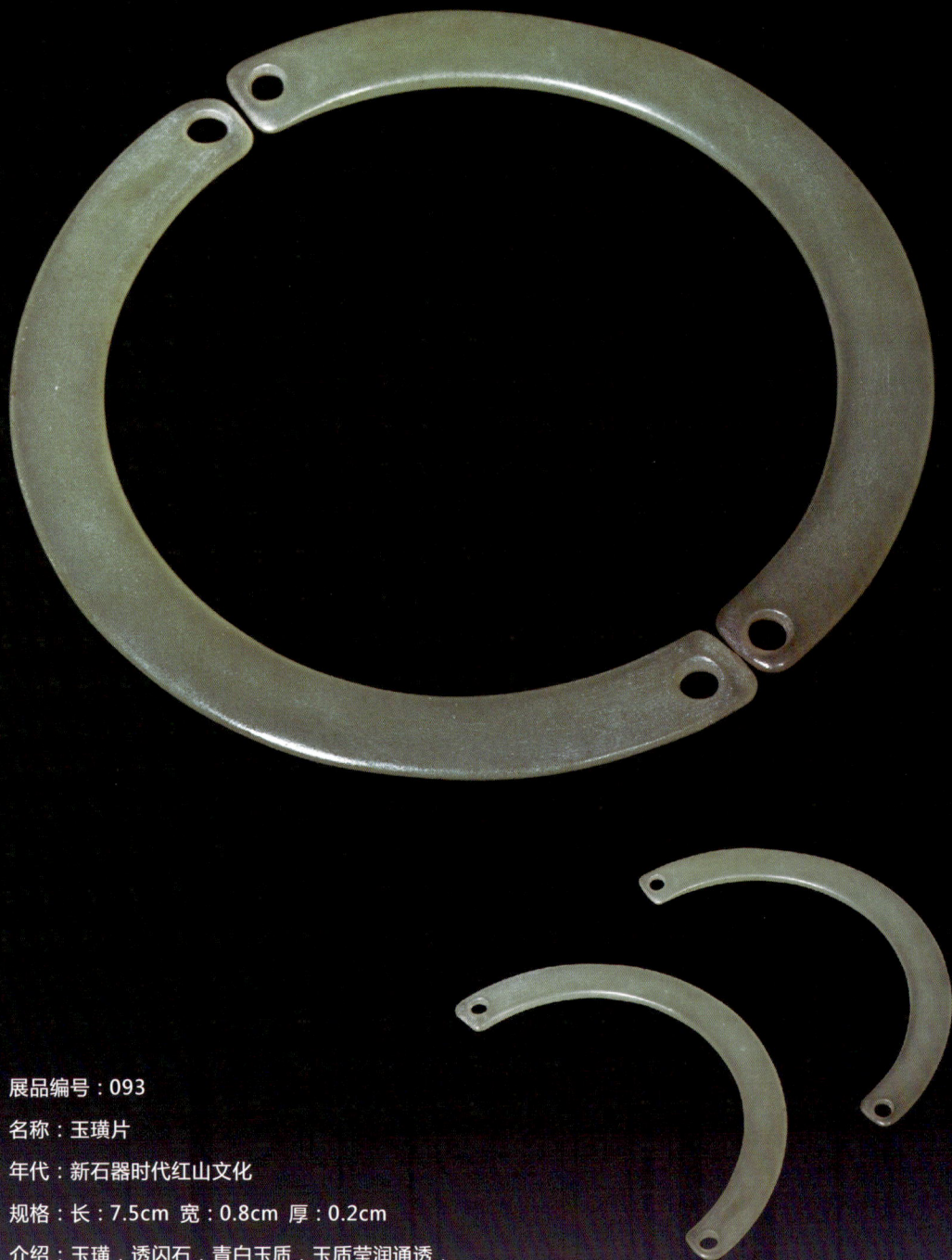

展品编号：093

名称：玉璜片

年代：新石器时代红山文化

规格：长：7.5cm 宽：0.8cm 厚：0.2cm

介绍：玉璜，透闪石，青白玉质，玉质莹润通透，

包浆浑厚，两端钻孔，双璜可以组成玉环。

展品编号：094

名称：三棱玉件（残）

年代：新石器时代红山文化

规格：高：10.4cm 宽：7.5cm 孔径：0.5cm～0.7cm

介绍：三棱玉件（残），黄绿色透闪石玉质，整体受沁白化，局部开窗，整体器形不详，开料、工痕、包浆皮壳可作参考。

石家河文化玉石器 ■

良渚文化玉石器 ■

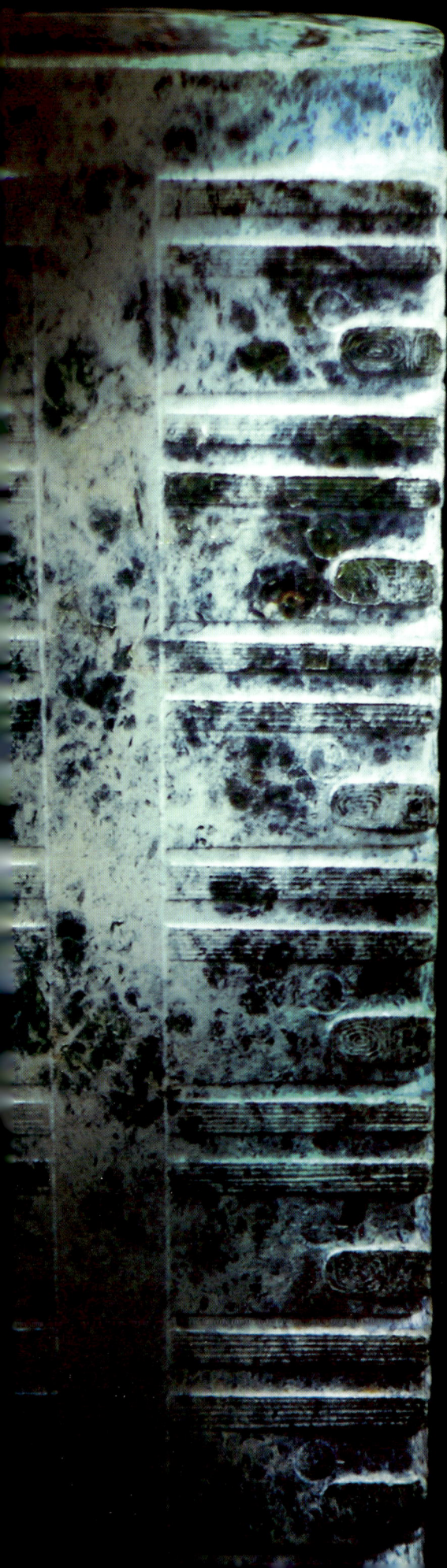

长江中下游地区史前文化

良渚文化

玉石器

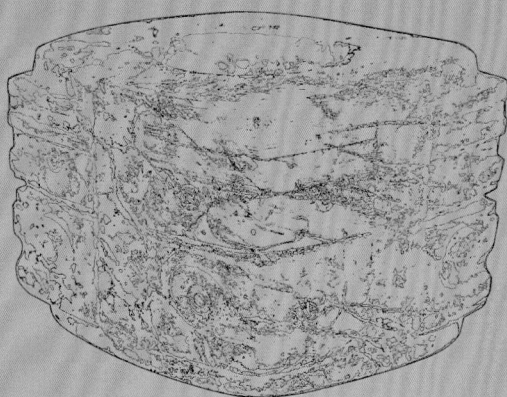

展品介绍

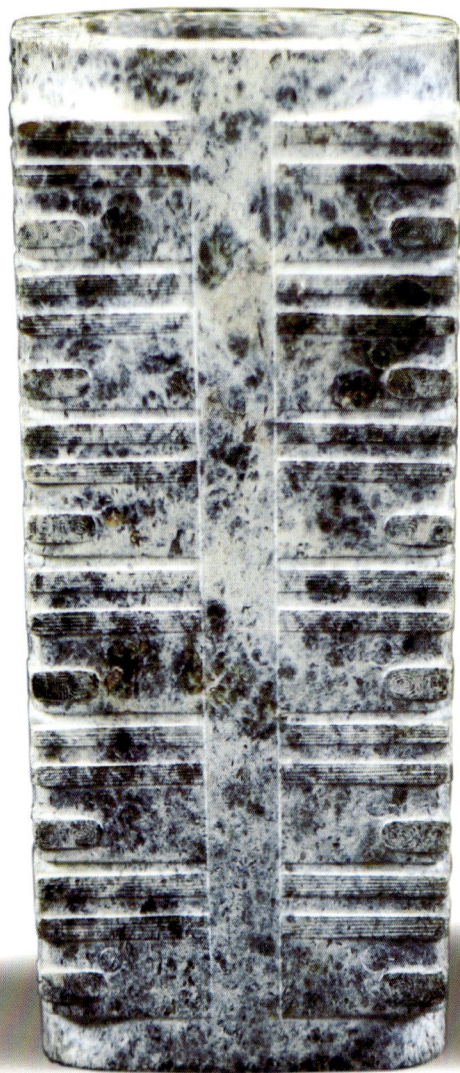

展品编号：095

名称：六节神面纹玉琮

年代：新石器时代良渚文化

规格：高：14.9cm 直径：6.7cm 孔径：5.1cm

介绍：玉质深褐投绿，有白斑。近方柱体，下端略小，六节，纹饰一致，均为头戴羽
　　　冠的神人脸面。羽冠以平行弦线刻饰，重圈为眼，宽凸横档为鼻，上以细纹线
　　　刻出指纹纹样。造型端庄，纹饰瑰奇，堪称神品佳器。

展品编号：096

名称：玉璧

年代：新石器时代良渚文化

规格：直径：16.0cm 厚：1.2cm 孔径：4.3cm

介绍：青色，有灰白色灰皮，边缘略薄于中间。反面灰皮风化大。正面包浆，光气好。

展品编号：097

名称：玉环

年代：新石器时代良渚文化

规格：直径：10.0cm 孔径：8.1cm 厚：1.6cm

介绍：满红沁，典型的良渚玉器网状灰皮，包浆厚，光气好，沁色美。

展品编号：098

名称：冠形器

年代：新石器时代良渚文化

规格：高：4.5cm 宽：8.0cm 厚：0.45cm

介绍：玉质为南瓜黄色，上面有网状灰皮。包浆厚，光气柔和，一般出土于头部，类似于皇冠。

展品编号：099

名称：玉钺

年代：新石器时代良渚文化

规格：高：11.5cm 上宽：7.3cm 下宽：9.2cm

厚：0.6cm 孔径：1.6cm

介绍：鸡骨白带红色斑块，包浆柔和，古朴。

展品编号：100

名称：半璧璜

年代：新石器时代良渚文化

规格：宽：11.6cm　高：5.2cm　厚：0.5cm

介绍：鸡骨白色。边缘带红沁。包浆厚，光气好，玉质滋润。

展品编号：101

名称：玉璧

年代：新石器时代良渚文化

规格：直径：16.0cm~16.5cm　孔径：3.8cm　厚：1.1cm~1.2cm

介绍：偏墨绿灰色，局部微透光，玉质有光亮结晶矿物，石灰白状玉理结构变化及蜘蛛网状沁纹，夹杂黑、白、黄褐色沁斑，器面中厚边薄不匀，两面光素无纹，器身不规整圆（切角成圆也有就料之故），边缘切圆形的片切割痕及磨擦痕。中心双面对钻孔，孔口外大内小呈束腰状喇叭形，孔内壁留有错位台阶痕和略修磨留下的细旋管钻痕。

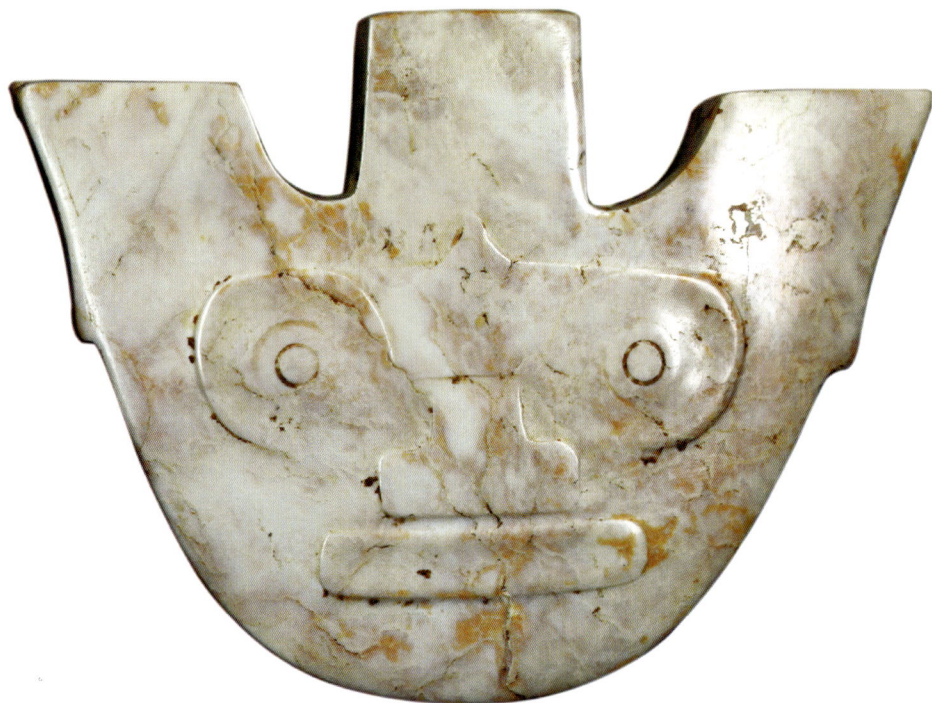

展品编号：102

名称：玉兽面冠形器

年代：新石器时代良渚文化

规格：高：4.6cm 宽：6.5cm 厚：1.0cm 孔径：0.7cm

介绍：透闪石软玉，整体受沁呈象牙黄，玻璃光，局部有土黄色沁斑，表面刻有兽面纹，

　　　上下对钻打孔，孔内留有台阶痕。多处有沁蚀钙化龟缩现象。

展品编号：103

名称：玉端形器

年代：新石器时代良渚文化

规格：高：5.0cm 宽：8.5cm 厚：0.7cm

介绍：透闪石软玉，整体受沁呈象牙黄，有玻璃光，中部镂雕，镂空部位呈古朴的不
规则形工痕，两个对钻打孔，孔内留有台阶痕。局部有受沁晶格坍塌龟缩现象。

展品编号：104

名称：玉管

年代：新石器时代良渚文化

规格：长：8.0cm 直径：1.7cm 孔径：1.0cm

介绍：透闪石软玉，通体受沁钙化，皮壳包浆浑厚，有玻璃光泽，管体一侧有切割痕，

　　　双面对钻，孔口不规整。

展品编号：105

名称：玉龟

年代：新石器时代良渚文化

规格：长：4.0cm 宽：2.8cm 厚：0.6cm

介绍：透闪石软玉，整体受沁呈象牙黄，局部有土黄色沁斑，玻璃光，胸部对穿牛鼻孔，
有台阶痕。

展品编号：106

名称：玉鸟

年代：新石器时代良渚文化

规格：鸟身长：3.2cm 翼展宽：5.2cm 厚：0.6cm

介绍：透闪石软玉，整体受沁呈象牙黄，局部有土黄色沁斑，表面光素，有玻璃光，背
　　　部对穿牛鼻孔，灵巧别致。

展品编号：107

名称：玉蛙

年代：新石器时代良渚文化

规格：长：4.0cm 宽：3.4cm 厚：0.5cm

介绍：透闪石软玉，整体受沁呈象牙黄，局部有土黄色沁斑，和老化龟缩状态。有玻璃
　　　光，表面用阴刻线表达青蛙的身躯结构，阴刻线呈内头尖锐中间粗状态，眼部两
　　　面对穿打孔，有台阶痕。

展品编号：108

名称：玉坠（锥形器）

年代：新石器时代良渚文化

规格：长：6.5cm 宽：0.7cm 厚：0.7cm

介绍：浅绿色透闪石软玉，整体受沁，五彩斑斓，有土黄色和褐色沁斑，玻璃光，顶部
　　　对穿打孔，有台阶痕。

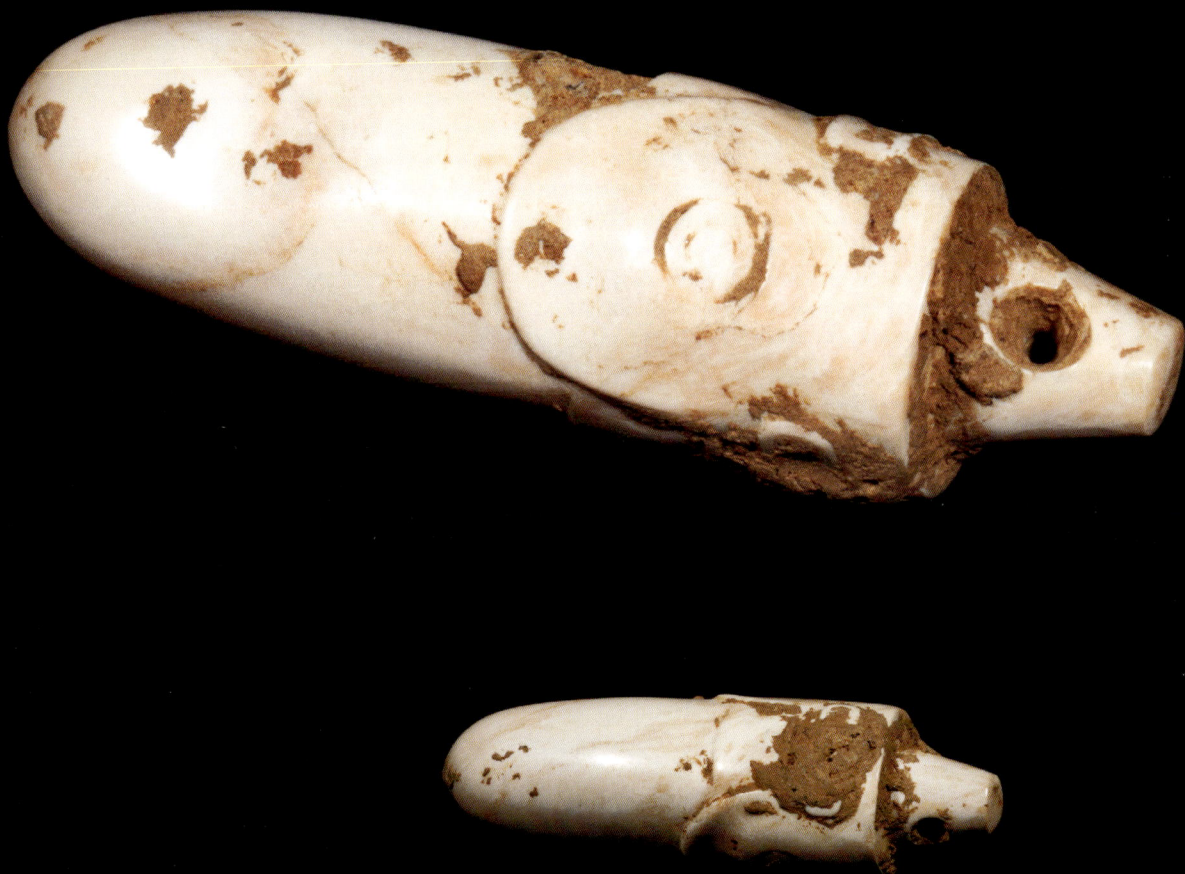

展品编号：109

名称：玉坠

年代：新石器时代良渚文化

规格：长：4.7cm 直径：1.5cm

介绍：透闪石软玉，整体受沁呈鸡骨白，局部有褐色土咬沁斑，玻璃光，器物呈圆锥形，
顶部有孔，孔为对钻孔，孔内留有台阶痕。

展品编号：110

名称：玉管

年代：新石器时代良渚文化

规格：长：4.5cm 直径：1.7cm 孔径：0.7cm

介绍：透闪石软玉，整体受沁，局部有土黄色和褐色沁斑，两面对钻打孔，孔内留有台
阶痕。

展品编号：111

名称：玉璧

年代：新石器时代良渚文化

规格：直径：4.5cm 厚：0.7cm 孔径：1.7cm

介绍：透闪石软玉，整体受沁呈象牙黄，局部有土黄色和褐色沁斑，玻璃光，两面对钻

　　　孔，中间有台阶痕。

展品编号：112

名称：玉琮

年代：新石器时代良渚文化

规格：高：3.0cm 宽：1.1cm 孔径：0.6cm

介绍：透闪石软玉，整体受沁呈象牙黄，局部有褐色沁斑，有玻璃光，表面刻划有简化
神人纹，两面对穿打孔，有台阶痕，精巧别致。微观下呈明显搓磨工痕。

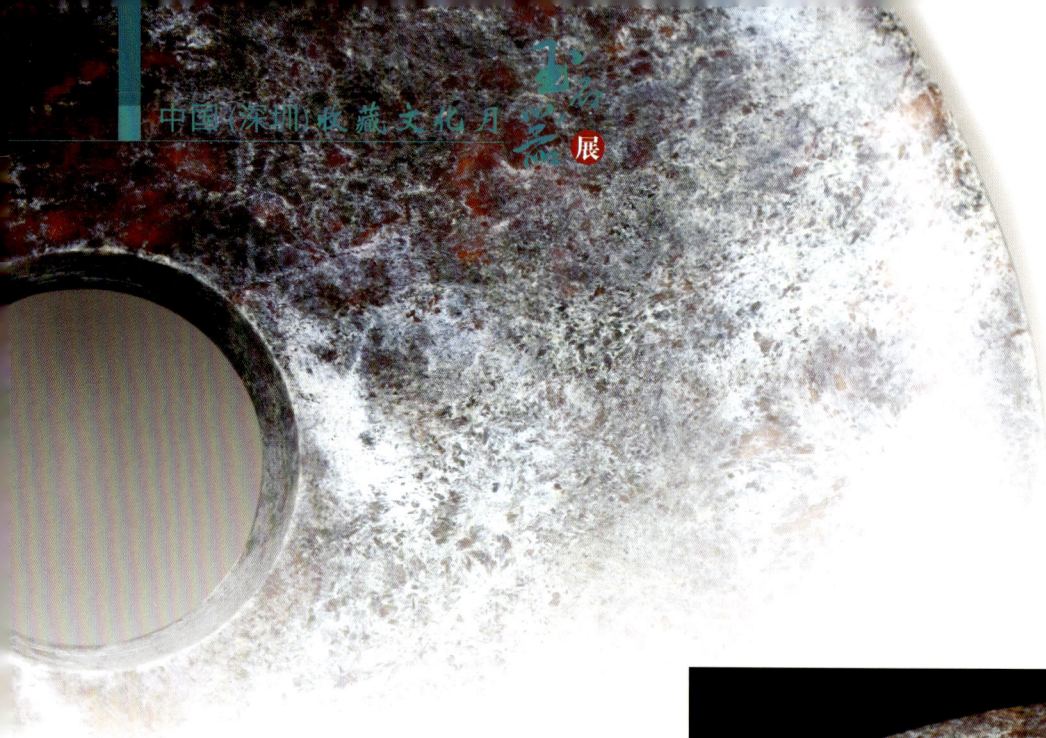

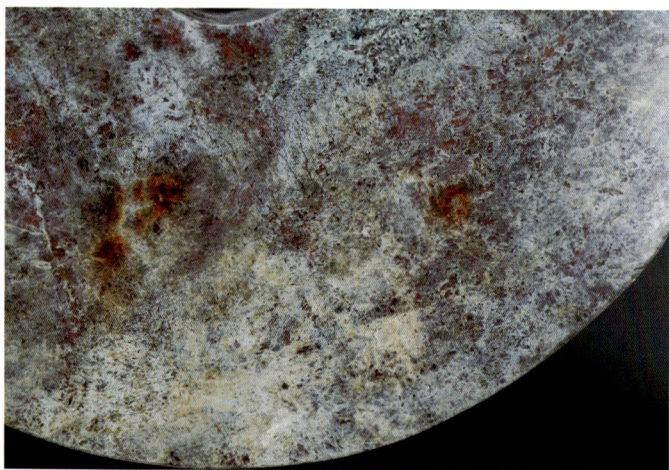

展品编号：113

名称：玉璧

年代：新石器时代良渚文化

规格：直径：20.5cm 厚：1.3cm 孔径：4.3cm

介绍：深绿色透闪石软玉，整体受沁，玻璃光，五彩斑斓，局部有土黄色和褐色沁斑，

两面对钻打孔，孔内留有台阶痕。

展品编号：114

名称：玉琮

年代：新石器时代良渚文化

规格：高：5.5cm 宽：7.3cm 孔径：4.0cm

介绍：透闪石软玉，整体受沁呈象牙黄，玻璃光，局部有土黄色和褐色沁斑，两面对钻打

孔，孔内留有台阶痕，表面刻划神人纹和兽面纹，两面留有拉丝开片的工艺痕迹。

器体各侧面均呈中部略高的弧凸表面。

展品编号：115

名称：玉串饰

年代：新石器时代良渚文化

规格：长：11.5cm

介绍：透闪石软玉，整体受沁呈鸡骨白，玻璃光，管珠均为两面对钻打孔，孔内留有台阶痕。

展品编号：116

名称：璧形饰

年代：新石器时代良渚文化

规格：直径：3.3cm　孔径：1.0cm　厚：1.0cm

介绍：透闪石软玉，略扁呈算珠造型，中间有对钻孔，孔内有解玉砂螺旋纹，中有台阶
　　　痕 "U" 形底，皮壳包浆浑厚。

展品编号：117

名称：三岔形器

年代：新石器时代良渚文化

规格：长：4.5cm 宽：2.5cm 厚：0.8cm

介绍：透闪石软玉，整体受沁呈鸡骨白，局部有褐色土咬沁斑，玻璃光，器物呈

　　　"山" 字形，中部由上而下对钻穿孔，孔内留有台阶痕。

展品编号：118

名称：龙形玉佩

年代：新石器时代良渚文化

规格：长：3.0cm 宽：2.4cm 厚：0.5cm

介绍：透闪石软玉，整体受沁呈鸡骨白，局部有褐
　　　色土咬沁斑，玻璃光，器物是抽象的龙形，
　　　身躯卷曲，有眼睛和嘴巴，中部和顶部有对
　　　钻穿孔，孔内留有台阶痕。

展品编号：119

名称：玉手柄

年代：新石器时代良渚文化

规格：高：4.0cm 宽：10.8cm 孔径：1.4cm

介绍：透闪石软玉，整体受沁呈象鸡骨白，局部有深褐色沁斑，水沁斑驳，草根纹丛生，不
　　　透光，底部有镶嵌梳子的槽，槽底打磨光洁。古方主编《中国出土玉器全集》浙江篇
　　　有同类器形。文字介绍为"整器略呈'凸'字形，上面为一圆圈，下面为横截面呈扁
　　　方形的把手。与纺轮等共出，可能是与纺织有关的一种把手"。

展品编号：120

名称：玉梳背

年代：新石器时代良渚文化

规格：长：3.0cm 宽：6.5cm 厚：1.0cm

介绍：透闪石软玉，镂空透雕，片状船形，中部凸棱向两边倾斜，打洼包浆浑厚，有玻璃光泽，底边顺长有一凹槽。

【石家河文化】

石家河

石家河文化

玉石器

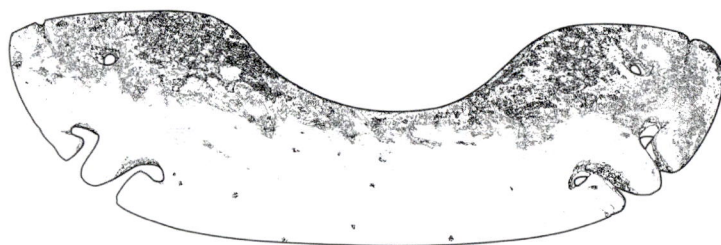

展品介绍

原始状态

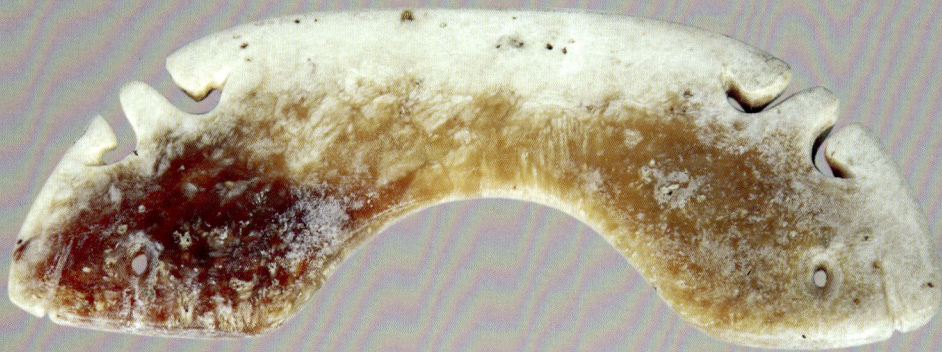

盘中变化

展品编号：121

名称：玉璜

年代：新石器时代石家河文化

规格：长：10.9cm 宽：3.4cm 厚：0.6cm

介绍：透闪石软玉，整体受沁呈鸡骨白，厚薄不均匀，局部有土黄色和褐色沁斑，
　　　边缘镂雕，眼部对钻打孔，孔内留有台阶痕。

展品编号：122

名称：玉鸟

年代：新石器时代石家河文化

规格：高：2.5cm 宽：5.2cm 厚：1.0cm

介绍：深绿色透闪石软玉，局部受沁呈鸡骨白，有土黄色沁斑，玻璃光，身体部位用减
　　　地阳文表达羽毛，头背部对穿牛鼻孔，有台阶痕。

展品编号：123

名称：玉镯

年代：新石器时代石家河文化

规格：直径：9.1cm 厚：0.9cm 孔径：6.0cm

介绍：透闪石软玉，整体受沁呈鸡骨白，玻璃光，光气十足，局部有土黄色和褐色

沁斑，光素无纹。

展品编号：124

名称：玉环

年代：新石器时代石家河文化

规格：直径：11.2cm 厚：0.8cm 孔径：8.2cm

介绍：透闪石软玉，整体受沁呈鸡骨白，玻璃光，局部有土黄色和褐色沁斑，
　　　光素无纹。

展品编号：125

名称：玉斧

年代：新石器时代石家河文化

规格：长：5.8cm 宽：4.2cm 厚：0.5cm

介绍：青白色透闪石软玉，顶端有旧残，上厚下薄呈扇面形，底部有刃，器表有钙化皮
壳和沁斑。

展品编号：126

名称：锥形玉饰

年代：新石器时代石家河文化

规格：长：4.7cm

　　　直径：0.8cm

介绍：浅绿色透闪石玉质，整
　　　体呈两端稍细的长圆柱
　　　形，截面圆形，首尖锐，
　　　尾端有小短榫，榫上有
　　　双面对钻小孔，局部有
　　　灰白色沁，大部分器体
　　　呈现浅绿色玉质。

展品编号：127

名称：筒形玉镯

年代：新石器时代石家河文化

规格：高：2.7cm 孔径：5.0cm 壁厚：0.25cm

介绍：浅绿色透闪石玉质，圆筒状器形，筒壁不垂直，内壁略为内弧凸，外壁呈束腰形，形成一个优美的曲线，厚度偏薄，打磨光滑，工艺精湛，有云雾状白色沁斑。

深圳市宣传文化事业发展专项基金资助项目

第三届中国（深圳）收藏文化月活动集萃

玉成中华

中

黄河中下游地区史前文化

西北地区史前文化

南方边缘地区史前文化

刘云辉　韩昌晟　主编

深圳市收藏协会　编

文物出版社

玉成中华

第三届中国（深圳）收藏文化月活动集萃

阁忆堂题

目录

第三届中国(深圳)收藏文化月 玉石器展中

黄河中下游地区史前文化 | 006-027

■ 大汶口文化玉石器 | 008-013

■ 龙山文化玉石器 | 015-024

■ 陶寺文化玉石器 | 025-027

西北地区史前文化 | 028-153

齐家文化玉石器 | 031-111

■ 玉璧、玉环 | 032-047

■ 玉琮 | 048-059

■ 多璜联璧 | 060-071

■ 玉璜 | 072

■ 玉钺、玉刀、玉璋、玉斧、玉铲、玉圭 | 073-089

■ 玉器加工工艺 | 090-091

■ 人物、动物形象制品 | 092-093

■ 细石器制品及石器工具 | 094-106

■ 串饰品 | 107-111

石峁文化玉石器 | 113-132

新石器时代玉石器 | 133-153

南方边缘地区史前文化 | 154-175

骆越文化玉石器 | 157-166

■ 玉玦 | 158-161

■ 四联玉璧 | 162-163

■ 石铲 | 164-166

台湾卑南文化玉石器 | 167-169

其他史前文化玉石器 | 170-175

陶寺文化玉石器 ■

龙山文化玉石器 ■

大汶口文化玉石器 ■

大汶口文化

玉石器

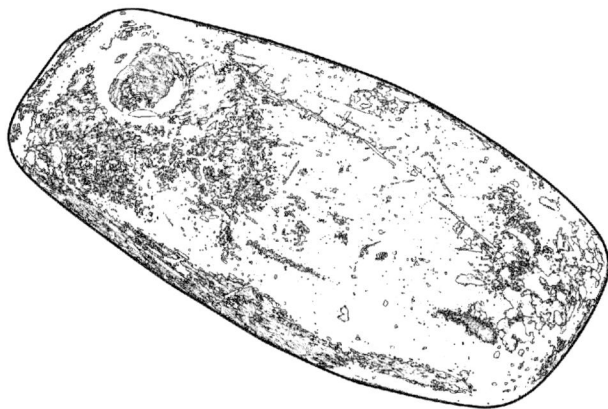

展品介绍

展品编号：129

名称：玉斧

年代：新石器时代大汶口文化

规格：长：7.4cm 宽：3.5cm 厚：0.5cm

介绍：玉斧，透闪石，深绿色玉质，局部受沁，有白色和黑色沁斑，有刃，整体包浆浑厚。

展品编号：130

名称：石斧

年代：新石器时代大汶口文化

规格：长：9.0cm 宽：7.4cm 厚：0.8cm

介绍：石斧，石质，整体呈深褐色至黑色，碱壳厚重。

展品编号：131

名称：玉斧

年代：新石器时代大汶口文化

规格：长：6.5cm 宽：3.0cm 厚：0.5cm

介绍：玉斧，蛇纹石玉，灰褐色玉质，整体受沁严重，有褐色土沁皮壳。

展品编号：132

名称：玉钺

年代：新石器时代大汶口文化

规格：长：17.7cm 上宽：11.8cm 下宽：14.1cm 厚：1.1cm

介绍：玉钺，地方玉质，整体受沁，一面碱壳厚重，有刃。

展品编号：132

名称：玉斧

年代：新石器时代大汶口文化

规格：长：9.0cm 宽：4.8cm 厚：0.6cm

介绍：玉斧，蛇纹石，灰白色玉质，整体受沁，有白色、褐色和黑色沁斑，有刃，双面钻孔。

展品编号：134

名称：玉斧

年代：新石器时代大汶口文化

规格：长：6.0cm 宽：2.5cm 厚：1.5cm

介绍：玉斧，蛇纹石，深绿色玉质，双面研磨孔，整体受沁，有白色、褐色和黑色沁斑，
包浆厚重光亮。

【龙山文化】

龙山文化

玉石器

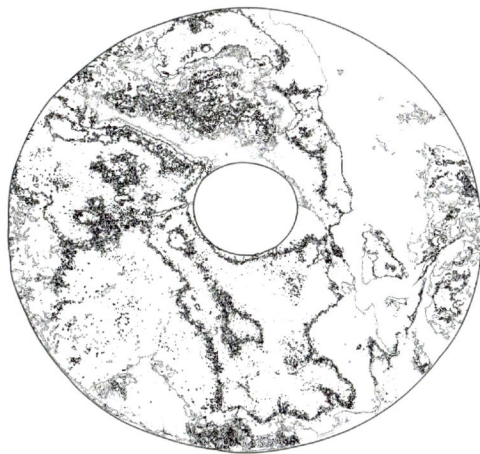

展品介绍

展品编号：135

名称：玉环

年代：新石器时代龙山文化

规格：直径：10.2cm 厚：0.5cm

介绍：玉环质地上佳呈青白色，局部糖色，有棉团状包裹体，是龙山文化常见玉料。器物规矩，做工细致。玉环在龙山文化中多为高级礼仪用器。

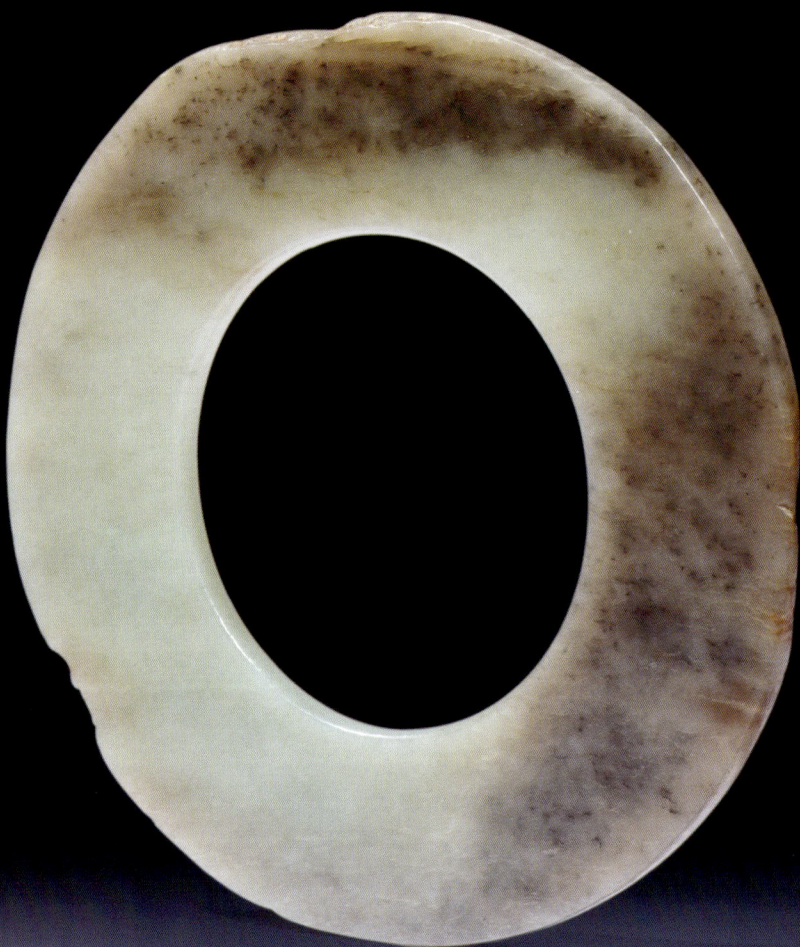

展品编号：136

名称：玉环

年代：新石器时代龙山文化

规格：直径：12.5cm 厚：0.5cm

介绍：玉质青白，有部分糖色沁斑。打磨细致，为龙山文化高级礼仪用器。

展品编号：137

名称：玉环

年代：新石器时代龙山文化

规格：直径：6.0cm～9.5cm 孔径：4.5cm～7.3cm

介绍：玉环，透闪石，青绿色玉质，局部受沁，有白色、
　　　褐色和黑色沁斑，整体包浆浑厚。

展品编号：138

名称：双联玉瑗

年代：新石器时代龙山文化

规格：直径：9.0cm　厚：0.5cm

介绍：该玉瑗由两段不规则的玉璜联缀而成。玉瑗质地精纯，打磨光洁，莹润可爱。

此类不规则的联缀玉瑗在陕西、山西龙山文化中常见，其功用或为史前先民

的臂、腕部装饰用玉。

展品编号：139

名称：玉斧

年代：新石器时代龙山文化

规格：长：11.0cm 宽：6.5cm 厚：1.0cm

介绍：玉斧，透闪石，灰青色玉质，尾部受沁，有白色、褐色和黑色沁斑，顶部钙化，有蚀脱，有刃，皮壳包浆光气好。

展品编号：140

名称：玉斧

年代：新石器时代龙山文化

规格：长：13.0cm 宽：6.0cm 厚：1.3cm

介绍：玉斧，透闪石，灰青色玉质，尾部受沁，有白色、褐色和黑色沁斑，有刃，整体
　　　包浆浑厚。

展品编号：141

名称：球状器

年代：新石器时代龙山文化

规格：直径：5.7cm

介绍：球状器，蛇纹石，局部透明，两个斜钻牛鼻孔，有明显解玉砂工痕，整体受沁钙
化严重，局部有片状玉质保留，表面光滑，包浆厚重。

【陶寺文化】

陶寺文化

玉石器

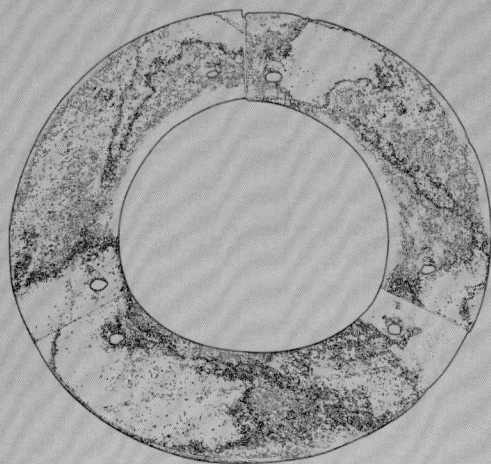

展品介绍

展品编号：142

名称：玉圭

年代：新石器时代陶寺文化

规格：长：12.1cm 宽：4.1cm～5.2cm 厚：0.7cm～1.6cm

介绍：白玉，附着少许出坑原土，磨制，器形扁平片长状，厚薄均匀，打磨光滑，做工折角锐利并略微修磨，上窄顺下渐宽并磨薄成刃，上端居中有一个单面钻透孔(上大下小)，孔口皆外大内小，呈喇叭形孔，孔内留下少许出坑原土，质地有云片状白色玉理结构斜扩张变化，草根状沁纹、虫滴状沁纹，油蜡包浆内敛均匀细柔自然。

展品编号：143

名称：三联玉璧

年代：新石器时代陶寺文化

规格：直径：12.8cm～13.2cm 孔径：7.3cm～7.4cm 厚：0.3cm～0.4cm

介绍：青玉，玉质老化，扇形扁平片状片，厚薄不均，三片雷同，一般常见是厚实的璜锯成数片再选三片组合成三联璧，每片两端单面钻孔，孔口外大内小呈喇叭形，孔下沿有崩裂痕或凸出玉料。玉质鸡骨白化赶色扩散及土褐色沁由器边沁入，有白色沁斑，全器打磨未抛光，内孔打磨圆润光滑不见棱角，孔沿上多有交织细密的纵向条痕，俗称"泥鳅背"。

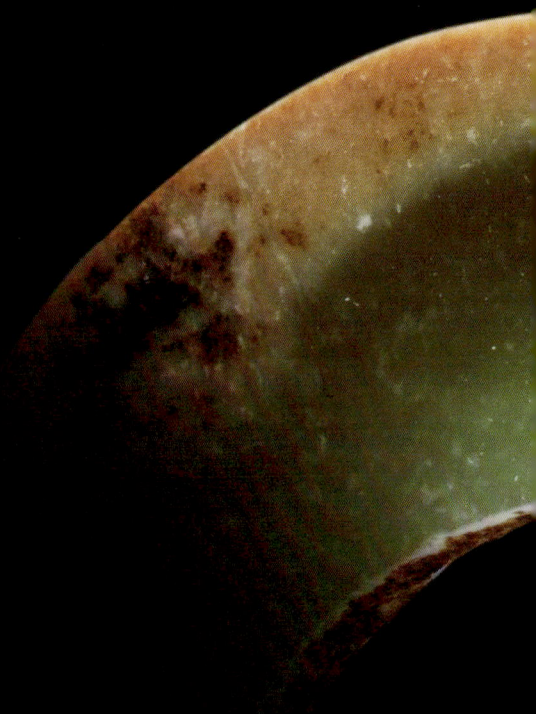

石峁文化玉石器 ■

齐家文化玉石器 ■

西北地区史前文化

【齐家文化】

齐家文化
玉石器

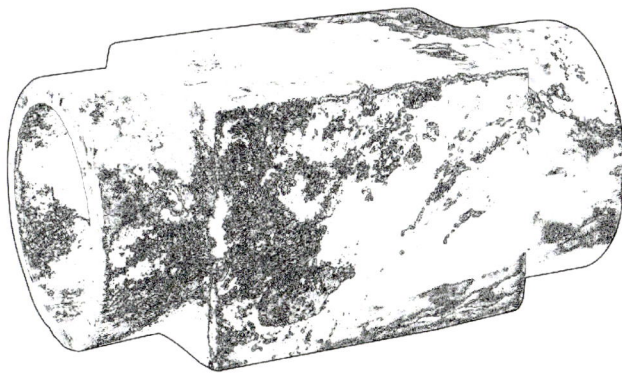

展品介绍

展品编号：144

名称：玉璧

年代：新石器时代齐家文化

规格：直径：14.5cm 厚：0.5cm

介绍：玉璧是古人用以祭天的神器。该玉璧径寸较大，形制较为规整厚重。玉璧整体色彩对比强烈，纹理具有云水般的流动感，富有强烈的古韵气息。

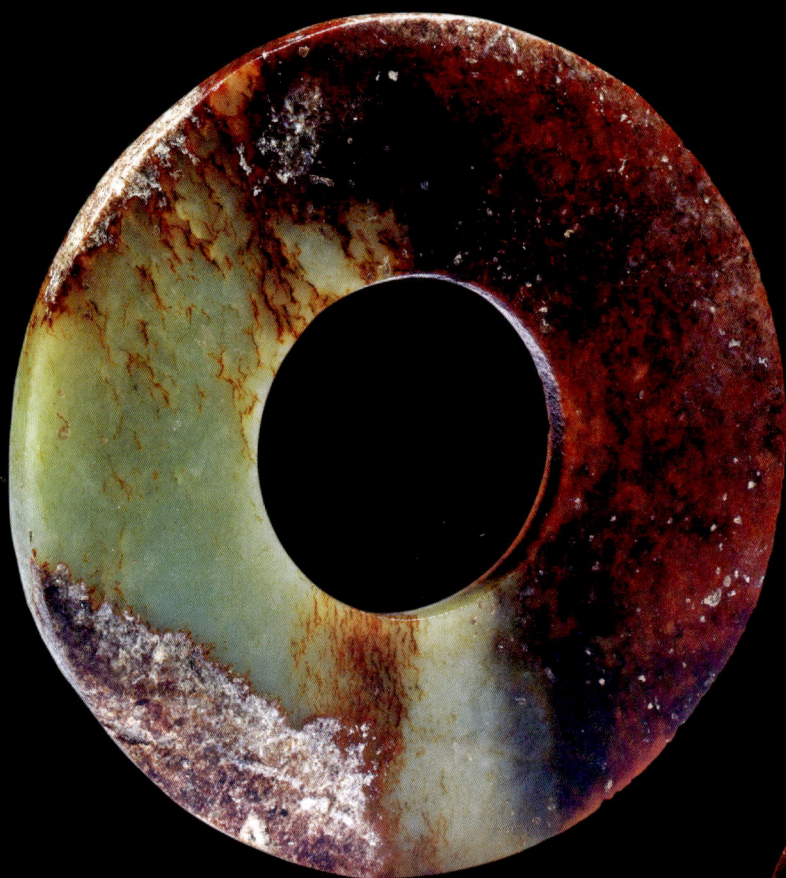

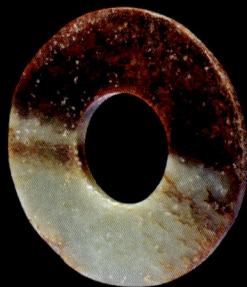

展品编号：145

名称：玉环

年代：新石器时代齐家文化

规格：直径：10.8cm 厚：0.6cm

介绍：玉质青绿，有大片红色沁变，且红色部分浓重，呈枣红色。器身厚实，器形圆满合规，孔壁可见垂直于环面的修磨痕迹。齐家文化中红色玉器较少，此器玉色艳丽而庄重，较为难得。

展品编号：146

名称：玉环

年代：新石器时代齐家文化

规格：直径：10.0cm 厚：0.5cm

介绍：玉质青白，有糖色沁变和水藻状包裹体。器身规矩，厚薄均匀，内孔修磨平

整，器形秀美。

展品编号：147

名称：玉环

年代：新石器时代齐家文化

规格：直径：4.8cm 厚：0.8cm

介绍：玉质呈黄白色，局部有褐色沁。环体厚实，内孔和外缘皆呈"U"形，是典型的单面管钻所留痕迹。从此环外缘状态及大小判断，此环当为大玉璧之璧芯再加工而成为小环，可见齐家先民珍爱玉料，利用有方。

展品编号：148

名称：玉璧

年代：新石器时代齐家文化

规格：直径：9.3cm 内径：4.1cm 厚：0.3cm

介绍：玉质为暗绿色，有藻状包裹体，为典型的马衔山玉料。玉璧形状不甚规则，
为"U"形单面钻孔，璧身两面均有片切割痕迹，是比较典型的齐家文化早
期土璧。

展品编号：149

名称：玉璧

年代：新石器时代齐家文化

规格：直径：8.6cm 内径：3.8cm 厚：0.5cm

介绍：玉质为暗绿色，有藻状包裹体，为典型的马衔山玉料。玉璧形状不甚规则，
      为"U"形单面钻孔，璧身两面均有片切割痕迹，是比较典型的齐家文化
      早期玉璧。

展品编号：150

名称：玉璧

年代：新石器时代齐家文化

规格：直径：15.0cm 孔径：6.0cm 厚：0.4cm

介绍：玉质为灰白色，有钙化、受沁有赭红色斑纹。玉璧形状不甚规则，钻孔有修
    磨痕迹，表面打磨平整，韵致古朴。

展品编号：151

名称：玉璧

年代：新石器时代齐家文化

规格：直径：9.0cm 孔径：2.9cm 厚：0.5cm

介绍：玉质为灰白色，受沁有赭红色斑，局部钙化。此类器物反映出先民以"美石为玉"
　　　的朴素玉材观。

展品编号：152

名称：玉璧

年代：新石器时代齐家文化

规格：直径：12.2cm 内径：3.9cm 厚：0.5cm

介绍：玉质为赭红色，璧身一面光洁，另一面附着碱壳。玉璧形状不甚规则，钻孔中

有磨损痕迹。此璧玉料较为少见，地域特色较强。

展品编号：153

名称：玉璧、环

年代：新石器时代齐家文化

规格：直径：7.0cm～9.5cm 孔径：3.0cm～4.0cm 厚：0.3cm～0.5cm

介绍：玉璧一件，玉环两件，玉质皆为暗绿色，有藻状包裹体。形状不甚规则，均为
　　　"U"形单面钻孔。此类玉璧或许并非礼器，而是一种类似"货币"的财富代表
　　　物。

展品编号：154

名称：有领玉环

年代：新石器时代齐家文化

规格：直径：7.7cm　内径：5.3cm　厚：0.9cm

介绍：玉质呈墨碧色，有白色草根纹沁斑。该器形亦称"凸唇环"。有领环在龙山文化海阳遗址有所发现，自东
　　　往西在山东、山西、陕西也有少量出现，在齐家文化甘肃范围内有领环比较少见。该器形在年代稍晚的四
　　　川三星堆遗址和金沙遗址以及越南北部出坑较多。因而对于研究古代民族迁徙、交流有较高价值。

展品编号：155

名称：有领玉璧

年代：新石器时代齐家文化

规格：直径：15.5cm 孔径：7.0cm 厚：0.5cm

介绍：牙白色半透明质地，满布藻状碱壳，器形规矩。此形器物制作工艺较为复杂，对其
功用素有不同观点。

展品编号：156

名称：玉环形器

年代：新石器时代齐家文化

规格：直径：12.6cm 内径：6.2cm 厚：1.9cm

介绍：牙白色半透明质地，一面平整，一面围绕中孔呈现缓斜的坡面凸起，器形特殊，工艺水平较佳，看似与常见
有领环略有相似。但古方老师认为，此器非环非璧，而是新石器时代的"砣具"，他曾在新疆某收藏家手中
见过半个残件。此器中孔装上木轴以后，转动木轴让此器旋转起来，边刃就成了原始切割工具"砣具"，此
器应用功能破解了很多专业人士研究的难题。因此，具有时代生产力的表达非常有学术价值和研究价值。

展品编号：157

名称：玉琮

年代：新石器时代齐家文化

规格：直径：4.9cm 高：2.7cm

介绍：玉琮为新石器时代先民重要的高级礼器。该玉琮器型方正，矮射，射孔内壁可见拉丝锯痕。齐家文化玉琮多质地

精良，此琮敦厚，玉质熟润，沁色如松香，斑斓古雅。

展品编号：158

名称：玉琮

年代：新石器时代齐家文化

规格：直径：6.0cm 高：14.4cm

介绍：玉琮主要流行于新石器时代至商周时期，一般认为玉琮是古人用以沟通天地的神器。此玉琮玉料尚佳，为绿色玉质，有局部土沁，器形较大，射部较高，形体挺拔，当为齐家文化早期玉琮中的精品。

展品编号：159

名称：玉琮

年代：新石器时代齐家文化

规格：直径：4.5cm 高：3.6cm

介绍：玉质青白，局部有沁，做工精良，棱角分明，器形端正而精悍，是齐家
　　　文化晚期矮射玉琮中的上品。

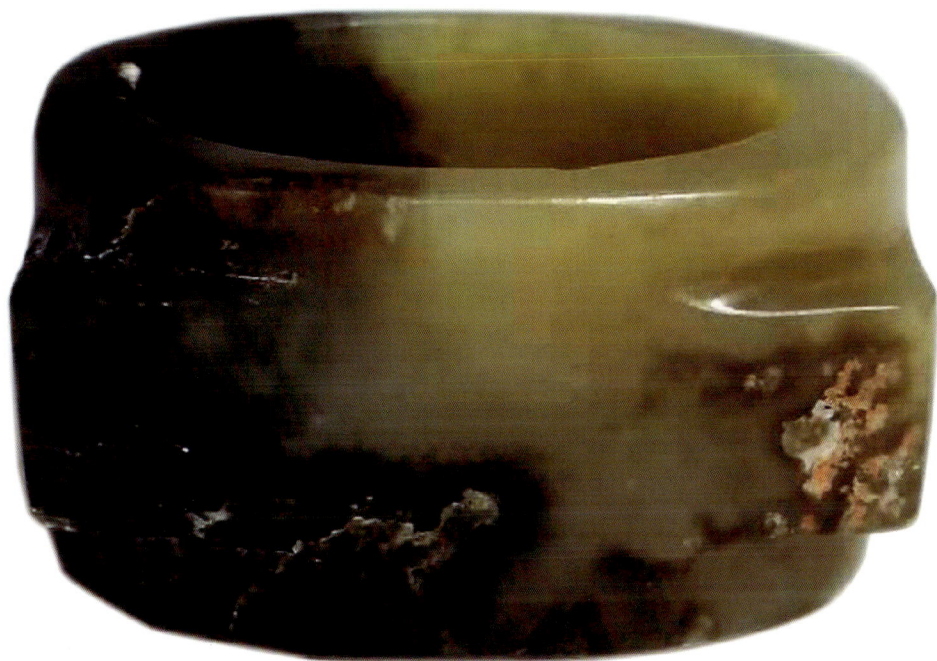

展品编号：160

名称：玉琮

年代：新石器时代齐家文化

规格：直径：6.85cm　高：4.2cm

介绍：透闪石玉质，柔和的黄色自内而外渗透出熟润的美感；浑然一体的黑褐沁色明显由绺裂浸入晕散，

　　　或浓如墨或淡如云，杂以残留的碱壳土蚀斑块，像一幅挥洒自如的泼墨画面；器形中规中矩，沉

　　　稳大方，小中见大；制作精良，抛磨精细，宝光温润，是难得的齐家文化精品。

展品编号：161

名称：玉琮

年代：新石器时代齐家文化

规格：直径：6.0cm 高：3.0cm

介绍：玉琮整体呈圆形筒状，分为三区，饰以弦纹，玉质较好，做工精细。此
玉琮形制在齐家文化范围内非常少见，这种弦纹玉琮在文化承袭关系上
明显与龙山文化、良渚文化有紧密关联。

展品编号：162

名称：玉琮

年代：新石器时代齐家文化

规格：直径：5.5cm 孔径：3.0cm 高：9.0cm

介绍：玉质为湖绿色闪石玉，有褐色土沁。此玉琮形制较少见，射部矮短、简化，做工
简约而干练，从射部简化状况推断，或为齐家义化晚期玉琮。

展品编号：163

名称：玉箍形器

年代：新石器时代齐家文化

规格：直径：5.8cm 高：3.2cm

介绍：玉质呈青白色，细腻温润，有暗绿色斑纹。器物孔壁可见管钻痕迹，外部打磨光洁细致。该器形在齐家文化范围内出现较少，在商代亦有出现，其功用尚不明确，一种观点认为是发箍，另一观点认为是圆形之琮。

展品编号：164

名称：三联璧

年代：新石器时代齐家文化

规格：直径：9.7cm 厚：0.4cm

介绍：由三片规矩的玉璜联缀而成，当为同块玉料上切割所得，总体呈规整的环形。该三联璧玉质上佳，玉色丰富，

气韵生动、古雅，是齐家文化三联璧中的上品。

展品编号：165

名称：三联璧

年代：新石器时代齐家文化

规格：直径：8.0cm 厚：0.3cm

介绍：三联璧亦称三璜联璧。这种标准形式的多璜联璧是齐家文化的代表玉器，也是齐家先民以小料呈现

大器的经典之作。三联璧的功用一般认为是当时的高级礼器。该三联璧玉质精良，为精纯的白色

玉料，器形规矩，简洁素雅。

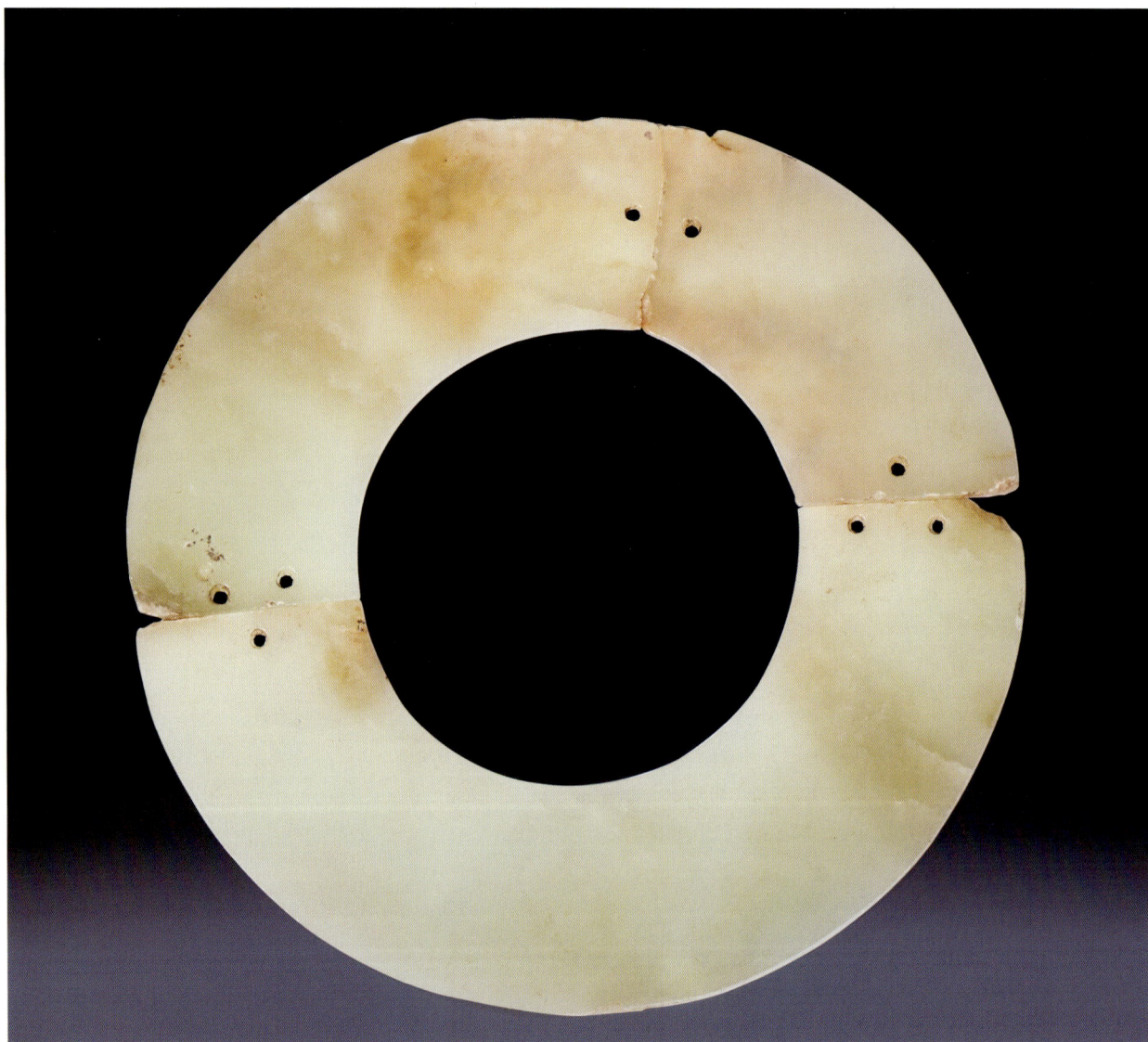

展品编号：166

名称：三联璧

年代：新石器时代齐家文化

规格：直径：14.0cm 厚：0.5cm

介绍：此三联璧为三片大小不等的玉璜连缀而成，其中最大片玉璜形如半环，另外两片玉璜大小不同，且各自一
　　　端呈不规则断茬状，可知此三联璧当为古人将断裂的二联璧重新打孔连缀而成，可见在当时玉料极其珍贵，
　　　古人应非常崇玉、惜玉。

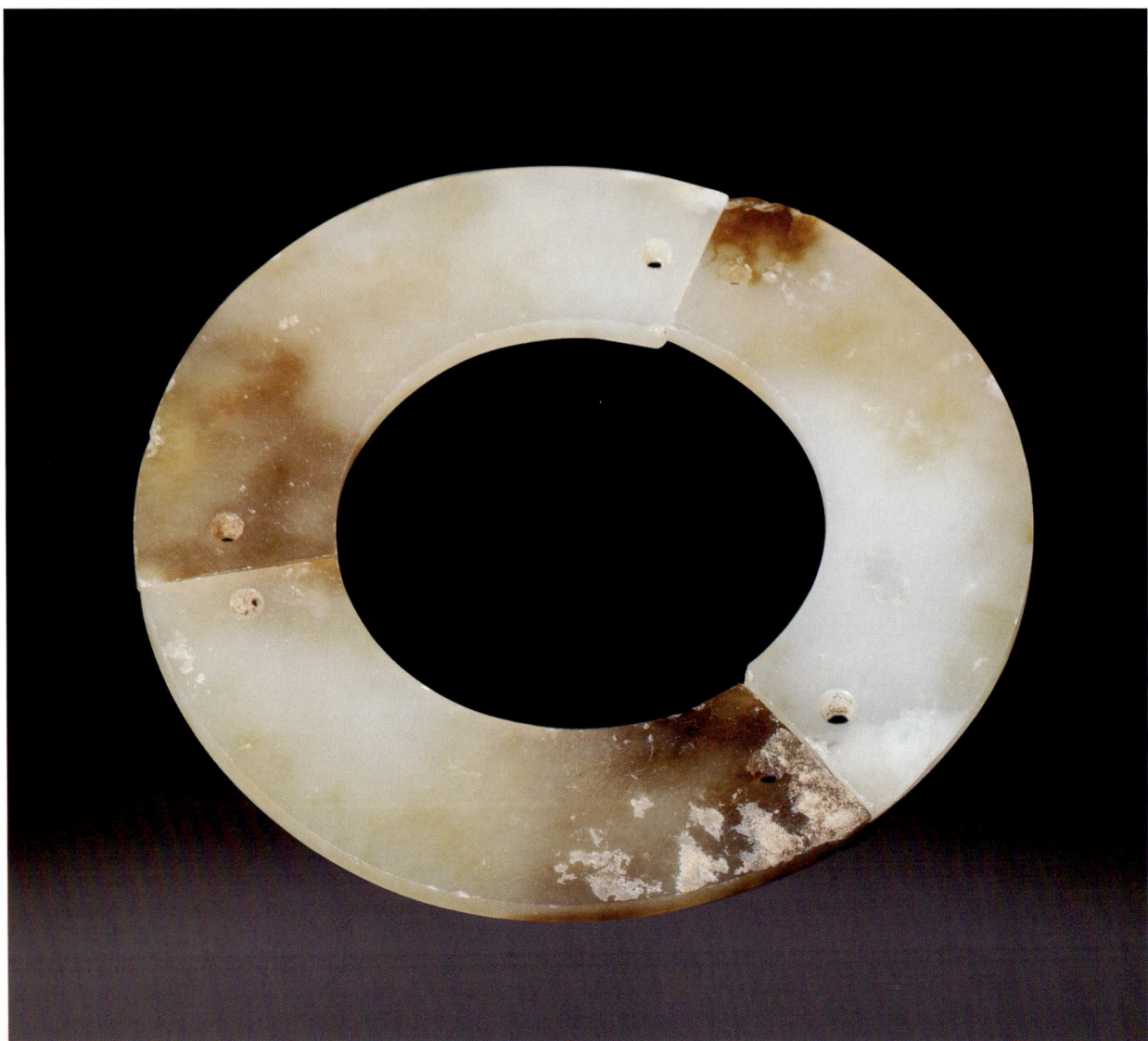

展品编号：167

名称：三联璧

年代：新石器时代齐家文化

规格：直径：7.7cm 厚：0.3cm

介绍：该三联璧玉质精良，纯白玉料中带有红糖色，质感温婉、细腻。做工亦非常精细，器型规矩而俊秀。此类
三联璧是齐家文化中的典型器物。

展品编号：168

名称：三联璧

年代：新石器时代齐家文化

规格：直径：16.0cm 厚：0.5cm

介绍：此三联璧器形较大，制作规整。玉料呈青绿色，纯净熟润。

玉璜之上有褐色沁变和白色土埋原皮，局部尚带朱砂。

展品编号：169

名称：六合璧

年代：新石器时代齐家文化

规格：直径：16.5cm 厚：0.3cm

介绍：六合璧亦称六联璧，由六片璜形玉片连缀而成，每片玉璜上纹理相似，是从同一块璞玉上切取。
此六合璧选用暗绿色透闪石玉加工而成，玉璜较薄，展现出非常高的玉料切割水平。六璜联璧
在新石器时代或属于高级礼器，存世较少。有学者亦称其为"玉围圈"，认为和祭坛有关。台
北故宫博物院藏有相似六合璧一件。

展品编号：170

名称：白玉黑沁璜

年代：新石器时代齐家文化

规格：长：8.0cm 宽：2.0cm 厚：0.5cm

介绍：玉璜是齐家文化中最常见的器形，除了联缀成璧、环的组合型玉璜之外，还常见单片玉璜。此玉璜质地洁白，玉质内有雪花状包裹体，是典型的齐家文化玉料，璜体两端有黑沁如漆，黑白对比分明，别致而古雅。台北故宫博物院藏有类似黑白相间的玉璜一件。

展品编号：171

名称：弧刃玉钺

年代：新石器时代齐家文化

规格：长：10.2cm 宽：7.6cm 厚：0.5cm

介绍：该钺玉质较好，有白色璞皮，器型独特，一边平直，一边为弧形有刃。钻孔处有
　　　绳系摩擦痕迹。相似器型在长江流域新石器时代遗址中有所发现，在齐家文化范
　　　围内，此型玉器较为少见。

展品编号：172

名称：玉斧

年代：新石器时代齐家文化

规格：长：24.5cm 宽：6.4cm～7.5cm 厚：0.9cm

介绍：质地为"华西玉料"，器身满布褐色沁斑。器形为端正的梯形，柄部有一孔，上端
部有刃，做工简洁有力，气韵厚重。

展品编号：173

名称：玉钺

年代：新石器时代齐家文化

规格：长：16.2cm 宽：12.0cm 厚：0.5cm

介绍：玉质为深青色，器形呈宽大的"凤"字形，一端有刃，另外一端有两个钻孔。

此玉钺器形较大，庄重威严，为当时重大军事活动的高级礼仪用器。

展品编号：174

名称：玉钺

年代：新石器时代齐家文化

规格：长：20.7cm 宽：10.4cm 厚：0.4cm

介绍：玉质为青色"华西玉料"，器身满布明显的草根纹痕迹。器身共有三孔，在靠近柄部一端有单面管钻而成的
　　　二孔，刃部一端靠近边缘位置有一小孔。器形薄而光洁匀称，可见当时先民的玉料切割工艺非常精湛。

展品编号：175

名称：玉刀

年代：新石器时代齐家文化

规格：长：22.2cm 宽：7.3cm 厚：0.6cm

介绍：器形较大，打磨精致，三端有刃。玉刀主要出现在新石器时代
至商周时期，是一种高级的军事礼仪用器。在齐家文化范围内
玉刀出现较少。

展品编号：176

名称：玉斧

年代：新石器时代齐家文化

规格：长：14.0cm 宽：7.5cm 厚：0.5cm

介绍：该玉斧材质上佳，为青白玉质，一侧带璞皮，整体熟润雅致。玉斧主要出现在
　　　新石器时代，该斧器型庄重，质地精良，非实用器，而是当时的高级礼仪用器。

展品编号：177

名称：玉璋

年代：新石器时代齐家文化

规格：长：6.7cm 宽：6.0cm 厚：0.7cm

介绍：质地细腻，为墨碧色，一端有刃，另一端有孔，孔两侧的璋身出一组扉牙。此玉璋体积较大，器形古朴，
扉牙较简，器形与石峁文化玉璋相似。在齐家文化范围内玉璋较为少见。

展品编号：178

名称：玉璋

年代：新石器时代齐家文化

规格：长：28.2cm 宽：7.6cm 厚：0.7cm

介绍：玉质为暗绿色玉料，有白色沁纹和钙化斑痕。该玉璋尺寸较大，器型凌厉大气，
与二里头文化玉璋及三星堆文化玉璋形制相似，可见玉璋从新石器时代至夏、
商时期的演变与传承。

展品编号：179

名称：玉斧

年代：新石器时代齐家文化

规格：长：13.3cm 宽：5.2cm 厚：0.5cm

介绍：玉质为浅绿色，玉料中间有灰褐色条纹，有褐色土沁。此玉斧一端有刃，另一端有
　　　双面钻成的一孔，总体呈较规则的长方形，边缘一侧有就料缺损。玉斧主要出现在
　　　新石器时代，质地较好，做工精细的玉斧或为当时某种身份象征而非生产工具。

展品编号：180

名称：玉戈

年代：新石器时代齐家文化

规格：长：29.0cm 宽：8.1cm 厚：0.2cm

介绍：质为灰绿色"华西玉料"，附着铜锈及朱砂，器物原型为玉刀，工艺精良，
虽断残有缺，但刃部依旧锋芒，凌厉之气犹存。

展品编号：181

名称：玉圭

年代：新石器时代齐家文化

规格：长：22.0cm 宽：3.5cm 厚：0.2cm

介绍：玉质为灰绿色，一端磨制出锋利的尖刃。戈身断裂修复。玉戈在商周时期较为多见，
在新石器时代出现较少。

展品编号：182

名称：玉斧

年代：新石器时代齐家文化

规格：长：6.0cm 宽：3.5cm 厚：0.5cm

介绍：玉质为浅绿色，满布赭红色沁斑。器物虽小，但是做工较精，磨制光洁，器形规整，或为当时身份象征物，非实用工具。

展品编号：183

名称：管钻工艺标本

年代：新石器时代齐家文化

规格：直径：3.6cm 高：3.5cm

介绍：该器物原为齐家文化玉琮之芯，齐家先民珍爱玉料，在玉芯上再次施以管钻，欲
加工成器，或因为意外原因而中止，故在此芯上留有明显的管钻加工痕迹。此器
物直观表现了齐家先民的钻孔工艺，是研究史前玉器加工工艺的实物标本。

展品编号：184

名称：切割工艺标本

年代：新石器时代齐家文化

规格：长：10.5cm 宽：2.3cm 石片长：6.6cm 宽：5.0cm

介绍：玉料上有三条平行的片切割痕迹，在切割槽中仍然遗留有部分
　　　切割工具的碎片。从此玉料和同出的切割工具可以直观看到齐
　　　家先民的片切割工艺、工序以及工具，为研究齐家文化玉器切
　　　割工艺提供实物佐证。

展品编号：185

名称：玉羊

年代：新石器时代齐家文化

规格：长：7.3cm 高：5.1cm

介绍：青白色玉质，微透明。玉羊为圆雕，羊角及头部较大，是以夸张手法予以突出，显得雄壮有力，羊身及四肢简化，整体风格与一些商代圆雕动物的表现手法相似，或有一些传承关系。齐家文化范围内圆雕动物玉器非常少见。

展品编号：186

名称：人首形骨匕

年代：新石器时代齐家文化

规格：长：7.0cm 宽：2.7cm 厚：0.3cm

介绍：该器为骨质，一端呈尖状匕形，另外一端雕琢出一人首，人首似戴冠，
高鼻阔嘴，眼呈倒三角形。人面整体雕琢极其简约，但生动传神。在
齐家文化范围内，人面在玉器、石器、骨器上非常少见，于陶器上偶
见堆塑。

展品编号：187

名称：玉刀

年代：新石器时代齐家文化

规格：长：30.0cm 宽：7.3cm 厚：1.0cm

介绍：质地为暗灰褐色，有一定玉性。该刀呈现宽梯形，一侧有刃，另一侧有两个对钻而成
　　　的孔。刀身一面有数条切痕。该类石刀主要出现在新石器时代，当为先民日常所用的
　　　生产工具。

展品编号：188

名称：石斧

年代：新石器时代齐家文化

规格：长：8.5 cm 宽：1.5cm 厚：0.3cm

介绍：石斧、石锛主要出现在新石器时代，是当时先民重要的生产工具。此类石斧

 有助于研究齐家文化玉器源流的承继关系。

展品编号：189

名称：石斧

年代：新石器时代齐家文化

规格：长：25.0cm 宽：7.0cm 厚：1.0cm

介绍：石斧为黄褐色，石质细腻，有两条黑色纹理，边缘微透明，略有玉性。一端有刃，
另一端有一孔，器形较大，磨制较为精细。

展品编号：190

名称：石斧

年代：新石器时代齐家文化

规格：长：26.5cm 宽：7.5cm 厚：0.6cm

介绍：石斧为纯黑色石质，一端有刃，另一端有一孔，器形较大，磨制较为精细，

此石斧器形大气凝重，或为特殊礼器，而非生产工具。

展品编号：191

名称：玉坠

年代：新石器时代齐家文化

规格：高：7.5cm 宽：6.8cm 厚：3.6cm

介绍：玉坠为近水滴形状，透光，磨制较为精细，有对钻穿孔。其用途不明。

展品编号：192

名称：玉球

年代：新石器时代齐家文化

规格：直径：6.2cm

介绍： 玉质，外表黑色，透光性好，外形呈球装，有一斜对钻穿孔。或为当时某种特殊的渔猎工具。

展品编号：193

名称：石锛

年代：新石器时代齐家文化

规格：长：18.3cm 宽：6.6cm 厚：2.6cm

介绍：石质黑色，外形呈长方条形，器身微有弧度，有对钻穿孔。应为当时先民的生产工具。

展品编号：194

名称：石锛

年代：新石器时代齐家文化

规格：长：13.5cm 宽：6.0cm 厚：2.5cm

介绍：石质黑色、坚硬，一端出刃，一端有收肩。石锛主要出现在新石器时代，是当时先民的生产工具。

展品编号：195

名称：石刀

年代：新石器时代齐家文化

规格：长：19.0cm　宽：6.0cm　厚：4.0cm

介绍：石刀主要出现在新石器时代，当为先民日常所用的生产工具。

展品编号：196

名称：石凿

年代：新石器时代齐家文化

规格：长：19.0cm 宽：6.0cm 厚：4.0cm

介绍：石凿主要出现在新石器时代，当为先民日常所用的生产工具。

展品编号：197

名称：石璧

年代：新石器时代齐家文化

规格：直径：13.5cm 孔径：4.5cm 厚：0.8cm

介绍：石璧形状不甚规则，单面钻孔，似为尚未精细加工的璧胚。也可能是在玉料

　　　匮乏的情况下，先民以石代玉的精神追求之表现。

展品编号：198

名称：石璧

年代：新石器时代齐家文化

规格：直径：4.0cm～11.0cm 厚：0.5cm～0.7cm 孔：0.5cm～2.0cm

介绍：此类石璧往往成叠出现，其形状不甚规则，单面钻孔，璧面不平整，似为尚未精细加工，
　　　对此类石璧的功用素有不同看法，有人认为这是先民入殓时以石代玉的精神追求，也有人
　　　认为这种石璧类似于先民的"货币"。

展品编号：199

名称：石研磨具

年代：新石器时代齐家文化

规格：长：19.0cm～43.0cm 宽：6.5cm～13.0cm

介绍：此石研磨具为一组，由石磨盘和石磨棒两部分组成，石磨具是当时先民用于加工
谷物的生产工具。该石磨具器形较大，生活气息浓烈。

展品编号：200

名称：绿松石珠串饰

年代：新石器时代齐家文化

规格：长：24.0cm

介绍：串饰以蓝色、绿色绿松石珠串缀而成。每颗绿松石珠皆打磨细致，光泽莹润，色彩鲜艳。绿松石是史前先民普遍喜欢的一种装饰原料，在齐家文化范围内绿松石珠多有散落发现，但总体数量不多，成串绿松石饰品史为难得。

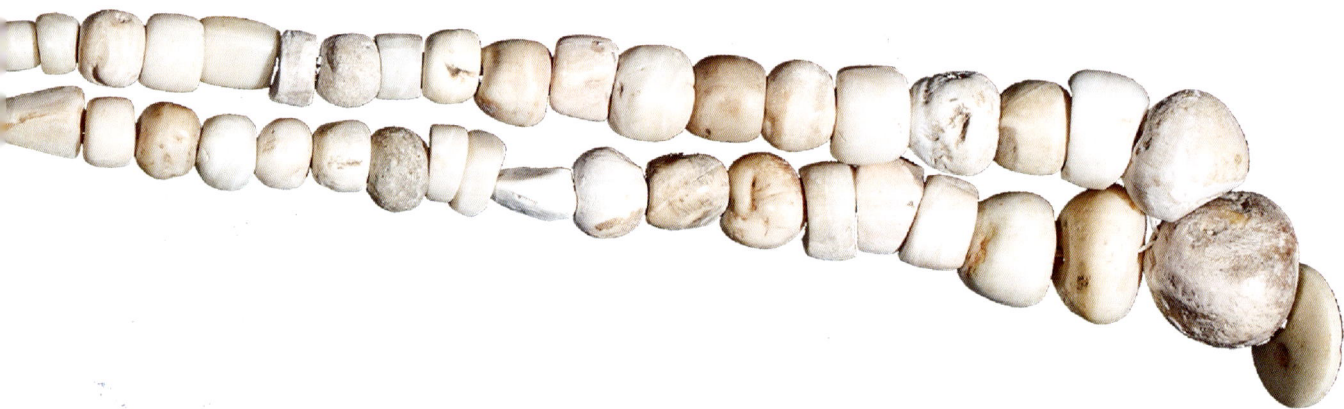

展品编号：201

名称：串饰

年代：新石器时代齐家文化

规格：长：21.4cm～24.0cm

介绍：串饰以牙白色半透明质地玉料及蚌类硬壳制成。该类串饰反映出先民在

四千多年前就已有对美的追求和向往。

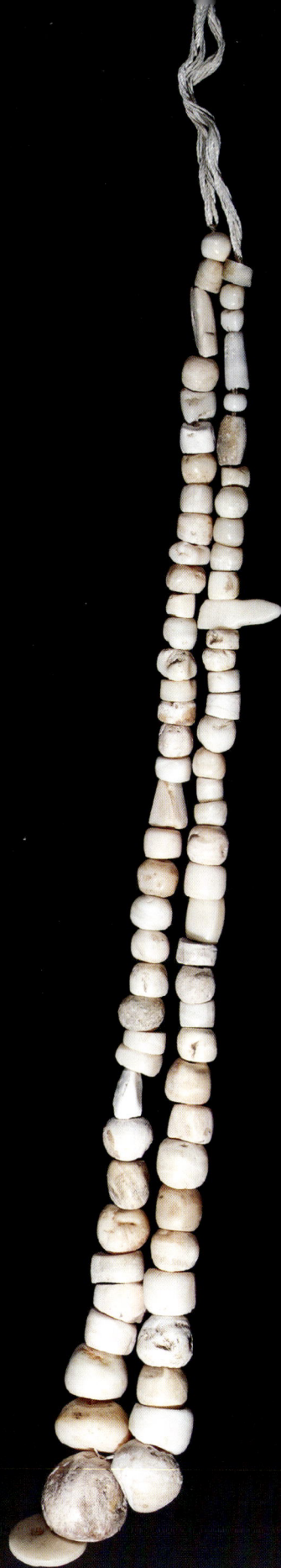

展品编号：202

名称：串饰

年代：新石器时代齐家文化

规格：长：19.0cm～21.0cm

介绍：串饰以牙白色半透明质地玉料及蚌类、骨类磨制而成。串饰上缀有雕刻简单纹饰的
骨片和玉片。此类玉串饰是人类文明从物质追求向精神追求演进的实证。

展品编号：203

名称：串饰

年代：新石器时代齐家文化

规格：长：18.5cm

介绍：串饰以牙白色半透明质地玉管珠和锥状中空管珠连缀而成。其中锥状中空管珠表面有纵向的棱起和凹槽，类似于某种动物的牙齿，或为先民以远古动物牙齿化石加工而成。

石峁文化玉器展品介绍：石峁玉器是继红山、良渚等史前玉器后又一古玉新秀。它以『数量庞大，质地精良，造型奇特』而蜚声海内外，其『超薄的切割改制、精细的打磨抛光、细微的雕刻镂空』工艺，被专家学者们誉为『鬼斧神功，别具一格』是古玉研究领域的一块处女地，大有文章可做。

陕西神木石峁遗址，外城东门址全貌

石峁文化
【石峁文化】
玉石器

城墙中藏玉

石峁玉器在遗址中出土的位置（墙体内）

玉石器展

【石峁文化玉石器】

展品介绍

展品编号：204

名称：玉璇玑铜齿环组合器

年代：新石器时代石峁文化

规格：璇玑外径：12.9cm 孔径：6.8cm 厚：0.55cm

　　　齿环外径：10.5cm 孔径：6.7cm 厚：0.2cm

介绍：此件组合器，也是目前所见同时期的一件孤品，两者
　　　组合使用，为我们研究玉璇玑的功能和用途提供了新
　　　的思路。

展品编号：205

名称：凸沿玉璧

年代：新石器时代石峁文化

规格：外径：12.5cm 孔径：6.25cm 厚：0.65cm

介绍：该璧的出土，改变了我们一直认为凸沿璧是商代的产物，其实早在龙山文化晚期就

有此类造型了，这为我们研究玉璧文化提供了新的资料。

展品编号：206

名称：青玉璧

年代：新石器时代石峁文化

规格：外径：15.3cm 孔径：7.6cm 厚：0.1cm～0.2cm

介绍：此璧是用一个完整的玉璧一分为二切割而成的，它体现了石峁玉匠难以想象的切割分离技术，至今我们也无法解释，在那个原始年代，他们是用什么方法、什么工具来完成的？这些都值得我们去深刻探讨。

展品编号：207

名称：镶绿松石玉环

年代：新石器时代石峁文化

规格：外径：10.2cm 孔径：6.8cm 厚：0.53cm

介绍：这件玉环也是至今发现唯一的一件用绿松石在玉环上镶出一个"人面"造型的玉环。它的出土改变了
我们对古人文明程度的认识，那个时代他们已经懂得了利用俏色巧雕的原理。

展品编号：208

名称：玉刀

年代：新石器时代石峁文化

规格：长：34.8cm 宽：4.1cm～5.1cm 厚：0.6cm

介绍：玉刀是石峁玉器的代表器，出土量较大，以大而薄著称。但是目前在国内遗存较少，
大部分已流失海外，实属遗憾！

展品编号：209

名称：玉钺

年代：新石器时代石峁文化

规格：长：12.9cm 宽：5.50cm～7.15cm 厚：0.07cm～0.17cm

介绍：钺铲类玉器在石峁玉器中占比较大，这件钺的特点是"薄"，它是由一件牙璋的顶端改制而成的，薄如纸片，光若镜面，充分反映出石峁玉器薄、光的特点。

展品编号：210

名称：玉琮

年代：新石器时代石峁文化

规格：高：9.8cm 长：7.04cm 宽：7.2cm 孔径：7.1cm

介绍：玉琮在石峁玉器中也占有很大比例，其造型各异，有外方内圆形、外圆内圆形，

也有良渚玉琮改制形，而这件琮则有齐家玉琮的风格。

展品编号：211

名称：玉筒形器

年代：新石器时代石峁文化

规格：高：3.1cm 外径：8.2cm 内径：7.1cm

介绍：筒形器在石峁玉器中不是很多，其造型有直桶形，也有束腰形，但是带有工艺
的更少，这件筒形器外围刻有二条瓦楞工，下面用斜线分割增加了美感，应该
是石峁玉匠的独创。

展品编号：212

名称：玉镯形器

年代：新石器时代石峁文化

规格：高：1.2cm 外径：6.6cm～7.1cm 内径：6.0cm～6.1cm

介绍：这是一件神奇之器，在它的上沿下方2mm处的凹槽内刻有比头发丝还细的
"雷云纹"一圈，四角下还刻有细微的兽面纹，具有良渚玉工的风格。槽内
的纹饰如果不借助光线和放大镜仪凭裸眼是很难辨识的，这用"鬼斧神工"
来形容，一点也不过分。

展品编号：213

名称：镂空玉佩

年代：新石器时代石峁文化

规格：长：7.5cm 宽：5.9cm 厚：0.2cm

介绍：这件佩的工艺又是另一种表现手法，很难一眼就认出是什么造型。也许这就是石峁玉器的魅力所在，让你充分发挥自己的想象力吧！

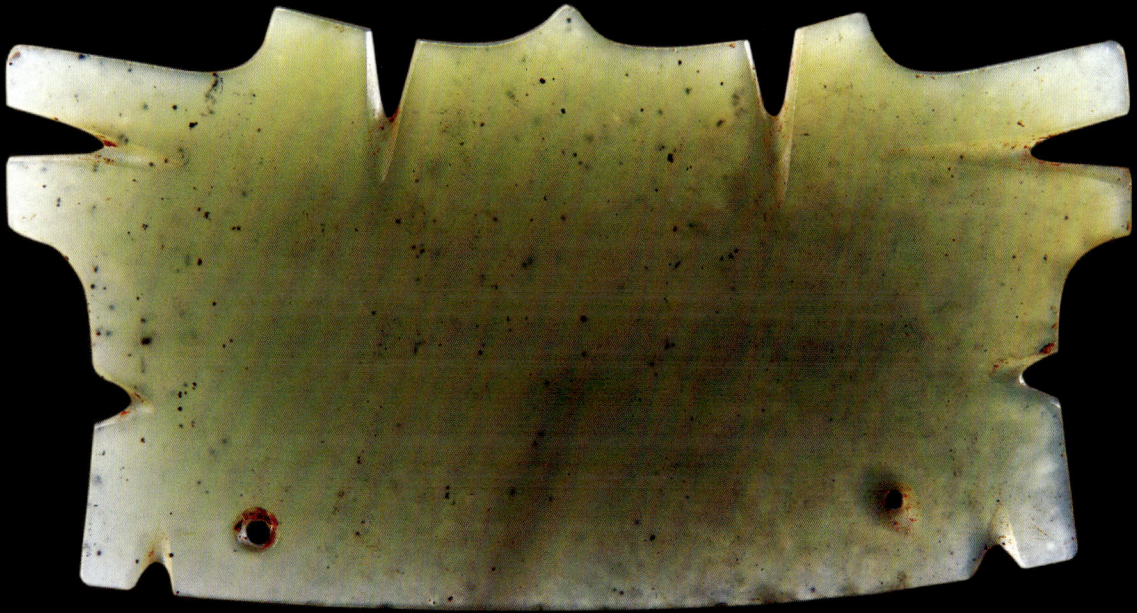

展品编号：214

名称：冠形佩

年代：新石器时代石峁文化

规格：长：7.5cm 宽：3.9cm 厚：0.45cm

介绍：这件佩的造型也很难确认，上下左右角度不同其反映出的造型也不同，耐人寻味。

展品编号：215

名称：冠形佩

年代：新石器时代石峁文化

规格：长：6.0cm 宽：3.5cm 厚：0.2cm

介绍：这件佩整体造型像一只猫头鹰的面部。

展品编号：216

名称：鸟形佩

年代：新石器时代石峁文化

规格：长：6.2cm 宽：2.9cm 厚：0.2cm～0.3cm

介绍：疑似用残件改制而成。

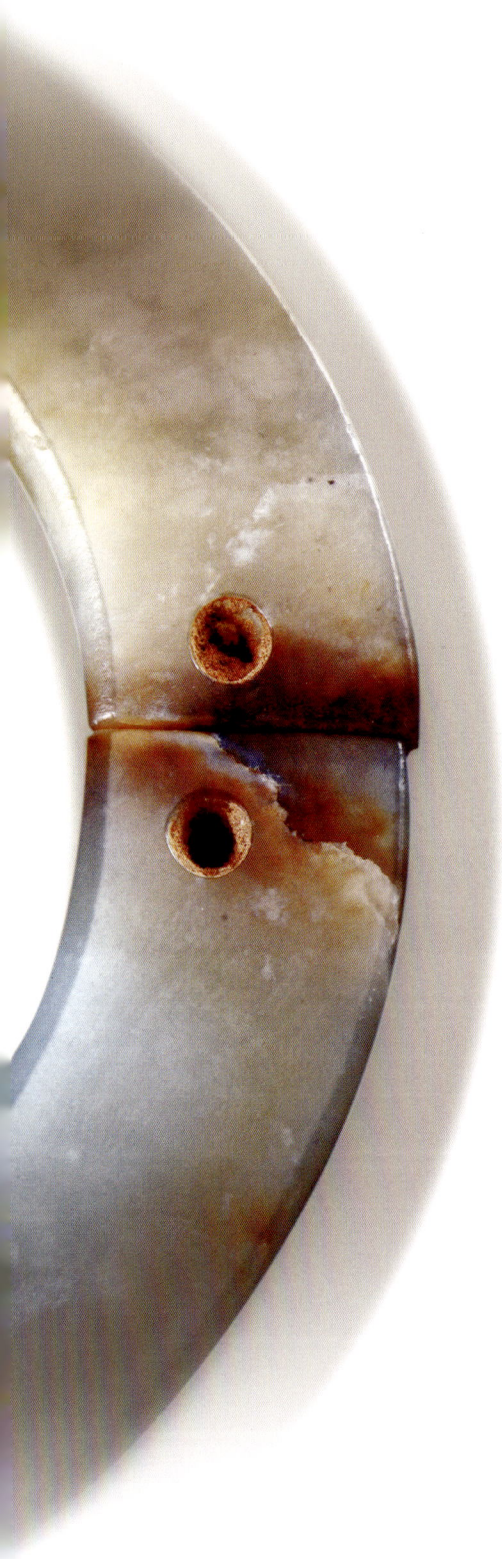

展品编号：217

名称：双联玉环

年代：新石器时代石峁文化

规格：直径：11.8cm 孔径：6.2cm 厚：0.4cm～0.6cm

介绍：联璜璧、环在石峁玉器中占有很大比例，有二联、三联、四联等器形，
　　　有齐家文化玉器风格。

展品编号：218

名称：三联璇玑

年代：新石器时代石峁文化

规格：外径：12.9cm 孔径：7.5cm 厚：0.55cm

介绍：该璇玑是目前发现的史前璇玑中唯一一个"三联式"璇玑，它的特点在于，分开是三
　　　个龙形玉璜，合起来是一个三牙带脊齿璇玑，它充分体现出石峁玉匠的聪明与智慧。

展品编号：219

名称：绿松石串饰

年代：新石器时代石峁文化

规格：周长：58.0cm

介绍：在石峁遗址中出土了大量绿松石，大部分为串珠，也有少部分吊坠，这些饰品的出现，说明4000年前的先民已进入了高度文明阶段。

玉

展品编号：220

名称：玉璧

年代：新石器时代

规格：直径：19.5cm 孔径：5.0cm 厚：0.5cm

介绍：玉璧，透闪石，灰青色玉质，整体受沁，有白色、褐色和黑色沁斑，整体包浆浑厚。

展品编号：221

名称：玉瑗

年代：新石器时代

规格：直径：14.0cm 孔径：7.5cm 厚：0.1cm~0.4cm

介绍：玉瑗，透闪石，青黄色玉质，有白色、红褐色和黑色沁斑，切面厚薄不匀，薄面只有0.1cm。

展品编号：222

名称：玉璧

年代：新石器时代

规格：直径：22.5cm　孔径：26.2cm　厚：20.5cm

介绍：玉璧，透闪石，青绿色玉质，局部受沁，有白色、褐色和黑色沁斑，整体包浆浑厚，边缘多处有自然磨损和磕碰老残。

展品编号：223

名称：玉璧

年代：新石器时代

规格：直径：23.5cm 孔径：7.5cm 厚：0.5cm

介绍：玉璧，透闪石，灰青色玉质，局部受沁，有白色、褐色和黑色沁斑，受沁过渡自然，
　　　整体包浆浑厚，器体硕大，乃礼仪重器。

展品编号：224

名称：玉璧

年代：新石器时代

规格：直径：17.5cm　孔径：6.5cm　厚：0.8cm

介绍：玉璧，透闪石，青黄色玉质，局部受沁，有白色、褐色和黑色沁斑，整体包浆
　　　自然，器体厚重。

展品编号：225

名称：玉璧

年代：新石器时代

规格：直径：15.5cm 孔径：5.5cm 厚：0.5cm

介绍：玉璧，透闪石，青绿色玉质，整体受沁，有乳白色、褐色和黑色沁斑，
　　　整体包浆浑厚。

展品编号：226

名称：玉璧

年代：新石器时代

规格：直径：19.0cm 孔径：5.5cm 厚：0.5cm

介绍：玉璧，透闪石，灰青色玉质，整体受沁，有白色、褐色沁斑，整体包浆浑厚。

展品编号：227

名称：玉璧

年代：新石器时代

规格：直径：17.5cm 孔径：4.5cm 厚：0.8cm

介绍：玉璧，透闪石，青绿色玉质，整体受沁，全器有白色沁斑。

展品编号：228

名称：三璜联璧

年代：新石器时代

规格：直径：13.0cm 孔径：4.0cm 厚：0.5cm

介绍：透闪石，灰青色玉质，器体大面积受沁，有白色、褐色、黑色沁斑，

整体包浆浑厚。

展品编号：229

名称：玉璜

年代：新石器时代

规格：长：11.4cm 宽：3.5cm 厚：0.4cm

介绍：玉璜，透闪石，白玉，局部受沁，有褐色和黑色沁斑，整体包浆浑厚。

展品编号：230

名称：玉璜

年代：新石器时代

规格：长：11.5cm 宽：3.0cm 厚：0.4cm

介绍：玉璜，透闪石，灰褐色玉质，局部受沁，有白色、褐色和黑色沁斑，整体包浆浑厚。

整体包浆浑厚。

展品编号：231

名称：玉斧

年代：新石器时代

规格：长：26.5cm 宽：7.5cm 孔径：2.0cm 厚：0.6cm

介绍：玉斧，透闪石，灰青色土质，局部受沁，有白色、褐色和黑色沁斑，单面钻孔，
整体包浆浑厚。

展品编号：232

名称：玉刀

年代：新石器时代

规格：长：32.0cm 宽：6.3cm 厚：0.7cm

介绍：玉刀，透闪石，深绿色玉质，局部受沁，有褐色沁斑，有刃，单面钻有七个孔，
　　　整体包浆浑厚。

展品编号：233

名称：玉圭

年代：新石器时代

规格：长：58.5cm 宽：6.5cm 厚：0.5cm

介绍：玉圭，透闪石，灰青色玉质，单面钻孔，孔内有残留朱砂。
局部受沁，有白色、褐色和黑色沁斑，整体包浆浑厚。

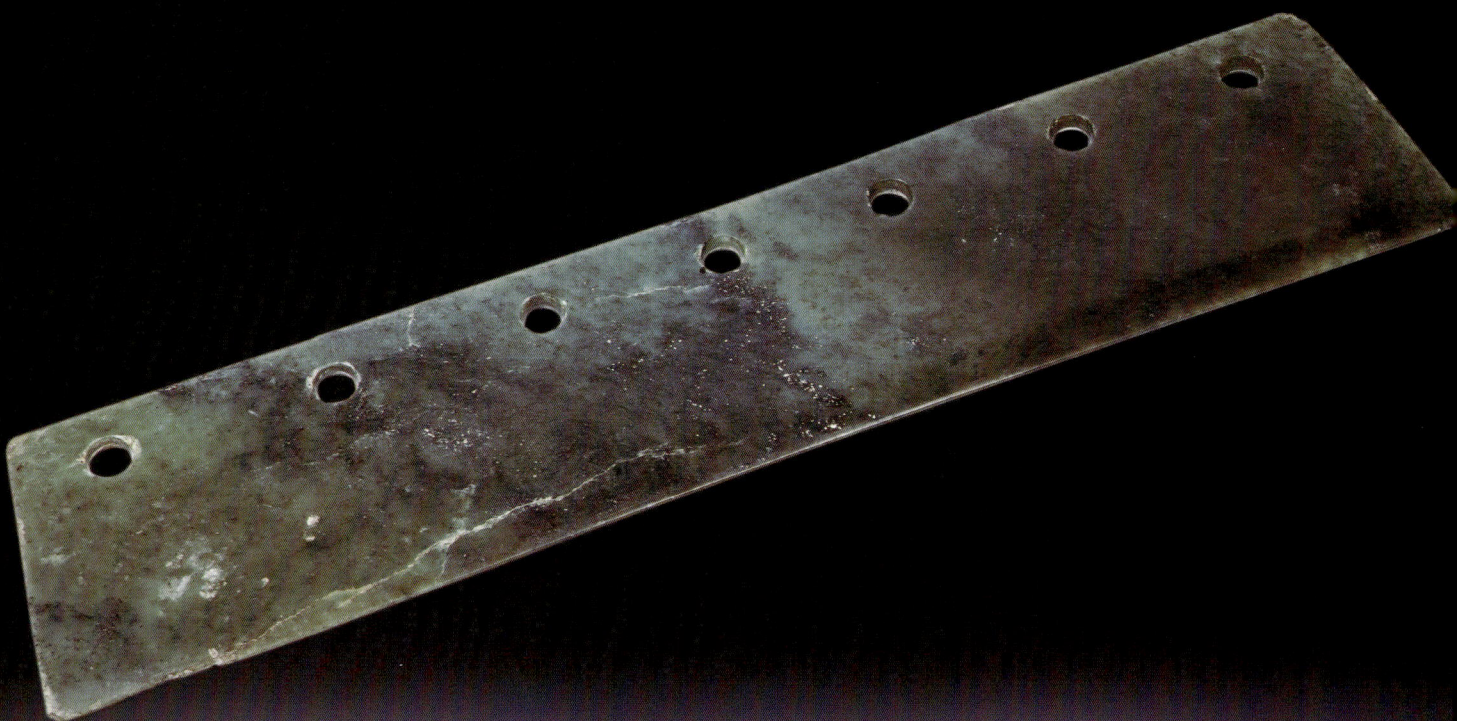

展品编号：234

名称：玉刀

年代：新石器时代

规格：长：52.0cm 宽：11.0cm 厚：0.4cm

介绍：玉刀，青灰色透闪石玉质，半透明，整体近长方形的梯形，扁平状，一面刃在长
边，厚薄不匀，背厚刃薄，中部顺长打洼吸腰，刃不锋利，非使用器，近背部单
面钻七孔，孔内有解玉砂螺旋纹工痕，光滑有明显老化痕迹，受土中环境影响，
多处局部受沁（水银沁），有白色、褐色、黑色沁斑，并随形制发生质变态和对
应内裂，刃部隐裂现象明显，表象特征符合工上自然态质变规律。玉刀形制古朴，
钻孔严谨，器形硕大，整体包浆浑厚，为龙山文化大型礼器。

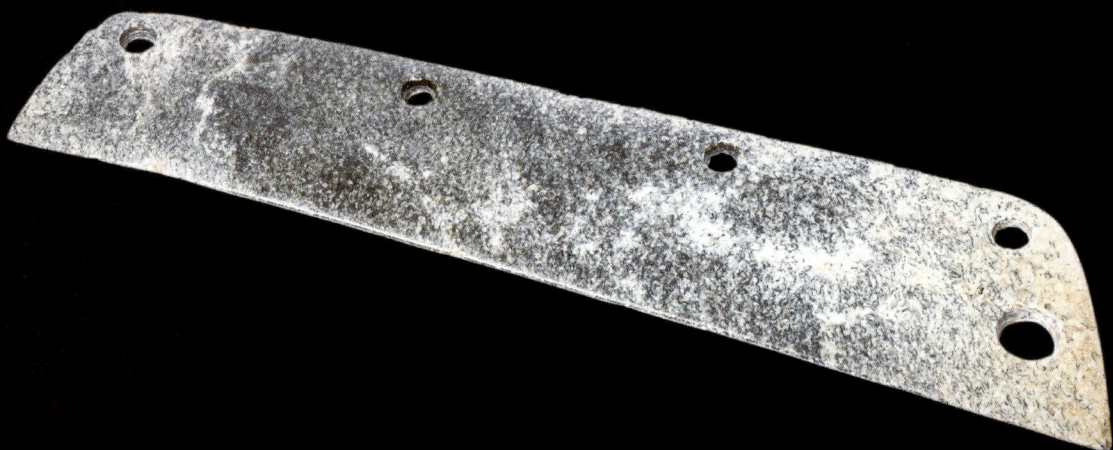

展品编号：235

名称：玉刀

年代：新石器时代

规格：长：49.0cm 宽：10.0cm

介绍：玉刀，透闪石，灰青色玉质，局部受沁，有白色、褐色和黑色沁斑，有刃，
　　　单面钻有五个孔，整体包浆浑厚。

展品编号：236

名称：玉钺

年代：新石器时代

规格：长：13.7cm 宽：6.0cm 孔径：1.0cm 厚：1.0cm

介绍：玉钺，透闪石，青绿色玉质，局部受沁，有白色、褐色和黑色沁斑，有刃，

单面钻孔，整体包浆浑厚。

展品编号：237

名称：玉琮

年代：新石器时代

规格：高：6.3cm 孔径：4.2cm 厚：0.7cm

介绍：浅灰绿色透闪石玉质，有白色饭糁状纤维交织斑团，器呈
　　　长方形柱体，外方内圆中间贯穿一孔，两端出射，射肩斜
　　　直下滑，方柱体外侧四壁中部有弧凸感。打磨不甚光滑，
　　　包浆皮壳浑厚，呈雅润光泽。

其他史前文化玉石器

台湾卑南文化玉石器

骆越文化玉石器

南方边缘地区史前文化

155

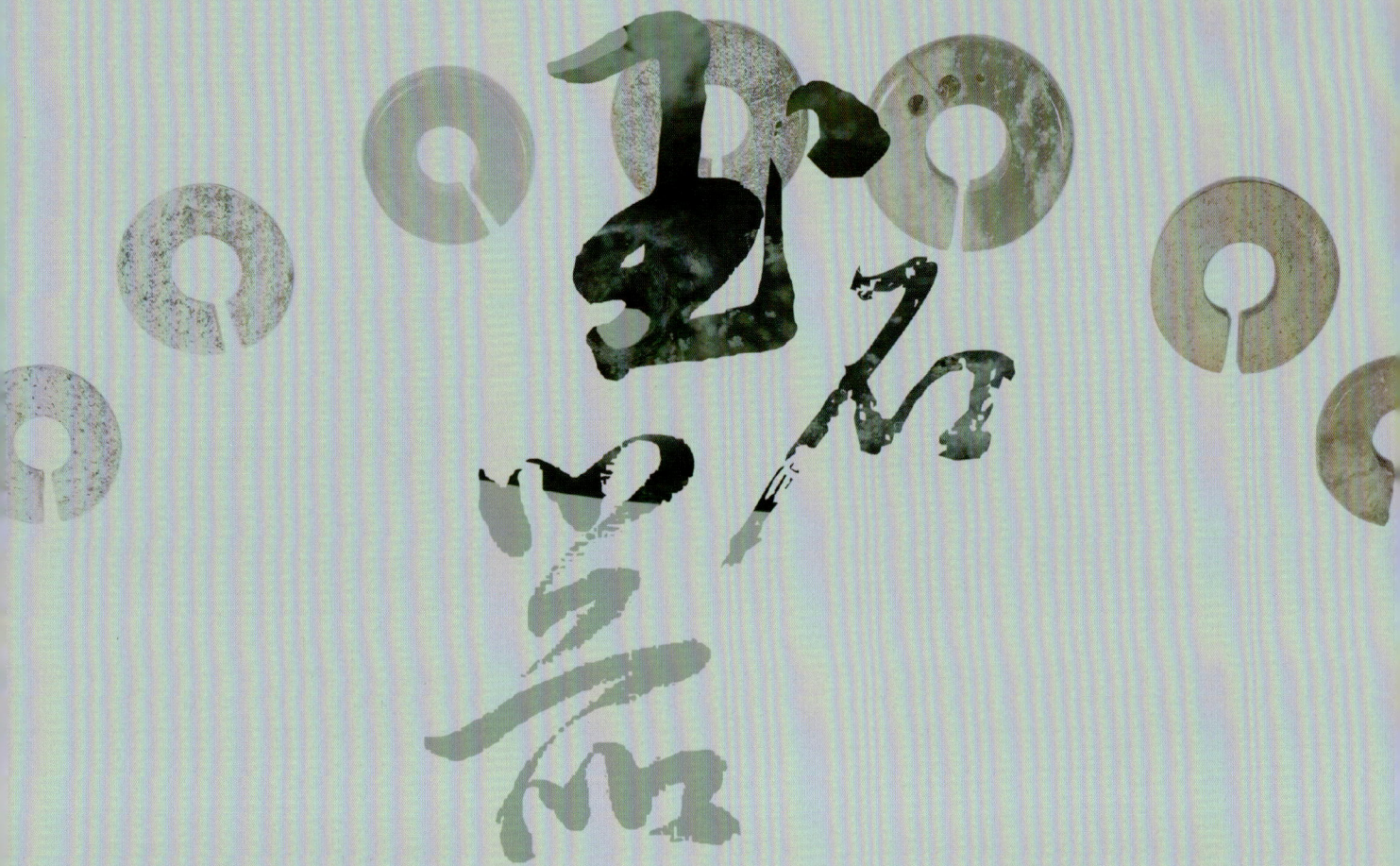

玉玦

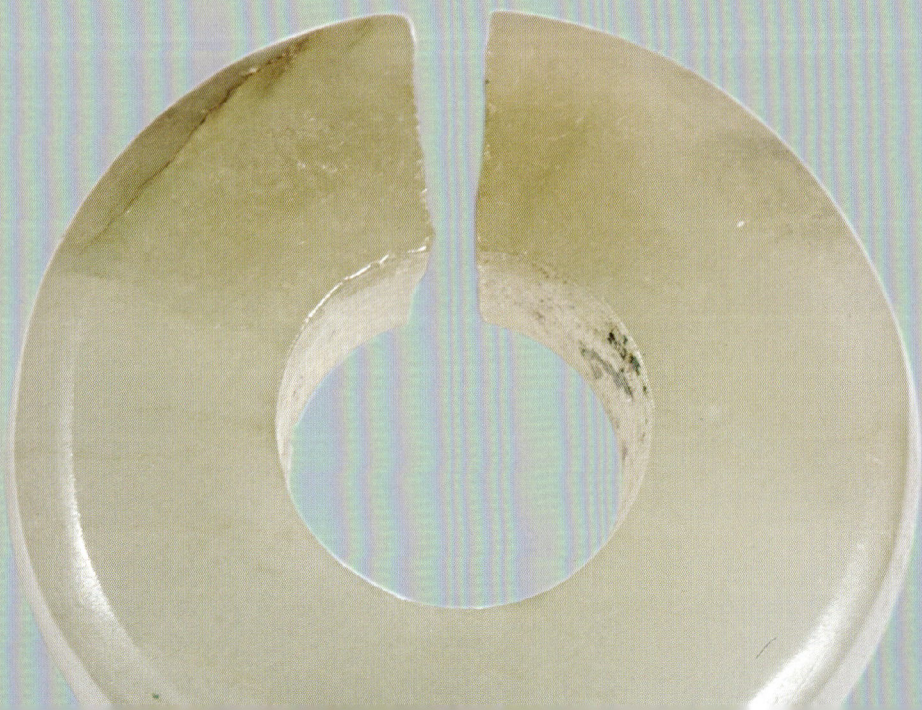

駱越 文化

【骆越文化】

玉石器

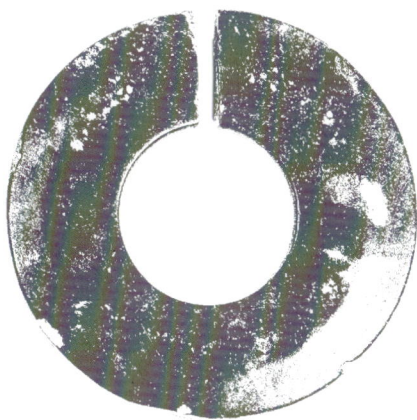

展品介绍

展品编号：238

名称：玉玦

年代：新石器时代骆越文化

规格：直径：3.4cm 孔径：2.2cm 厚：0.4cm

　　　直径：3.0cm 孔径：1.6cm 厚：0.4cm

　　　直径：3.3cm 孔径：1.4cm 厚：0.3cm

介绍：扁平片圆状，环切口成玦，正面近外沿1/3或1/4处磨低呈斜坡状，做工规整，反面平整无纹，中间由单面钻透呈略直孔，全器打磨光滑，蜘蛛网状沁纹，土黄沁，油蜡包浆内敛均匀自然。

展品编号：239

名称：玉玦

年代：新石器时代骆越文化

规格：直径：2.8cm 孔径：1.1cm 厚：0.45cm

　　　直径：2.4cm 孔径：0.9cm 厚：0.3cm

　　　直径：2.3cm 孔径：0.9cm 厚：0.4cm

介绍：扁平片圆状，环切口成玦，正面近外沿1/3或1/4处磨低呈斜坡状，做工规整，反

　　　面平整无纹，中间由单面钻透呈略直孔，全器打磨光滑，浅石灰状、蜘蛛网状沁

　　　纹，浅土黄沁，油蜡包浆内敛均匀自然。

展品编号：240

名称：玉玦

年代：新石器时代骆越文化

规格：直径：2.3cm 孔径：1.0cm 厚：0.6cm

　　　直径：2.5cm 孔径：1.1cm 厚：0.4cm

　　　直径：2.9cm 孔径：1.2cm 厚：0.4cm

介绍：扁平片圆状，环切口成玦，正面近外沿1/3或1/4处磨低呈斜坡状，做工规整，反面平整无纹，中间由单面钻透呈略直孔，全器打磨光滑，鸡骨白化现象、土黄沁、牛毛纹沁，黑褐色沁柏油状斑点，油蜡包浆内敛均匀自然。

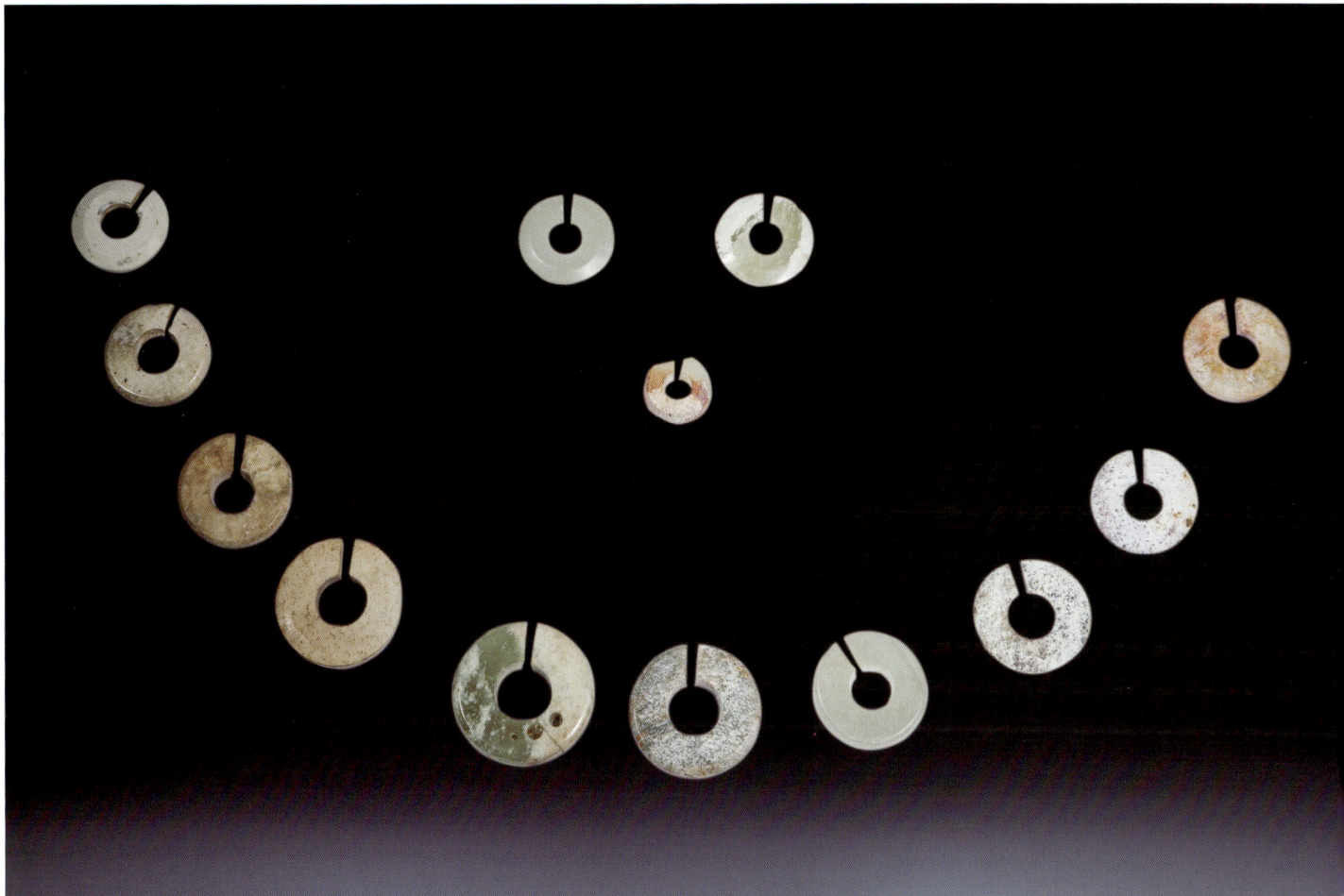

展品编号：241

名称：玉玦

年代：新石器时代骆越文化

规格：直径：1.7cm～3.4cm 孔径：0.6cm～1.2cm 厚：0.3cm～0.6cm

介绍：玦是我国最古老的玉制装饰品之一，为环形，有一缺口，主要被用作耳饰。骆越（东山）时期相当于中原的商末周初至汉，因此，其工艺特征和器形与西周相似，形体较小，一般直径在2cm～5cm，具有很强的形制美感，表面光滑柔润，整体呈扁平片锥台状，纵面似一梯形。顶、底面均为平面，顶环面可以分为内、外两部分，内环面为平环面，外环面为斜环面，顶、底厚度由内向外渐薄。玦孔由一面管钻而成。从玦底面能看到玦孔内部的弧形斜坡面，玦口为片切割，这些特征均显示出当时的加工技术已具有相当高的水平。据考古研究资料显示，越南冯原、东山出土的玦最可能的用途应该是与玉币性质相似，具有明显财富价值的象征物，是墓主财富身份的一种主要表征。

展品编号：242

名称：四联玉璧

年代：新石器时代骆越文化

规格：直径：5.1cm~5.5cm 孔径：2.8cm 厚：0.3cm

介绍：扁平片圆状，两面光素无纹，全器打磨光滑，每片两端单面钻孔，孔口外大内小
呈喇叭形，有石灰白状沁及蜘蛛网状沁纹现象，油蜡包浆内敛均匀自然。

展品编号：243

名称：大石铲

年代：新石器时代骆越文化

规格：长：24.0cm 肩宽：16.0cm 厚：1.9cm

介绍：青灰色，刃部呈舌状，向内收弧边，有一对称倾斜度较大的双斜肩，肩部呈小弧
　　　线形，造型优美。通体磨光，束腰形，双肩对称，肩角尖锐，轮廓线自肩部起弧
　　　形内收，至底部收成弧刃，刃缘钝厚，不开刃。据专家研究，石铲在当时为祭祀
　　　用器。

展品编号：244

名称：双肩楔形石铲

年代：新石器时代骆越文化

规格：长：19.8cm 宽：13.0cm 厚：1.0cm

介绍：该铲属于"桂南大石铲"的典型器型。大石铲文化是新石器时代分布于广西、广东一带的
        岭南稻作文化。大石铲主要分为直边形和束腰形两大类，此类双肩束腰石铲规整而形态别
        致，是史前石器中的精品，其功用当为农耕文化的祭祀礼器。

展品编号：245

名称：石铲

年代：新石器时代骆越文化

规格：大：长：21.0cm 肩宽：11.0cm 厚：1.2cm

　　　小：长：7.8cm 肩宽：6.6cm～6.9cm 厚：0.8cm～1.0cm

介绍：米黄白色页岩，刃部呈舌状，向内收弧边，宽平双肩，肩部呈小弧线形，造型优美通体磨光，
　　　束腰形，双肩对称，肩角尖锐，呈微平弧线。轮廓线自肩部起弧形内收，至中部逐渐扩展，
　　　然后再收成弧刃，刃缘钝厚，不开刃。据专家研究，石铲在当时为祭祀用器。

卑南文化

【台湾卑南文化】

玉石器

展品介绍

展品编号：246

名称：有肩打制石斧、打制石斧、网坠

年代：新石器时代卑南文化

规格：长：8.0cm～16.7cm 宽：6.0cm～8.9cm 厚：2.2cm～2.5cm

介绍：台湾史前打制石斧材质有沙岩、砾石、玄武岩、板岩等，展品其中一件
　　　是以大沙岩石破剥片后一面留下原皮表面，另一面全面打制成为石斧。

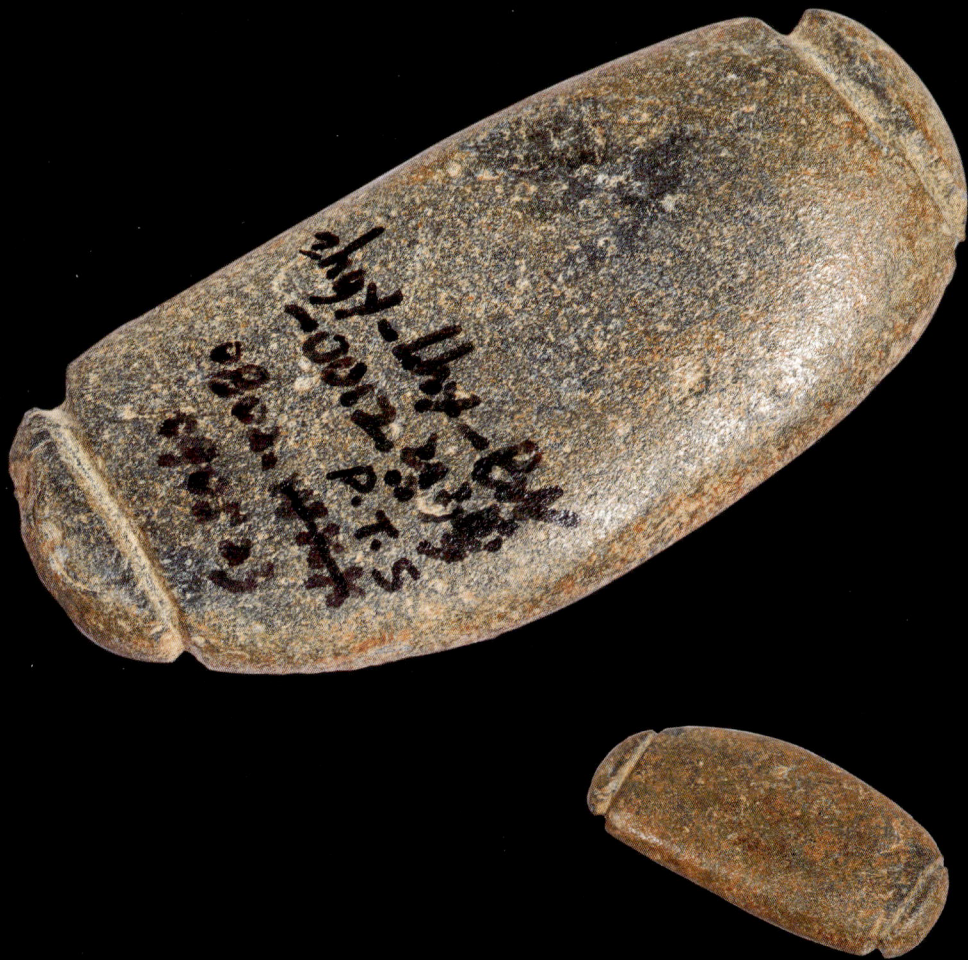

展品编号：247

名称：网坠

年代：新石器时代卑南文化

规格：长：6.2cm 宽：2.9cm 厚：0.9cm

介绍：随形两缢形网坠，台湾先民应以猎鱼为业，网坠为当时捕鱼的用具，

台湾史前遗物之网坠有砝码形、两缢形、三缢形等。

【其他史前文化】

其他

史前文化

玉石器

展品介绍

展品编号：248

名称：辘轳

年代：新石器时代珠海史前文化

规格：长：5.2cm～10.9cm 宽：3.8cm～8.4cm 厚：3.7cm～6.2cm

介绍：石英质、砂岩质，珠海澳门环玦饰物玉石作坊出现，乳凸状，乳凸周围可见到明显由于高速旋转带动而形成的
光泽及线状痕。目前有两种说法：一是原始轴承工具，二是修孔工具，《澳门黑沙》报告中称之为"环砥石"。

展品编号：249

名称：石斧

年代：新石器时代卡诺文化

规格：长：13.0cm 宽：6.7cm 厚：2.6cm

介绍：此石斧先打制后磨制。

展品编号：250

名称：石锛

年代：新石器时代

规格：长：10.1cm 宽：6.0cm 厚：2.4cm

介绍：此石锛先打制再磨制。

展品编号：251

名称：石锛

年代：新石器时代

规格：长：10.5cm～5.7cm 宽：9.1cm～3.4cm 厚：3.1cm～1.0cm

介绍：西樵山石锛（石斧）多是打制成型，有肩则是其一大特色。

深圳市宣传文化事业发展专项基金资助项目

第三届中国（深圳）收藏文化月活动集萃

玉成中华

刘云辉　韩昌晟　主编

深圳市收藏协会　编

下　学术论文

文物出版社

玉成中華

第三届中国（深圳）收藏文化月活动集萃

陶伯堂 题

目录

第三届中国(深圳)收藏文化月

学术论文

玉石器展 下

学术论文 —————————— 006-125

- 玉文化精神传承万年：华夏文明的基因
  —— 文学人类学派对玉学研究的理论贡献
  叶舒宪 | 007-015

- 红山文化玉器的用途和意义
  古 方 | 017-041

- 红山文化考古发现与研究
  张鹏飞 | 043-053

- 神秘的石家河文化玉器
  院文清 | 055-090

- 陕西神木石峁出土玉牙璋之观察与思考
  刘云辉　刘思哲 | 091-104

- 齐家文化的前世今生
  唐士乾 | 105-108

- 齐家文化玉器产生、消亡背景初探
  韩昌晟 | 109-125

后记 —————————— 127-130

第三届"中国（深圳）收藏文化月"
活动花絮 —————————— 131-136

玉石器 学术论文

玉文化精神传承万年：华夏文明的基因

—— 文学人类学派对玉学研究的理论贡献

叶舒宪

（中国民间文艺家协会副主席，上海交通大学教授，文学人类学研究会荣誉会长）

中国，世界古文明中唯一没有中断而延续至今的东方古国，其延续性最长的文化基因是什么？

在学术上，如何认识人类在东亚洲催生出的这个文明古国的精神和信仰奥秘？

伴随改革开放四十年来在我国学界新兴的一个人文研究领域 —— 玉文化研究（玉学）能够给上述重大思想问题提供有效解答的全新视角和线索。

这也是给整个中国文物收藏界带来巨大的前沿思想引领效应的一个学术新领域。值此深圳特区成立四十年庆之际，国内收藏界大聚会契机，我谨代表伴随改革开放四十年历程而崛起的新兴交叉学科 ——文学人类学派，向各位汇报这个跨学科研究视角的一孔之见和绵薄贡献，侧重在玉文化的理论反思、提升与中国本土文化理论建构方面。

■ 玉文化研究的思想引领意义：四十年回顾

回顾伴随着改革开放而来的玉文化研究，其兴起至今四十多年来，对中国文化认识方面具有重要思想引领作用的理论要点，笔者择要归纳为如下七方面。从年代上看，这七点理论创新的发生历程，是以1989年率先提出的＂玉石之路＂说和1990年提出的＂玉器时代＂说为首，以2019年出现的＂万年中国＂说为殿后。

1. 玉学与玉文化说（杨伯达，2001[1]；殷志强，1990 等）
2. 玉器时代说（闻广，1990[2]；张敬国，1991[3]；曲石，1992[4]；
   谢仲礼，1994[5]；吴汝祚、牟永抗，1994[6]；陆建芳、艾丹等）
3. 玉石之路说（杨伯达，1989；古方等[7]）与玉帛之路说（文学人类学，
   2014）
4. 巫玉王玉说（杨伯达，2005[8]）与玄玉—白玉说（文学人类学，2018）
5. 玉魂国魄说（费孝通，2003)与玉石神话信仰（玉教）说（文学人类学，
   2010）
6. 玉文化先统一中国说（文明基因）（文学人类学，2013）
7. 万年中国说（文学人类学，2019[9]）

这七个方面的理论观点的问世，大致呈现为考古文博专家的观点在先，而文学人类学方面观点继后的时序特点。从20世纪90年代至今，研究者们开始更多向理论化和体系化的方向演进，逐渐开启一个重建有关中国文化和中国历史认知的整体性研究新范式。自1989年和1990年，杨伯达和闻广分别提出中国史前时代存在一条"玉石之路"说和一个"玉器时代"说，到2019年文学人类学派提出"万年中国说"，正是不断涌现的玉礼器考古新发现，给三十年来的玉文化研究带来前所未有的深度历史透视的理论动力，使得这方面的理论更新情况，堪称与时俱进和层出不穷[10]。

■ 探索发现：玉石神话信仰论对当代收藏文化的思想引领

放眼全球，目前从事规模性玉文化研究的国家，只有我们中国一个。其他国家只有零散的个人性研究，没有学术组织，也没有在全国规模调动学术资源的可能。中国何以成为这方面的唯一例外？因为我们这个国度的玉文化史目前已知长达万年之久，没有中断，举世无双。当代中国，除了学院派人士中越来越多的人关注并投

入玉文化研究以外，还有玉器收藏界的庞大民间力量。其中不乏对古老玉文化情有独钟的热心人士。

目前国内这两方面的势力虽略有交集，总体上却依然处在壁垒森严和井水不犯河水的不利状态，相互看不起的偏见和成见也非常普遍地存在着。这种现状，大大阻碍了玉文化研究在国家学术总体中的崛起和功能、意义的发挥，降低了这方面学术成果的国家影响力。在学院派的玉学玉文化研究方面，首倡者和领军人物以文博收藏界专家为主。例举其中具有代表性的成果，则有古方主编《中国出土玉器全集》和《中国传世玉器全集》两套图文并茂的巨著，以及陆建芳主编的12卷本《中国玉器通史》。后者恰恰是在深圳出版问世的[11]。自从2005年起，中国比较文学学会文学人类学研究会全面介入玉文化研究后，这种情况也发生明显改变。有越来越多的文史哲研究者，开始关注并转向思考这个方面的问题。文学人类学派提出的"玉石神话信仰为前中国的国教说"，以及随后倡导的"玉文化先统一中国说""万年中国说"等系列理论命题，正在有力拓展相关学术思考的新局面，不但给整个学界带来中国话语与中国理论的思考新方向，也给玉文化研究和收藏界都带来相当可观的观念震动和思想激活作用。

2013年，文学人类学研究会联合当年的中国收藏家协会学术研究部借助于上海交通大学和陕西省文联、榆林市文联的组织力量，在陕西榆林和神木石峁举办了"中国玉石之路与玉兵文化国际学术研讨会"，自觉串联和整合考古文博专业人士与古玉收藏界人士在古玉研究方面协同创新，这种学院派与民间收藏相互对立的局面正在得到有效改变[12]。以甘肃临夏的齐家文化玉器收藏家马鸿儒著《齐家玉魂》[13]和陕西神木的龙山文化玉器收藏家胡文高为代表的石峁文化研究会编著《石峁玉器》[14]的正式出版为例，民间古玉收藏的成果逐渐为考古文博专业人士所接受和借鉴。

下面从六方面简介文学人类学派的相关论点，这属于近五年完成的国家重大科研攻关项目"中国文学人类学理论与方法研究"的标志性成果《玉石神话信仰与华夏精神》，重点提示的玉学研究新方向之内容。这部书于2019年由复旦大学出版社出版，于当年入选国家社科基金中华学术外译项目，并被史学界的学术公众号"文史宴"评选为2019年度十大好书。

1. 释读与解码：确认每一种玉礼器都代表一种神话观念，从而重建失落已久的玉石神话信仰体系，简称为"玉礼教"。该书重点解析的是玉璧、玉璜、玉柄形器、玉兔和二龙戏珠的神话蕴意。这种对古老玉礼器所承载的神话含义的辨析确认，可以表明，没有一种古玉的形制，是出于毫无意义的或盲目的制作生产行为。中国传统中为什么没有类似西方意义上的教堂和圣经？因为有古玉系统充当着显圣的宗教功能和象征表达神话教义的任务！在中国的一些具有代表性的史前期地方社会，如红山文化、良渚文化和凌家滩文化，其社会统治阶层深知每一种玉礼器所代表的教义一般意义。借助于认知考古学和比较神话学，传统中国的"君子必佩玉"制度的全面符号解码，正在开启。

《玉石神话信仰与华夏精神》这个书名所回应的，不再是中国的古史辨派，也不是国际文论界的原型批评理论，而是国际上现代社会科学的奠基人韦伯的代表著《新教伦理与资本主义精神》。不同于韦伯的是：他要考证的信仰观念驱动社会文化变化，从而导致资本主义的发生。其基督教新教革命的存在，是学界众所周知的历史常识；而我们要求证的玉石神话信仰即玉的宗教（作为史前宗教的拜物教），始于无文字的史前期，是被文字文明埋没和遗忘已久的潜在对象，需要先耗费大量精力搜寻大批材料，将其信仰的内核和基本教义观念重构出来，并说明其作为催生华夏文明国家的社会群体信仰之根的作用。只有系统描述出玉礼器发生发展数千年的"显圣物"主脉情况，华夏文明的礼制由来问题才能真正得到系统观照和深度把握。

与此同时，玉礼器数千年延续不断的脉络，成为重新定义天人合一神话观念的具体中介符号物。

2. 发现中国文化大传统基因：史前玉器研究的重新定位，相当于探索早于甲骨文的前中国文化唯一具有体系性的神圣符号。古玉，因此具有超越汉字书写和文献的不可替代的华夏史前史信息库作用。"万年中国说"在2019年提出的依据就是2018年在吉林白城双塔遗址发现的一万年前的灰绿色透闪石玉环[15]。中国人以往习惯称说的"万年"或"万岁"，一直都是虚夸的数。就从2019年起，"万年中国说"理论将把万年历史观引向落实到出土的古玉实物和实证。"万年中国说"对"五千年文明说"的巨大反思和再造空间，刚刚得以开启，其后续的连锁效应是可以预期的[16]。

考古新发现的南方水稻种植已经超越万年，北方小米种植之始的最新证据也逼近至距今约九千年。由此看，万年中国说的理论大视野，其所辐射的范围，不光是玉文化方面的孤立现象，而是玉文化发生在东亚伴随农耕文化起源的共生现象。这些新发现将带来文献以外的巨大的学术思考和研究空间。以浙江为例，在浦江县新发现的上山文化，有距今一万年的水稻种植和陶器生产遗存[17]。随后在距今八千年的跨湖桥文化中已经出现玉璜的雏形[18]。

3. 纠正《周礼》老六器说（琮璧圭璋璜琥）的错误，揭示新发现的新六器说（钺琮璧璜冠锥），并实现在长三角地区发现的史前古玉六器体系到《周礼》六器演变之六千年谱系通观。这方面的初步论证也在2019年完成，可参见《玉石里的中国》一书[19]。过去一直认为儒家经典《周礼》中所归纳的"六瑞"和"六器"，代表上古文明国家中制度化的玉礼器体系之源。现在的考古新发现告诉我们以"琮璧圭璋璜琥"为代表的《周礼》六器体系，只大约对应东周战国时期至西汉时期的玉礼制度，其年代仅有二千多年而已。西周以上的玉礼制度，即三千年以上的玉礼制度，并非如此。如果认真溯源的话，则在距今六千年的崧泽文化至距今五千年的良渚文化，已经出现"六器"组合的萌芽状态。

4. 玉文化先统一长三角，再统一中国说，是对"玉文化先统一中国"理论的细化研究成果：呈现史前中国各地玉文化的独立性与关联性，最后如何被中原文明国家所吸收和整合。又文学人类学研究会和新成立的上海交通大学神话学研究院在2019年4月组织的"第十五次玉帛之路文化考察（环太湖）"成果，已经汇编成为图文并茂的著作《玉文化先统一长三角》，已由上海交通大学出版社于2021年初出版。其主要观点：成体系性的玉礼器集群现象是在距今五千年之际的良渚文化中完成的。以琮璧璜钺为主的玉礼象征符号系统在良渚文化灭亡后，辗转传播到中原地区，奠定夏商周玉礼体系的原型基础。而良渚文化玉器体系中的冠形器锥形器等则伴随着良渚文化的灭亡而失传于后世。在史前长三角玉礼器体系的形成过程中，发挥引领意义的较早器形既不是琮也不是璧，而是源自马家浜文化—崧泽文化的玉斧钺和玉璜[20]。

5. 玄玉时代说与白玉崇拜说：史前玉器的颜色谱系与时空分布系统观照，对中原与周边对不同产地玉石资源的调配与传播现象的细化分类研究，得出以玉色划分标准来重新考量玉器时代说的细化可能。标本采样与学术研究并举的好处是避免闭门造车和纸上谈兵的传统研究套路，以亲自踏查和调研所获取第一手资料，有助于孵化新观点和新理论，详见上海市社会科学重大委托项目"中华创世神话的考古学研究•玉成中国"丛书之《玄玉时代——中国五千年的新求证》，上海人民出版社2020年出版[21]。这套丛书还包括另外七部专家著述，都是围绕史前至夏商周三代的玉器研究而展开的：

王仁湘（中国社会科学院考古研究所研究员）著《方圆一体——玉琮的故事五千年》。

易华（中国社会科学院民族学与人类学研究所研究员）著《周人尚赤——红玛瑙珠传播中国的故事》。

叶舒宪著《盘古之斧——玉斧钺的故事九千年》。

叶舒宪著《祖灵在天——玉人像与柄形器的故事五千年》。

唐启翠（上海交通大学神话学研究院副教授）著《禹赐玄圭——玉圭的故事四千年》。

杨骊（四川省社会科学神话研究院副研究员）著《玄鸟生商——商代玉器故事三千年》。

邓聪（香港中文大学教授，中国社会科学院考古研究所特聘研究员）著《弄璋之喜——玉璋的故事四千年》。

6. 中国西部玉矿资源区的划分与西玉东输说的4.0版，完全颠覆德国学者李希霍芬在1871年提出的丝路起源说，将中原文化利用西来玉石资源的历史上溯到距今5300年的仰韶文化庙底沟期，最早输入中原的玉种绝非透闪石成分的新疆和田玉而是甘肃本地的墨绿色蛇纹石。其主要矿脉如今也已经得到确认，就在渭河上游的武山县鸳鸯山。如今的开采者和古玉收藏市场称之为"鸳鸯玉"。在武山县特产深色蛇纹石玉之后，是甘肃河西走廊以东地区所产的马衔山玉种和祁连山玉种，开始批量进入中原。这才是最早输入华夏文明腹地的西部透闪石玉料[22]。其时代大致相当于齐家文化的年代。再后则是位于河西走廊西端的敦煌三危山玉种和马鬃山玉种，最后才是新疆昆仑山玉种[23]。这方面的田野考察系列内容，详见《玉石之路踏查续记》，以及后续的《玉石之路踏查三续记》。

以上六点内容，基于文学人类学派参与玉文化研究后举行的十五次玉帛之路实地考察所获新材料，集中尝试展开从玉文化符号入手的中国版文化理论再建构。这些新观点大都属于探索性的，仅供古玉收藏界专家们参考和批评指正。《玄玉时代——五千年中国的新求证》一书举证史前蛇纹石玉礼器一百八十余件标本，多半是在各地县级博物馆和文管所库房所采样拍摄，少量则是在西北各地文博市场与老乡家中采集或购买。古玉收藏的知识如何服务于玉文化研究，在此应该说是提供出身体力行的一种实例。此文乃是抛砖引玉，期待考古文博界专家与古玉收藏家的良性互动。

■ 玉文化精神传承万年：华夏文明的基因

注 释：

[1] 关于玉学的较早论文：
杨伯达：《关于玉学的理论框架及其观点的探讨》，《中原文物》2001年第4期。
王永波： 《玉器研究的理论思考》，《中原文物》2002年第5期。
关于玉文化的较早论文：
殷志强：《中国玉文化简论》，《东南文化》1990年第1、2期。
薛世平：《华夏古玉文化探微》，《福建师大福清分校学报》1993年第1期。

[2] 闻广《中国古玉的研究》一文提出玉器时代的概念，见《建材地质》1990年第2期。

[3] 张敬国： 《从安徽凌家滩墓地出土器谈中国的玉器时代，《东南文化》1991年第2期。

[4] 曲石： 《中国玉器时代及社会性质的考古学观察》，《江汉考古》1992年第1期。

[5] 谢仲礼： 《 "玉器时代" —— 一个新概念的分析》，《考古》1994年第9期。

[6] 吴汝祚、牟永抗： 《玉器时代说》，《中华文化论坛》1994年第3期。

[7] 对 "玉石之路" 理论命题的学术史综述， 参看：唐启翠： 《 "玉石之路" 研究回顾与展望》，
见《玉成中国 —— 玉石之路与玉兵文化探源》， 中华书局，2015年、 第279～296页。

[8] 杨伯达： 《巫玉之光》， 上海古籍出版社，2005年。杨伯达： 《中国史前玉文化》，
浙江文艺出版社， 2014年。

[9] 叶舒宪： 《万年中国说》，《名作欣赏》2019年第8期。收入《玉石里的中国》第三章 "万年的中国"
上海文艺出版社，2019年、 第43～68页。

[10] 目前正式发表的有关玉文化研究方面文学人类学的文章，参看杨骊《石峁遗址的发现与中华文明
探源的进路》一文第二节 "玉石文化研究与文学人类学进路"， 见《玉成中国 —— 玉石之路与玉
兵文化探源》， 中华书局，2015年、 第304～309页。

[11] 陆建芳主编： 《中国玉器通史》， 深圳海天出版社，2014年。12卷篇幅以《新石器时代北方卷》
和《新石器时代南方卷》为起始，以《清代卷》上下册为终。涵盖自兴隆洼文化玉器到清代末年
的约8000年历程。

[12] 叶舒宪、古方主编： 《玉成中国 —— 玉石之路与玉兵文化探源》，中华书局，2015 年。这一会议论
文集的作者团队以考古专业和文学人类学专业为主， 也包括民间的古玉收藏家。举办这次会议的同
时， 中央电视台十频道张桂麟导演团队正在石峁拍摄四集电视片《石破天惊·石峁古城》，故会议
现场也成为该电视片的重要镜头内容，对于考古专家和古玉收藏界的对话融合发挥了很好的传播作
用。

[13] 马鸿儒： 《齐家玉魂》，甘肃人民出版社，2015 年。

[14] 神木市石峁文化研究会编《石峁玉器》，文物出版社，2018年。

[15] 参看王立新、王春雪： 《后套木嘎遗址出土玉器及相关问题》，吉平、邓聪主编：《哈民玉器研究》，
中华书局，2018年、 第219页。

[16] 叶舒宪： 《神话观念决定论与文化基因说》，《吉首大学学报》2017年第5期。 叶舒宪： 《怎样探寻
文化基因—— 从诗性智慧到神话信仰》，《百色学院学报》2018年第4期。

[17] 浙江省文物考古研究所编： 《上山文化： 发现与记述》， 文物出版社，2016年。

[18] 施家农： 《跨湖桥文化》， 文物出版社，2018年， 第30页。

[19] 叶舒宪： 《玉石里的中国》， 上海文艺出版社，2019年。

[20] 叶舒宪： 《求索盘古之斧钺： 创世神话的考古研究》，《百色学院学报》2020年第1期。

[21] 该书中各章先期发表为论文的，有关白玉崇拜方面，可参看：《白玉崇拜及其神话历史》，《安徽大学学报》2015年第2期。《山海经与白玉崇拜的起源》，《民族艺术》2014年第6期。《玉教、玉石之路、新教革命（白玉崇拜）》，《中国玉文化》，2014年第5辑。有关玄玉时代方面，可参看：《玄玉时代钩沉——四重证据法的新尝试》，《安徽大学学报》，2020年第1期。《探秘玄玉时代的文脉——第十一次玉帛之路文化考察手记》，《丝绸之路》2017年第15期。

[22] 古方：《甘肃临洮马衔山玉矿调查》，见《玉成中国——玉石之路与玉兵文化探源》，中华书局，2015年，第72～79页。

[23] 叶舒宪：《玉门、玉门关名义再思考——第十二次玉帛之路考察札记，《民族艺术》2018年第2期。《玉出三危——第十三次玉帛之路文化考察简报》，《丝绸之路》2018年第1期。叶舒宪：《四坝文化玉器与马鬃山玉矿——第十三次玉帛之路文化考察（金塔）札记》，《丝绸之路》2018年第1期。

红山文化玉器的
用途和意义

| 古　方

一

　　目前学术界对于红山玉器的时代界定分为狭义和广义两个概念。所谓狭义概念，是专指红山文化的鼎盛期，即距今5500年至5000年。所谓广义概念，则包括了红山文化之前的兴隆洼文化、赵宝沟文化，以及红山文化之后的小河沿文化、夏家店下层文化，即距今8000年至3000年，相当于中原地区从新石器时代晚期至夏商之交，又称泛红山文化时期。无论是狭义还是广义的概念，红山玉器在造型、纹饰、玉质和工艺等方面都具有一致性，因此本文是基于狭义和广义两个时代概念探讨红山文化玉器的用途和意义。我们首先要确定在红山时代玉器的使用者的身份。众所周知，玉器是精神文化的产物，特别是在远古时代，玉器不但是装饰品，更是沟通神灵的媒介，被赋予神秘和奇幻的色彩。

　　在中国各民族的原始性宗教信仰中，北方诸民族传统信仰的萨满教占有非常重要而且极其特殊的地位。萨满教名称来自通古斯 — 满语"萨满"(Saman)一词，直译为"无所不知的人"。萨满教是我国北方阿尔泰语系的一些民族普遍信仰的原始宗教，主要信仰是相信万物有灵、灵魂不灭和崇拜多神，认为宇宙有上、中、下三界之分，上界为神灵所居，中界为人类所居，下界为鬼魔和祖先灵魂所居。而萨满则为人们与鬼神交往的中间人，充当神媒，施行巫术，为人们消灾求福。萨满教作为形成于史前时代后期的宗教，对处于该发展阶段的民族都有着广泛而深远的影响[1]。首先，萨满教信仰在中国北方民族中具有广泛性和普遍性。按照许多学者的

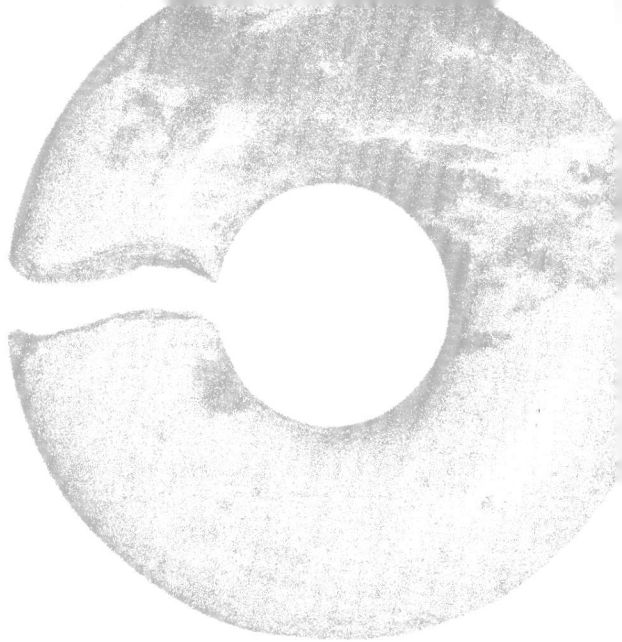

研究，我国北方阿尔泰语系各民族，如通古斯语族的满族、鄂温克族、鄂伦春族、赫哲族、锡伯族；突厥语族的维吾尔族、哈萨克族、柯尔克孜族；蒙古语族的蒙古族、达斡尔族，原来都是信仰萨满教的民族。其次，是这种信仰的原始性、古老性以及它在后来历史中的延续性。我国历史典籍中记载的在北方居住过的古代民族（大多在历史上已逐渐消失），如肃慎、挹娄、勿吉、靺鞨、渤海、女真、匈奴、乌桓、鲜卑、柔然、契丹、突厥、高车、回鹘、黠戛斯等，都是古代原始形态萨满教的信仰者。上述这些古代北方民族实际上是现代北方民族的祖先，其中不少民族都曾先后大举南下，逐鹿中原，甚至征服华夏民族建立过地方政权和统一帝国。这些建立过国家政权的北方民族一方面接受华夏民族的文化和宗教，同时仍继续保持其世代相传的萨满教信仰，甚至奉为国家正统信仰的组成部分。北方民族萨满教的这种历史发展情况，在我的历史典籍中有相当多的记载，它说明了萨满教的跨时代性。这种情况在世界萨满教史上是非常特殊的，可能是中国北方民族萨满教最有特色之点。还有就是中国北方民族萨满教的典型性。很多萨满教学者都把东北亚和中亚说成是萨满教的核心地区，把这些地区的萨满教视为萨满教的典型形态。纵观中国北方民族，无论是通古斯语族、突厥语族还是蒙古语族，其原始祖先都与东北亚和中亚的原始民族有着密切的血缘关系和宗教文化承续关系，他们信仰的萨满教在基本内容和表现形式（仪式和体制）上是相通的。这一特点决定了中国北方民族的萨满教信仰在世界萨满教信仰中的价值和地位[2]。关于萨满教出现的时代和经济条件，学界一般都同意萨满教兴起于阶级社会产生之前的新石器时代和青铜器时代；它曾流行于处在狩猎采集阶段的民族之中；它曾以多少变化了的形式继续流传于已达到家畜饲养和园艺阶段的民族之中。在具体研究中，研究者普遍倾向于把萨满教放到各民族历史的发端时期，且历史悠久，源远流长。总之，萨满教对于研究北方地区史前考古学文化也有重要的参考价值。

张光直先生最早将萨满教研究引入中国史前考古学研究中，他指出："萨满式文明是中国古代文明最主要的一个特征。"[3]他又在另一篇论文中列举了有关仰韶文化巫觋的考古资料后指出，仰韶文化社会中巫觋人物的特质与作业的特征，在本质上是与近现代原始民族中常见的巫觋宗教或称萨满教（Shamanism）是相符合的。

仰韶时代萨满教的证据是全世界萨满教历史上有强烈表现的最早期的形式之一，对世界原始宗教史有无匹的重要性[4]。他还认为商周青铜器上的动物纹样乃是巫觋通天工具，萨满的主要作用便是通神，而在他们通神的过程中各种动物常常作为他们的助手或是使者[5]。张光直的观点无疑对研究北方地区史前考古学文化，特别是世人瞩目的红山文化玉器，具有很大的启发意义。

笔者在本文中尝试以萨满教的一些特征对红山文化玉器及相关遗物的用途和意义进行探讨。作为本文立论的出发点，有两个假设前提是必不可少的：1. 假设红山文化圈普遍盛行萨满教，且其特征仍见于近现代少数民族中；2. 假设红山文化玉器使用者是萨满（巫师），玉器则是其举行仪式的专用品，即通神工具。

关于萨满教的特点，前苏联学者对其最普遍特征归纳得比较简洁、恰当。《苏联大百科全书》（1957年第2版）中提出萨满教作为宗教所具有的特点：1. 特殊的人物—— 萨满，这一般是一些善于使自己进入特殊昏迷状态的专职人员。2. 特殊的宗教活动仪式 ——"行巫术"。巫术实际是造作地引起神经上的歇斯底里发作和萨满与精灵"交往"的方式，在行巫术时，被认为精灵附在了萨满身上或萨满的灵魂去到精灵世界。巫术的特征就在于萨满本人在进入昏迷状态的同时，用跳舞唱歌、击敲铃鼓等手段对观众施催眠术。萨满行巫术医治疾病、保证渔猎丰收等等，完成这些仪式通常是有报酬的。3. 萨满教的法器——通常有带槌的铃鼓、神杖、特殊的神衣神帽、围腰等。在萨满教徒的心目中，这些物品是神物，也是萨满从心理上感化周围人的工具。4. 萨满教信仰的各种精灵中，通常有一主要精灵，他是萨满的庇护神，注定要为萨满献身。还有一些为萨满效劳的辅助神以及萨满与之搏斗的恶神。

巫术在原始时代人们日常生活中占有重要的地位。巫术具有满足个人心理 — 生理需要的功能。即在人们因无力实现生活欲求而感到恐惧和焦虑、人的机体处于不稳定的失衡状态的时候，巫术行为给人以目的实现的意象，巫术因而具有使人主观上的心理 — 生理恢复平衡状态的主体性价值，于是，人们把解决恐惧和焦虑的希望寄托于具有超人间力量的神灵[6]。

二

红山文化玉器迄今已出土数百件，主要分布在内蒙古东南部、辽宁西部及河北北部地区。经过正式考古调查或发掘的地点主要有辽宁建平、凌源两地交界处的牛河梁[7]、阜新市胡头沟[8]、喀左县东山嘴、巴林右旗那斯台[9]、巴林左旗葛家营子[10]和尖山子[11]、克什克腾旗南台子[12]、翁牛特旗三星他拉[13]等。主要器类有环、玦、珠、曲面牌饰、菱形饰、斧、钺、棒形器、纺瓜猪龙、双兽首环形器、双猪首璜、兽面形器鹰、龟、鱼、蚕、勾云形器、勾形器、箍形器、丫形器、璧、双联璧、三联璧等（图一）。

这些玉器除C形玉龙外，均出土于墓葬中，显然都是墓主生前随身佩带使用的玉器。红山文化玉器从造型和纹饰来看，装饰效果并不很强，有明显的抽象和神秘感，似乎是为单一用途而制作的，因此不能被称作装饰品。目前在红山文化祭坛和神庙等建筑遗址中尚未发现上述类型玉器，故它们被用作祭祀用器的可能性也不大。

出土红山文化玉器的墓葬主要是以石材为主筑墓的积石冢形制，多分布于山梁或土丘的顶部，形状有方有圆，有的则冢坛并排分布，气势宏伟，体现出浓重的宗教祭祀氛围（图二）。

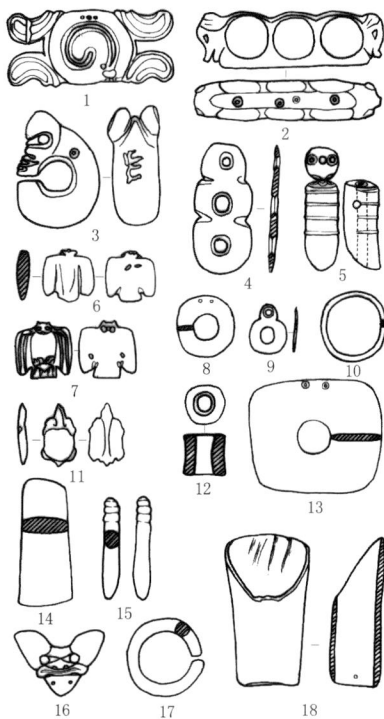

图一

图二

　　这些积石冢的最突出特点就是只葬玉器，不葬或基本不葬陶、石器。例如辽宁建平牛河梁遗址共发掘墓葬61座，有随葬品的墓葬31座，其中只随葬玉器墓26座，占有随葬品墓葬的83.9%，随葬玉器同时随葬石器和陶器的墓各1座，各占3.2%，只随葬陶器墓3座，占9.7%，郭大顺先生称这种现象为"唯玉为葬"[14]。这些墓葬的墓主正如有的学者所指出的，是主持各种祭祀活动的专职祭司[15]，即巫师，本文称之为"红山萨满"。

　　红山萨满墓葬反映出的"一人独尊"观念和玉器使用的垄断性，说明萨满在当时的社会组织中属特权阶层。在部落时代，一些族体中的萨满成为氏族上层成员，有的氏族部落首领兼有萨满身份。萨满不同程度地充当了部落间军事与政治事务的裁决与执行者角色。早在1752年，通古斯人的萨满也是他们的氏族首领。沿叶尼塞河，萨满率领河左右两岸的埃文克人的武装群体互相攻打。17世纪和18世纪布里亚特人在反对俄罗斯人时，萨满常常指挥战斗。在北美和亚洲的爱斯基摩人中，首领的地位和萨满的地位常常是由同一人占据。直到现在，西伯利亚有的种族还把自己的萨满叫喀木、甘、坎、干等。这与蒙语的"汗"是一样的，在蒙古人的历史中，酋长同时兼任萨满的事实也是存在的。许多阿尔泰语民族中，氏族的酋长既是管理者，又是男巫。古代游牧部落，把自己的酋长称作博（男巫），又称为可汗[16]。

三

　　玉器既然是红山萨满生前使用特定器具，那么它们的具体用途和意义是什么呢？我们先来分析一下红山文化玉器的形制。

　　红山文化玉器有一个显著特征，就是绝大多数玉器上有供穿系佩带的孔洞。据统计，牛河梁遗址出土的64件玉器中，器体上钻孔的共有40件，占总数的62.5%，包括龙形器、C形龙、璧、勾云形器、曲面牌饰、菱形饰、钺、双兽首环形器、双猪首璜、兽面形器、鹰、龟、鱼、蚕、丫形器等。依钻孔方式的不同可分为三类：第一类是从单面直钻而成的圆孔，孔径一面大，另一面略小，孔壁斜直。第二类是从两面相对直钻而成的长孔，孔径两面偏大，中间略小，孔壁呈亚腰状。第三类是从两面斜钻而成的洞孔，孔径两端较大，中间偏小，孔壁呈弯曲状[17]。这些玉器是直接缝缀或穿绳悬佩在衣物上的。另外还有孔径较大、但没有钻孔的玉器，如环、玦、璧等，它们可直接佩带在手腕或头上，或缝缀、悬挂在衣物上。一些平雕玉器（如璧、勾云形器等）边缘渐薄似刃状，目的是将玉器缝缀在衣物表面，使其边缘与衣物表面更贴合，手感光滑、自然。因此，出土于墓内的红山文化玉器实际上是缀在红山萨满外衣上的法器。这里又引出了一个萨满教特征：特殊的宗教活动仪式 ——"行巫术"。

　　学术界普遍认为，萨满教的宗教活动仪式是极为特殊的，它的主要表现可以概括为"行巫术"，而巫术的特征是"萨满昏迷"，萨满通过与精灵直接交往的昏迷形式，去完成他的任务。匈牙利学者V·迪欧塞吉认为，萨满的昏迷有两种形式：一是"占有昏迷"（Possession ecstasy），即"精灵附体"，萨满的肉体被精灵占有；二是"游动昏迷"（Wandering ecstasy），即"灵魂出窍"，萨满灵魂离开肉体去到精灵世界[18]。在昏迷中，被占有者进入一个加强的精神状态，并显示出超人的体力和知识，他战斗、狂怒、挣扎，最后陷入恍恍惚惚的迷睡状态。接受精灵之后，萨满变成了精灵的代言人——他变成了进入他身体的精灵。在游动昏迷情况下，萨满的生命机能减少到一个反常的最低限度，并陷入迷睡状态。人们相信萨满的灵魂此刻离开肉体去到某层天上。醒来之后，他叙述自己在天上的经历。

红山萨满浑身上下缀满各种雕有动物形象的玉器，无疑是精灵附体的表现，即当精灵进入萨满身体后，便领着萨满灵魂去到超自然灵体的世界。

近代萨满教"行巫术"的活动，是通过"跳神"仪礼来完成的，它主要有着以下的重要特点：

第一，"跳神"仪礼所祭祀的神灵非常众多，既有祖宗神，也有生育神及动物神等神灵。神灵的表现形象各异，但可以说都是神灵的依附物，起着一种让降临的神灵凭依的重要作用。

第二，在"跳神"仪礼中，从远方来临的神灵不仅凭依在上述的依附物之上而且还直接凭依在巫人（萨满）的身体之上。被神灵所凭依的巫人于是就成为神灵的化身，在祭场中舞蹈，接受人们的祭祀。在满族的"野祭"之中，至今还保留着这样的"跳神"形式。

第三，与上述特点相关，"跳神"仪礼具有着"迎神 — 诸神灵的多次降临附体 — 神人交流（献牲、献肉等）— 送神"的基本构造形态。这样的构造形态可以说是建立在一种"凭灵信仰"之上的。这种"凭灵信仰"的基本要点，就是神灵平时住在自己的世界之中，在人们举行祭祀仪礼的时候，通过巫人（萨满）的祈求，于是就降临到祭祀场所，凭依在人的身体，或者物体的上面，以此来接受人们的祭祀并与人们交流。当祭祀仪礼结束的时候，这些降临的神灵通过巫人（萨满）的送神仪式，返回到自己的世界之中。

第四，在上述的"跳神"仪礼的构造形态中，作为宗教职能者的巫人（萨满）不仅是主持祭祀仪礼，代表族人向神灵祈祷、献牲的"司祭"，而且也是被降临神灵凭依的"神之替身"。他们在神灵凭依的状况下，作为神灵与族人们接触交流。因此，可以说在"跳神"仪礼之中的巫人（萨满）同时承担着"司祭"和"神之替身"两大任务[19]。

　　灵魂观念是一切宗教最重要、最基本、最古老的观念之一，这是毫无疑问的。灵魂问题是与人类同步的最古老的问题，考古学证明，旧石器时代中期所谓智人的墓地上，就已经出现了对死者肉体的具有方向和位置意识的安排，并有随葬物。灵魂问题也是人类在各种活动中不断展现出来的观念和行为体系。人类学考察证明，在极为原始的氏族社会里，存在着各种丰富的灵魂观念。萨满教的灵魂观主要表现在有关灵魂的存在与活动方式的解说以及对灵魂物质性质的各种解释中。萨满教里的灵魂观念很难找到抽象的表示，人们常常通过具体活动情形或特点来表述灵魂意义，人们称呼的灵魂多指具体的东西。学术界普遍认为，二元论的灵魂观念在萨满教的核心区域十分典型。灵魂可以离开形体独立活动。人在睡梦时魂会出行，人在清醒时会思考、会走神，因此思考、走神的神和出游的魂被看做是游魂。在萨满教信仰中，绝大多数的游魂是以小动物的形象显示的。正如乌丙安先生中所指出的："在北方民族的信仰中，大多数认为游魂常变的小动物有蜜蜂、蝴蝶、蝇、小蛇、蚂蚁、蜘蛛、蜈蚣等。"[20] 在萨满教信仰里，小动物类游魂可以窥探隐情探听秘密，能够制造疾病，也能治病救人等。而红山文化玉器中的一些小型动物形玉雕，如鱼、蚕、龟等，可能就起到这种作用。

　　需要指出的是，任何一个宗教仪式都不是由一个萨满来完成的，而是包括一个主祭萨满和数个助祭萨满。如清乾隆年间抄本《祭祀全书巫人诵念全录》插图所描绘的场面，大概就是老萨满招请大祖宗神灵降临，让其附体于自己身上的过程（图三）。

图三

在另一幅插图中，我们可以看到老萨满的身后还有一个人双手抱住老巫人的腰以此来支撑住老萨满的身体（图四）。

图四

这样的场面，在现在的萨满祭祀仪礼中也是可以常常看到的。它是萨满被神灵凭依附体，出现异常精神症状，身体倒下时，助手将萨满身体扶住的一个代表性举动。不仅满族的萨满采取这样的举动，而且鄂伦春、鄂温克、达斡尔、蒙古等民族的萨满也采取这样的做法。另外，助祭萨满还承担着率领族人向神灵敬献牺牲的工作[21]。牛河梁遗址第Ⅱ、Ⅲ、Ⅴ、ⅩⅥ号四个地点共发掘墓葬61座，其中有随葬品的墓31座，无随葬品的墓30座[22]。据研究，红山文化积石冢的规模与形制有大、小之分，埋葬在积石冢内的石棺墓的形制也有大、小之分。大型石棺墓多位于积石冢的中心部位，圹穴和石棺较大且深（图五）。

图五

　　小型石棺墓均位于冢内边缘部位，圹穴和石棺较小且浅。这种大、小型墓葬的区别应是墓葬级差的一种直观反映。从随葬玉器的数量看，大型墓内随葬玉器数量均明显多于其他小型墓。这种随葬玉器数量多寡与墓葬等级高低之间存在的内在联系应是当时用玉制度的一种表现，表明祭司阶层内部至少能够分出六七个不同的等级[23]。可见红山萨满祭祀系统是很完善的，大小萨满等级分明，在祭祀仪式中各司其职，死后的葬仪也有明显区别。

　　对死者的灵魂，特别是对萨满灵魂的畏惧或仰赖，是萨满教普遍的信仰心理，这主要表现在葬俗上。西伯利亚法力大的萨满葬礼较常人要隆重得多，其尸要移置高峰之巅，其生前萨满服所悬佩之物及所用萨满器具神鼓等置其身侧。由于对萨满亡灵的恐惧并相信他能够转世，许多民族对萨满的安葬都有特殊的方式。达斡尔人对活着的雅达干（萨满），相信他能神灵附体而无限崇敬，对死去的雅达干，相信他能灵魂复活而无不惧怕。雅达干死后，一般不进行土葬和火化，而是把他的尸体放进棺木里，移到深山老林里，或在岩石上或在树杈上停放，进行风葬。风葬后的遗骨要用石头掩盖起来，过三年再埋到地里。在达斡尔族，巫墓的地点多被选定在山顶上。满族萨满的葬礼十分隆重，族人常为他们举行阖族公葬。大萨满死后一年，要举行全族性的祝祭，这样萨满的灵魂能够继续守护族人，保护他们的安宁。萨满使用的神器和佩饰、萨满服等，也要随葬。在民间诗歌中关于萨满的安葬有一些很精彩的写实性描述，如满族《乌布西奔妈妈》故事中，乌布西奔妈妈在死前交待族人：

　　　我死后——长睡不醒时，

　　　萨满灵魂骨骼不得埋葬，

　　　身下铺满鹿骨鱼血猪牙，

　　　身上盖满神铃珠饰，

　　　头下枕着鱼皮神鼓，

　　　脚下垫着腰铃猂皮。

　　　让晨光、天风、夜星照腐我的躯体

　　　骨骼自落在乌布逊土地上，

时过百年，山河依样，

乌布逊土地上必生新女，

这是我重返人寰[24]。

对死亡萨满灵魂的畏惧或仰赖，是普遍的萨满文化心理。因此，红山文化积石冢的位置专门选择在海拔高度在550米～650米上下的山冈顶部。其营造过程大致是先平整山头并垫土，然后确定并砌筑冢的四周圹界。圹内筑墓，较大的墓下挖较深的墓圹，圹底砌筑石棺。小墓则直接砌石棺。在墓葬达到一定规模后，特别是主墓葬安置后，在墓群顶部先封土，再积石，可见明确规整的石砌冢界和由外要向内层层起台阶的趋势，有如"金字塔"，并在冢上顺石台阶成排立置陶筒形器形成冢的规模[25]。墓中萨满是穿着生前的萨满服下葬，缀佩的玉器和其他法器也一同随葬。可以想像，红山萨满墓里的玉器只是萨满众多法器中的一类，其他法器还应包括木质、皮质及织物的器具，但因时代久远腐朽而不存。

四

在北方民族中，萨满的标志物是特殊的服饰，而萨满跳神的器具则包括萨满跳神使用的器械和服务于萨满跳神由仪式参加者使用的器具。这些物件既作为萨满身份的标志，也作为萨满行为的辅助工具，在北方民族普遍地存在着。它们因民族、氏族、家族而不同，在漫长的社会文化进程中也被逐渐简化、减少。

萨满在神事活动中，常常在身上披挂特殊的服装和一些与萨满教观念密切相关的饰物，这些统称为萨满服饰。萨满服，作为仪式场合萨满身份的特定标志，是萨满身份转换的凭借。在仪式上他依赖这种标志，作为非人非神的过渡者，在人神之间进行沟通并实行着人神之间的身份转换。我们常常见到几十斤乃至百多斤重的萨满服装，其上镶嵌各类兽禽图案，或它们的骨、羽，据信依靠这些神物，萨满才能翔天入地，到现实以外的宇宙任何一方周游，进而实现宗教日的。

萨满服是信仰观念的集中展示。它利用自己的象征形式和象征物显示萨满拥有的各种神灵和萨满沟通能力的界限、方位，表达信仰内容上的特点、流派和萨满身份等级。

　　萨满帽是萨满标志的重要组成部分。从图六可以看出萨满神帽为鸟形装饰物，上面有十字形支架，顶端结扎两条长幡形飘带。在萨满经验中，这些不断在萨满面前晃动的飘带有助于萨满进入昏迷状态。

　　红山文化玉箍形器大多出土于墓主头骨之下（图七），其用途虽众说不一，但肯定与冠帽有关，不妨视为红山萨满的神帽。玉箍形器长度一般在10厘米～15厘米之间，最长的可达18.6厘米，一端作平口，另一端作斜长口（图八）。

图六

图七

图八

红山萨满是否头戴十字架及长幡飘带已不得而知，但从玉箍形器下口小、上口大的特征来判断，应该是将玉箍形器竖立于头顶上，束扎长发穿过圆筒，披散于脑后，起长幡飘带的作用。玉箍形器下端对钻的孔，则是为贯穿发笄固定神帽之用。牛河梁遗址第 V 地点一号冢中心大墓墓主头骨两侧各置一璧（图九），璧面上有一对小穿孔[26]，可视为与神帽有关的附件。

图九

  根据在20世纪30年代的调查，赫哲族萨满的神衣、神鞋、神手套，原来是用龟、蛇、蜥蜴等爬虫类的皮子拼缝而成的，后来则改用鹿狂皮，为保持原来的特征用染成黑色的软皮剪成上述各种动物的形状，贴缝在神衣上。例如神衣的正面有蛇六条，龟、蛙、蜥蜴、短尾四足蛇各两只。衣的背面比正面少短尾四足蛇，神手套上有龟一只、蜥蜴二只。神靴上也有龟的图案。红山文化玉龟多成对出土于墓主双手处（图九），一般认为是作玉握之用[27]。但有些有穿孔的玉龟可能是缝缀于红山萨满神手套上的。

  在萨满佩饰上，北方民族普遍采用的是铜镜。关于铜镜的神秘信仰是十分普遍的，比如认为它本身就是神，不受萨满人为的支配，而能自行其事，四处游荡忽多忽少，哪儿出现敌情便飞出去独自应战。它还被认为是太阳、光明、温暖的象征，极有神力和威严。萨满征服某一恶魔区，探索某一未知的天界，要依靠它的光明照耀，因此铜镜始终不离萨满。它还是武器，铜镜是安全的卫士，驱邪的武器，它常出行为部落打仗，战斗力极强，神力无边，它能打败难以被别的神治服的恶魔。正是由于种种信仰，特别是它在萨满旅途中的照路、驱邪的观念，使铜镜作为特殊的法器缝制在萨满服上，以至成为萨满的突出标志。在萨满教兴旺时期，萨满们披挂的铜镜相当讲究，最大者象征太阳，往往挂于前胸；与之对应的后背者稍小，代表月亮[28]。萨满身上的铜镜越多，就越被看成神灵多、神力大。甚至有的萨满帽上也有小铜镜，据说它既能护头又能驱邪赶鬼。

  红山萨满墓中，墓主的上衣胸部常常缝缀玉勾云形器（图九、一〇），体现出它在墓主心目中的重要地位。关于勾云形器的意义，学术界有很多不同的看法，有的认为是鹿角、猪獠牙等实物形态的一种艺术化再现[29]，认为是一种兽面旋目纹饰。我们可以借鉴现代萨满所使用的铜镜的意义，来探讨勾云形器的寓意：它是红山萨满在作法时体现神力的象征，起着驱魔辟邪、护卫安全的作用另外，像双联璧、三联璧（图一一）及璧面上无小穿孔的玉璧，都是缝缀或悬挂在萨满服上的，也可能具有上述功能。

图一〇

图一一

　　萨满教里有一类器具是萨满请神、通神用的，有的民族称作响器，即有声响的敲打器具。这类多是请神的敲击器皿，能够制造紧张、神秘、扣人心弦的宗教气氛；还能够模拟各种神秘声响，不论对萨满还是对观众都产生如临幻境、同神接触的"入境"效果。萨满鼓是各个民族普遍采用的响器，有的民族认为敲鼓是为了聚神，神灵喜欢鼓声，一听到鼓声马上就到。这种解释暗示了敲鼓是萨满请神的一种方式。在仪式中，鼓声具有丰富的表现力和实用价值。

　　轻重缓急的鼓声常常说明某种萨满精神或行为的状态：鼓声剧烈时多是在萨满请神之初，或在萨满即将进入昏迷之前，或在萨满神灵与侍神人交流的昂奋之时等；当鼓声节奏鲜明，轻重相间，富于技巧的时候，萨满大多是在做仪式规范的基本表演；当鼓声微弱，时隐时现，甚至停止之时，萨满一般在进行祈祷、倾诉或与侍神人在进行对话，或处于昏迷的边缘。神人在萨满昏迷状态中，还以各种鼓声与他交流，防止萨满由于失神而出现意外。

　　萨满鼓和鼓槌具有神灵和世界观方面的象征作用。赫哲族的萨满鼓被称为"温特"，是卵圆形的单面鼓，鼓长径约82厘米，鼓面绘有四足短尾蛇、蛇、蛙各2只，龟1只。鄂伦春族萨满鼓皮上绘有蜥蜴、蛤蟆各1只，龟1只。鼓槌上也有刻黑熊形象的。鄂温克纽拉萨满使用的鼓上涂有红、黄、蓝三色圆圈饰纹，萨满鼓槌上也有火纹图案。

　　红山文化玉棒形器可能与萨满鼓槌有关。另外，玉丫形器的一端形似榫头有孔，显系作固定木质棍棒之用，似可解释为鼓槌之柄部（图一二）。

图一二

除了鼓以外，其他的响器因群体不同而有差异，都不十分普遍。如满族有扎板，满语为恰拉器，类于汉族的竹板。恰拉器代表神的步履，恰拉器一响，神就下来了，如同数十个神在深夜中走来，由远而近，给人一种真实、肃穆之感。腰铃，满语为西沙。最早的腰铃为石头制作，现多为铁制，它是萨满佩戴的，一般有腰铃籽数十个，每个接近300克，串在一起重达三四十斤，有的更重，常人背不动。萨满腰铃撞击，意味着萨满升入自然宇宙，身边风雷交鸣，行途遥远广阔。同时人们认为，腰铃响不是人摇动的，是神的支配，是神来、神走时震动的声音。有时腰铃自己就响，这便是神来了。因此腰铃又是镇邪器，哪有妖魔鬼怪，放上腰铃就能镇住，太平无事。铜铃铛，满语为轰务。铜铃有多有少，有大有小，它代表魂魄精灵，也是神。在祭祀的各种响器中，它显得清脆、独特，烘托自然宇宙各种现象的气氛，也象征着神灵的踪迹。人们认为魂之行走是有声音的，走到哪儿，人们看不见，但铜铃一响就知道神来了。因此铜铃不受人的支配、控制，它可以自己出行，还可以化成各种各样的动物。

辽宁阜新查海遗址中，七号房址西壁内侧一土坑墓出土6件玉匕形器，长度在2厘米～11.6厘米之间[30]（图一三），形状颇似竹板，可能是萨满的响器。

图一三

这些萨满服饰和祭祀器具在萨满宗教经验和仪式表演中都有相对独立的要素功能，它们的相互关联、相互作用，与萨满的角色标志和角色表演构成一个有机的整体，从而使萨满顺利地完成其形象和使命行为的塑造。

萨满的服饰、器具为祭祀场合带来了肃穆、虔诚、火爆、热烈的宗教气氛，沟通了现实生活和精神信仰上的关系。人们在萨满表演的同时也与超自然界发生了关联，他们分享了仪式所展现的宗教文化意义。可见萨满教是在运用这些工具传达信息，通过神器的音响、实物形象、实物和表演的约定俗成意义来实现传教目的。而这对社会来说有着重要意义。

五

对神灵的崇信，是萨满教所固有的特征，若非凭借于此，萨满则无所逞其技。每一萨满均有若干神灵予以襄助，如萨满为其庇护神尽力，所谓襄助神灵亦为萨满效劳。萨满愈强，其襄助神灵愈多[31]。萨满教中有一些跨越地区、跨越民族、超越时代的动物形象，如熊、鹰、鹿等，一直在不同时期的神灵观念里起着重要作用。

作为北方民族最早崇拜的动物神灵，在早于红山文化的赵宝沟文化的陶尊上可以见到彩绘的鹰、鹿、猪等图案（图一四）。

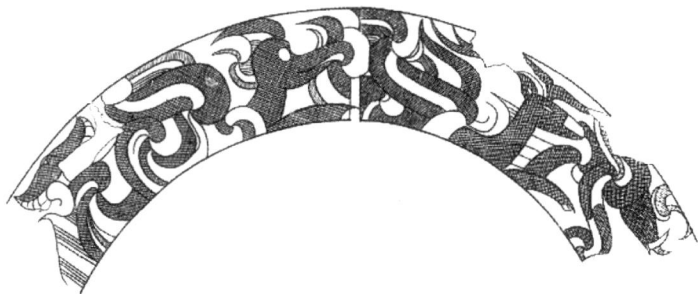

图一四

在红山文化的遗址和墓葬中，不但经常见到猪、熊、鹿、羊等动物骨骼，而且它们的形象也常常出现在陶塑、玉雕等祭祀品中。

萨满教文化在树立自己精神力量的过程中，曾在诸多对自己有恩惠的和凶恶、强大的森林动物中选择，大家不约而同地逐渐向熊靠拢。熊以其各方面的综合长处，终于成为百兽之王，成为包括人在内的动物界最凶悍和最权威的代表。赞美熊，亲近熊，以与熊有血缘关系为荣，把它当成祖先，从而证明自己天生不是孬种，有着可靠的猎物来源，成了那个时代的风尚。人们在与熊的关系中增长了自信，激起积极应付客观环境的乐观态度，即使身处危难关头，亦能调整心态，振作精神。在北方狩猎民族那里曾有一个都声称自己是熊的后代和熊的亲属时期。于是熊作为一个鲜明的文化符号成了北方民族狩猎文化从生活到精神的一个阶段性的标志，一个萨满教信仰发展链条上的重要历史环节。

牛河梁积石冢中多次出土熊的下颚骨，女神庙遗址还出土有泥塑的熊下颚，而且位于主室中心部位，可能具有动物神中主神的地位。有的学者认为红山文化玉猪龙的短立耳、圆睛的特征与熊相似，应称之为熊龙（图一五）。

图一五

双兽首环形器的兽首有圆立耳，耳甚短不过头顶，菱形宽目，额头甚圆鼓而吻部趋向尖圆，上唇厚而稍上翘，下唇薄，嘴微张，是一件典型的熊首（图一六）。这件熊首玉雕最珍贵处在于首部雕刻使用了玉雕技术中难度最大的圆雕技法。在红山文化玉器中，这种圆雕手法是极为少见的，可见红山人对以熊为题材进行雕刻的特殊重视和熟悉，反映出红山文化有祭熊的传统[32]。红山萨满将熊龙玉雕系挂在衣服上，是借着熊神果敢、勇猛、神力无敌的特性，增加自己的法力。

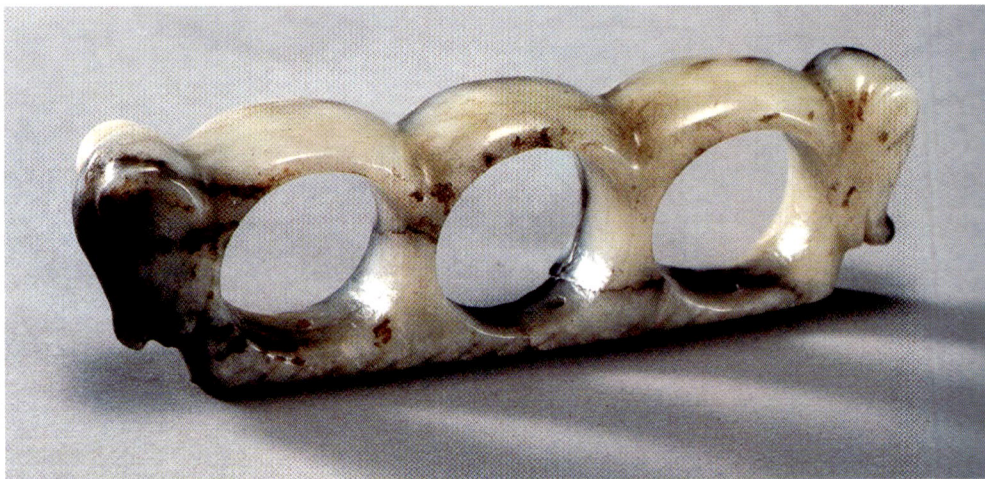

图一六

鹰也是萨满的主要庇护神。在北方民族漫长的渔猎生活中，养鹰驯鹰早已成为习俗，鹰既是生活中最贵重的禽类，也是最有效的狩猎工具之一。鹰由于凶猛顽强和在狩猎方面的特殊功劳，早已成为猎人行猎生活的得力伙伴。鹰的价值和神秘性，通过这样生活经历和生活环境的不断模塑，只能越来越加强。在萨满教发展史上，鹰能够成为萨满巫祖、天神的助手，成为萨满职业代表性的象征符号，是与各狩猎民族经历过的生活道路分不开的。鹰在萨满神话中常常作为光或火的传播者或者作为太阳和火的化身，被当作光鸟或火鸟。在萨满观念中光与火是生命能量之源，象征宇宙生命。在萨满教仪式中，鹰是庇护神，它的保护作用是随处可见的。在萨满降神中，萨满要在天地之间飞翔，自然要借助鹰神的魂力，所以在萨满神服上都饰有鹰的图案或鹰的羽毛，也有的用各种彩色布片精心绣制"羽毛神衣"，布片叠落而成的萨满衣飞转起来，犹如雄鹰展翅。萨满神帽上的鹰形装饰更是普遍，有的神帽上多达十余只鹰，它们表明萨满神力的高深。由于鹰与萨满的种种渊源关系，两者往往能够互指互代，鹰被普遍地视做萨满教典型的职业标志。像一些鸟类的习性一样，鹰也是春来秋归，这正与北地寒暑季节变化相合。许多西伯利亚民族都把三月称作鹰月。萨满教的生育观念向来与季节交替有关，所以鹰既是阳界的大生之魂，破冰化雪，送与万物以生命和生机，又是萨满赴阴夺魂或送魂的导师和守护神。

图一七

红山文化玉鹰的造型有两种，一种是双翅略展，双爪作攀附状；另一种是双翅奋力展开，呈圆弧状，未见双爪（图一七）。这一静一动的形象正是现实生活中鹰态的生动写照。

曲面牌饰又称玉肩饰（图一八），可能是红山萨满作法时用来架神鹰，防止鹰将主人的胳膊抓伤，后世称"玉臂鞲"。

图一八

鹿被认为是萨满的辅助神。在现实的经济生活中，鹿身上所有的东西都是宝，在信仰生活中，鹿身上的一切都有灵力。鹿崇拜是饲养驯鹿的民族从自身的生活需要中，将萨满信仰观念的一般内容纳入鹿形象之中，从而用鹿神信仰代表一个民族的精神世界。随着萨满教观念融合与进化、规范化的历史发展，鹿神也逐步走向主神和天神之位。鹿形象是在这些民族传统的不断选择和磨塑中，逐步成为其信仰内涵的典型符号的。萨满教主神的主要功能是做萨满的庇护神，当然鹿只是神灵的借体，因而又被解释为萨满的辅助神。在萨满仪式中常用两只鹿作为献牲，而且是一黑一白。被作为献牲的白色与黑色的鹿的灵魂是萨满的坐骑，双鹿带着萨满的灵魂去见天神，同样神灵下界也骑着双鹿魂体。通古斯人萨满的神帽上普遍饰有两支高耸多叉的鹿角。鹿角被认为是萨满庇护神的储藏所，有的固定在萨满服的背部镶条中央，居于首要位置。鹿角是最为突出的萨满标志，一叉叉向上伸展的鹿角被看做通天的象征，像萨满神梯一样是萨满灵魂上行的凭借物。由于萨满能力不同，他们所能到达的天界层面就有区别，所以鹿角上的叉数又能代表萨满能力的级别。鹿角的叉数有三、五、七、十二、十五等六个等级。叉数越多，萨满的本领越大。

红山文化玉器中并无直接表现鹿的形象的玉雕，但在内蒙古敖汉旗小山遗址和南台地遗址的赵宝沟文化陶器上都发现了写实性极强的刻划纹鹿首的形象。也有学者提出玉 C 形龙的龙首形象有与鹿首接近处，而其颈背上长长的片状附饰，不是猪鬃的演化，而是鹿的角[33]（图一九）。

图一九

现代北方民族萨满教中，见不到以猪作为神灵的形象，但在红山文化玉器中，猪的形象经常出现，这或许是数千年来宗教观念不断演化的结果。在现代萨满教中，猪常常被用作奉神牺牲（图二〇）。

图二〇

萨满教祭祀活动中经久不衰的杀牲习俗便是杀牲育神奉神观念的直接后果。萨满祭祀历代都极重视备牲、养牲、杀牲，无牲不祭成为萨满教重要的信仰观念和行为。特别是牲血育魂育神的观念，因为神偶甚多，驱使祭祀活动大量杀牲。除杀野牲祭祀外，还要将牲血围帐篷遍洒。在萨满教观念中，神祇及灵魂都喜享食血汁，故要"以血代水""以血代酒"奉祀神灵。祭毕饮血涂血仪式，遍布各个民族。在传统的萨满仪式上，所有神形都要在一定时候用鲜牲血抹口，而且年年如是。人不吃喝会灵魂脱壳而毙命，神体不给血饮，也会使偶体内迎接来的神的魂魄离去，使偶体失去神性和灵性，而变成毫无价值的草木块。所以，萨满教观念中，世代传袭下一个很普遍的祭礼——往神偶身上或嘴上抹杀牲的鲜血，致使许多供奉近百年的偶体嘴上、身上都有一层很厚的暗褐色血斑。红山文化遗址和墓葬中曾出土大量的猪骨，这大概与当时盛行杀牲祭祀风俗有关。

　　上述论点若成立，红山文化玉器的用途和意义就不难理解了。虽然用萨满教的模式还不能解释红山文化原始巫术所有的问题，但它能给我们带来有益的启示，使我们从红山文化玉器中解读更多的原始巫术的信息。我们似乎不必对各种玉器造型和纹饰给予过于复杂的解释，因为它们不过是红山萨满作法时使用的通神器具而已。我们需要重视的，是如何将红山文化玉器与其他遗迹、遗物有机地结合起来，尽可能真实地复原当时的宗教原貌。

注 释：

[1]　任继愈：《宗教词典》"萨满"条，上海辞书出版社，1981年。

[2]　见孟慧英著《中国北方民族萨满教》一书"序"，社会科学文献出版社，2000年。

[3]　张光直：《考古学专题六讲》，文物出版社，1986年。

[4]　张光直：《仰韶文化的巫觋资料》，《"中央"研究院历史语言研究所集刊》第64本，1994年。

[5]　张光直：《三代社会的几点特征》，《新亚学术集刊（艺术专号）》，1983年。

[6]　吕大吉：《西方宗教学说史》，中国社会科学出版社，1994年。

[7]　辽宁省文物考古研究所：《辽宁牛河梁红山文化"女神庙"与积石冢群发掘简报》，《文物》1986年第8期。魏凡：《牛河梁红山文化第三地点积石冢石棺墓》，《辽海文物学刊》1994年第1期。辽宁省文物考古研究所：《辽宁牛河梁第五地点一号冢中心大墓(M1)发掘简报》，《文物》1997第8期。辽宁省文物考古研究所：《辽宁牛河梁第二地点一号冢21号墓发掘简报》，《文物》1997年第8期。

[8]　方殿春、刘葆华：《辽宁阜新县胡头沟红山文化玉器墓的发现》，《文物》1984年第6期。

[9]　巴林右旗博物馆：《内蒙古巴林右旗那斯台遗址调查》，《文物》1984年第6期。

[10]　王未想：《巴林左旗出土的红山文化玉器》，《辽海文物学刊》1994年第1期。

[11]　王未想：《巴林左旗出土的红山文化玉器》，《辽海文物学刊》1994年第1期。

[12]　内蒙古自治区文物考古研究所：《克什克腾旗南台子遗址发掘简报》，《内蒙古文物考古文集》第一辑，中国大百科全书出版社，1994年。

[13]　翁牛特旗文化馆：《内蒙古翁牛特旗三星他拉村发现玉龙》，《文物》1984年第6期。

[14]　郭大顺：《龙出辽河源》，百花文艺出版社，2001年。

[15]　刘国祥：《牛河梁玉器的初步研究》，《文物》2000年第6期。《辽西古玉研究综述》，《故宫博物院院刊》2000年第5期。

[16]　刘小萌、定宜庄：《萨满教与东北民族》，吉林教育出版社，1990年。

[17]　刘小萌、定宜庄：《萨满教与东北民族》，吉林教育出版社，1990年。

[18]　（前苏联）E.N.杰烈维扬科：《黑龙江沿岸的部落》，吉林文史出版社，1987年。

[19]　黄强、色音：《图说萨满教》，民族出版社，2002年。

[20] 乌丙安：《神秘的萨满世界》，生活·读书·新知三联书店上海分店，1989年。

[21] 黄强、色音：《图说萨满教》，民族出版社，2002年。

[22] 郭大顺：《红山文化的"唯玉为葬"与辽河文明起源特征再认识》，《文物》1997年第8期。

[23] 刘国祥：《牛河梁玉器的初步研究》，《文物》2000年第6期，《辽西古玉研究综述》，《故宫博物院院刊》2000年第5期。

[24] 富育光、王宏刚：《萨满教女神》，辽宁人民出版社，1995年。

[25] 郭大顺：《龙出辽河源》，百花文艺出版社，2001年。

[26] 辽宁省文物考古研究所：《辽宁牛河梁第五地点一号冢中心大墓(M1)发掘简报》，《文物》1997年第8期。

[27] 郭大顺：《龙出辽河源》，百花文艺出版社，2001年。

[28] 富育光：《萨满教与神话》，辽宁大学出版社，1990年。

[29] 刘国祥：《红山文化勾云形玉器研究》，《考古》1998年第5期。

[30] 辽宁省文物考古研究所：《辽宁阜新县查海遗址1987－1990年三次发掘》，《文物》1994年第11期。

[31] （前苏联）托卡列夫：《世界各民族历史上的宗教》，中国社会科学出版社，1985年。

[32] 郭大顺：《龙出辽河源》，百花文艺出版社，2001年。

[33] 郭大顺：《龙出辽河源》，百花文艺出版社，2001年。

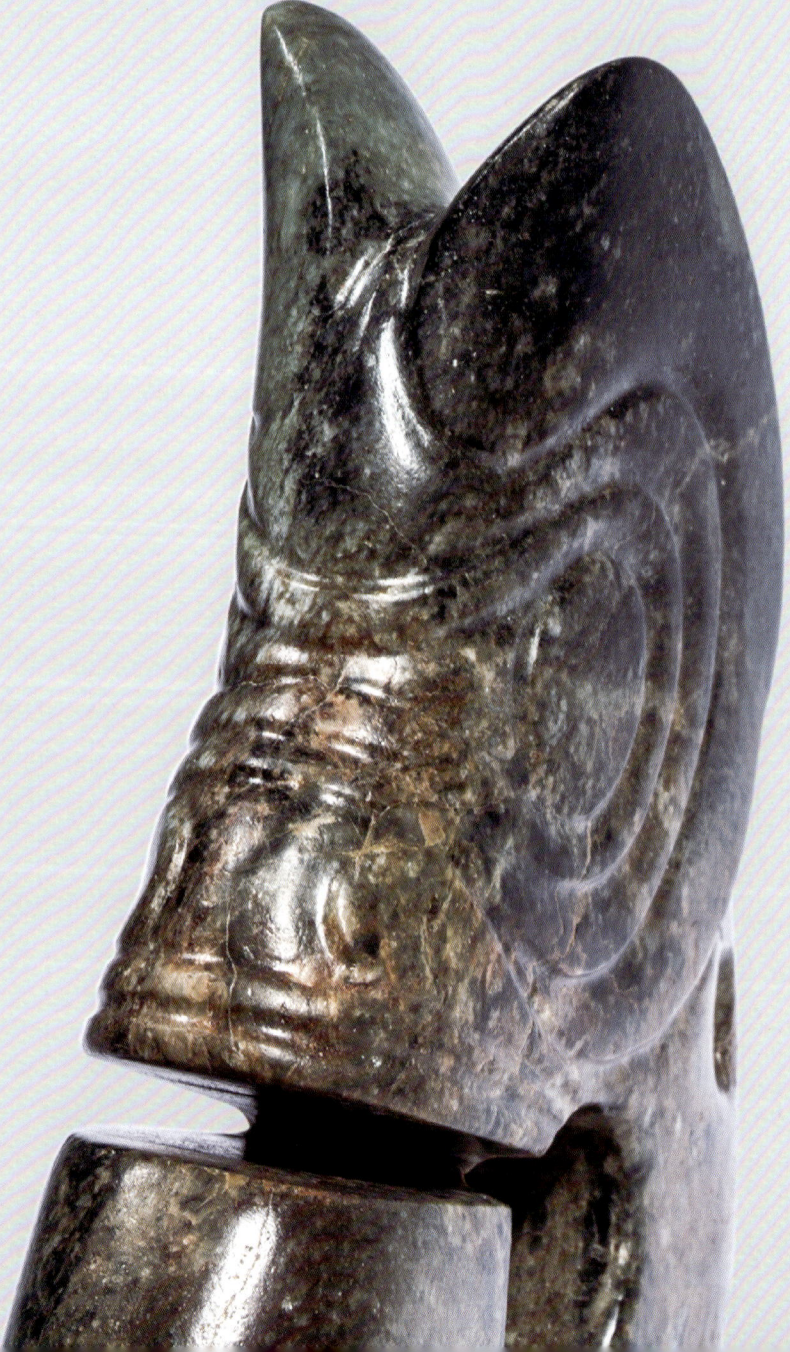

红山文化考古

发现与研究

| 张鹏飞

　　东北三省地域辽阔、土壤肥沃、矿产资源丰富。考古资料显示早在距今40万年前，辽东半岛就有了人类的活动[1]。金牛山遗址[2]、鸽子洞遗址[3]的发现为人类进进化和发展走向提供了重要资料。庙后山遗址、仙人洞遗址[4]发现了人工建筑的遗迹以及大量的生活用品、装饰品等，为旧石器时代晚期的研究提供了重要的材料，尤其是发现火烧灰烬痕迹，证明在两万年前东北地域就有了人类生活的足迹。在新石器时代，从目前发掘报告来看文化遗存年代范围距今约8200~4300 年，即新石器时代至青铜时代的夏家店下层文化，遗址主要分布于内蒙古东南部的赤峰一带和通辽，吉林长春及辽宁西部的朝阳、阜新一带，目前这些地区的文化类型主要有兴隆洼文化、小河西文化、赵宝沟文化、红山文化、小河沿文化和夏家店下层文化等，以及21世纪初发掘的南宝力皋吐遗址、哈民忙哈遗址等。在已确立的新石器时代至早期青铜时代的考古学文化中，均出土有史前石器，除小河西文化和富河文化外，均出土了不同数量的玉器，从石器到玉器的演变过程体现了人类思想观念的变化，以及生产水平、文化艺术、工艺技术的提高，新石器时代遗址的发掘对东北史前玉文化研究有着巨大的推动作用。

■ 红山文化起源与发现

　　通过多年来的考古发掘和学者的研究显示，在新石器时代的文化类型中，尤为突出的是红山文化，这个族群的发展占据了整个东北范围的主导地位，形成一

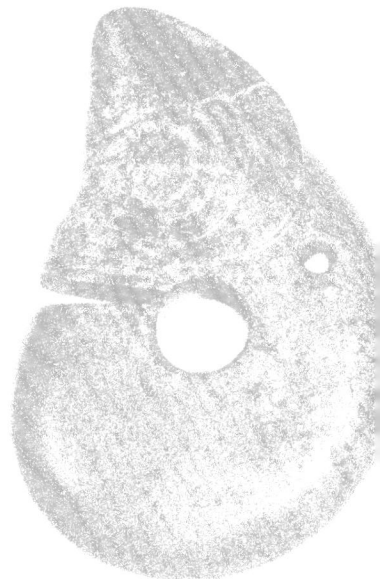

个有序的、大规模的文化圈。红山文化的发现，源于1908年日本人类学家鸟居龙藏等国外学者对我国北方地区史前文化遗址的调查。1935年发掘内蒙古赤峰市红山后遗址，因遗址背靠的山体为暗红色花岗岩而得名了"红山文化"[5]。在1971年内蒙古翁牛特旗三星塔拉村造林挖土时采集到一件碧绿色岫岩"C"形玉龙，随后的考古调查以及对赤峰地区、辽宁阜新、喀左、建平、凌源交界处的牛河梁遗址等发掘，出土玉器种类繁多，制作精美，主要器物有玉猪龙、玉勾云形器、斜口筒形器、玉人、玉钺、玉鸟（玉鸮、玉凤）、玉龟、玉蚕、玉鱼、玉镯、玉环、双龙首玉璜、三孔器、玉臂饰、玉璧（双联玉璧、三联璧）等以及各种玉石工具，如玉石斧、玉凿、磨盘、石核、石叶等，数量众多，题材丰富，使得史前红山文化为世人所知晓。

1. 玉人

2. 玉猪龙

3. 斜口筒形器

4. 玉勾云形器

● 1.2.3.牛河梁遗址出土，现藏辽宁省文物考古研究所。辽宁省文物考古研究所：《牛河梁红山文化遗址发掘报告（1983~2003年度）》文物出版社，2012年，图版二七九、三二〇、六八页。

● 4.巴林右旗巴彦塔拉苏木苏达勒嘎查出土，现藏巴林右旗博物馆。
石阳：《文物载千秋——巴林右旗博物馆文物精品荟萃》，内蒙古人民出版社，2012年，第59页。

发掘资料显示，红山文化最为集中、最具规模、最具影响力的遗址是牛河梁遗址，位于辽西的山谷间绵延多道的山梁上，坐落在主梁顶部，占地50平方千米。截至目前，辽宁省共发掘出土红山文化玉器约350件。出土资料显示主要有如下特点[6]：

一、遗址群中出现祭坛、神庙、积石冢形成三位一体、主次有序的组合规模宏大。

二、积石冢的布局和结构体现了群体间的独立性为主的社会分层，中心为一大墓的积石冢体现了"一人独尊"为主的等级分化。

三、女神庙的布局和遗物体现了群神崇拜具有宗教色彩的制度化。

四、祭坛在该遗址群发现有数处，且呈现独立规模宏大的宗教祭祀性礼仪建筑群体，具有该文化共同体最高层次聚落中心的规格，反映出红山文化祭祀礼仪制度化，形成宗教与政治为一体的中心区域。

五、牛河梁遗址出土大量的玉石器，种类繁多、题材丰富、器体较大、等级较高，出现了大型的玉猪龙、玉勾云形器、斜口筒形器等典型器物，独特的造型和艺术风格，个性鲜明、突出，具有一定的地域性，应是该文化的一种特殊的精神文化产物。

六、红山文化遗址发掘出土了大量随葬器物，部分墓葬、积石冢少葬或不葬石器、骨器、陶器等，主要以玉器为主，故红山文化被考古界称为"唯玉为葬"现象。

另外，2014~2016年，辽宁省文物考古研究所和朝阳市龙城区博物馆组成联合考古队，对朝阳半拉山[7]墓地进行抢救性发掘，仅出土玉器就有一百四十余件；并首次在祭祀坑内发现大量的泥质红陶彩绘筒形器，出土了陶塑人头像、石雕人头像14件。一男性墓葬里出土了玉猪龙、玉璧、石钺和兽首形柄端饰各1件，首次在红山文化墓葬中发现一件完整的兽首形柄端饰，且石钺不见使用痕迹，并出现石钺和兽首形柄端饰叠加在一起，为对红山文化时期墓葬的器物组合关系、器物功能发展和社会发展形势深入研究提供了重要的依据。

▇ 红山文化出土玉器特征

　　大量的考古发现和学者的深入研究表明，红山文化是中国北方地区一支重要的考古学文化，在东北的大地上延续千年，距今6500～5000年。红山文化器物按功能大致可分三类：装饰品、生产生活工具、礼器以及象征性的武器等。装饰品主要有玉环、玉镯、玉鼓形器、双龙首玉璜、玉臂饰、玉人以及如玉鸟、玉龟、玉鱼、玉蚕等各种仿生动物。生产工具主要有玉石斧、石耜、玉石凿、磨盘等。礼器主要有玉龙、玉勾云形器、斜口筒形器、玉钺等。石器主要是打制石器、磨制石器、细石器三大类共存。

　　红山文化玉器选材多样化，有蛇纹石、透闪石、绿松石、玛瑙、煤精、天河石等，材质一般以就地取材或就近取材为主，多为河磨玉材质，即透闪石玉料，颜色以青绿色为主，也有黄玉及带岩石皮等玉料，多质地优良、色泽温润。为刻意追求玉器自身的特性，力求表达视觉美感，所以在玉器选料和设计制作时巧用天然玉的色彩，既突显玉的本色，又加强了玉器的装饰性，也增加了红山文化玉器的艺术内含和感染力。当然，也有极少玉器是整体以河磨玉皮壳而制，说明对色彩的理解已经成为红山人信仰的一个重要组成部分。红山文化器物造型以几何体为主，除工具以石器为主外，其他多为玉器，表现技法主要有片雕、圆雕、透雕等。

　　红山文化器物制作工艺以打磨、抛光为主，器表碾磨光洁温润，大多数器体光素无纹，部分器物装饰有瓦沟纹（平面打洼又称瓦沟纹工艺）、网格纹、平面阴刻线纹和去地拟阳线纹。瓦沟纹是红山文化所独有的纹饰，主要雕琢于器体的边框或板状器物的表面，随形走向，如玉勾云形器、玉臂饰等，瓦沟纹碾磨深浅起伏随形体而富有变化，或隐或现，凹槽宽窄和深浅度相对均匀规矩，具有特殊的装饰美。网格纹分阴刻和阳线纹两类，主要为雕琢器物局部的装饰，如"C"形玉龙的上额和下颚，动物、人物的服饰，以及局部点缀。阴刻线纹主要通过碾琢方法表现动物的五官等，常与浅缓的瓦沟纹相之间隔。去地拟阳线主要表现轮廓装饰手法，如人与动物的五官、鸟类羽翅、昆虫腹节等，强化形体的装饰美。红山文化玉器整体上虽然形制、纹饰较为简单、简约，但其灵动之感、神韵之美是其他文化类型无可比拟的。特殊的制作处理方法和独特的艺术风格，使红山文化玉器显得原始、立体而神秘，极具鲜明的时代特征。

1. 玉臂饰

2. 玉勾云形器

3. 玉鸟（背面）

4. 玉斧

● 1. 大甸子墓葬出土，现藏中国社会科学院考古研究所。古方：《中国出土玉器全集》，第2卷，科学出版社，2005年，第80页。

● 2. 辽宁省博物馆藏。辽宁省文物考古研究所：《牛河梁红山文化遗址发掘报告（1983~2003年度）》，文物出版社，2012年，图版三一六页。

● 3.4.辽宁省文物考古研究所、朝阳市龙城区博物馆：《辽宁朝阳市半拉山红山文化墓地的发掘》，《考古》2017年第2期。

红山文化玉器片状器较多，边缘较薄似刃，中间位置相对较厚，形制简单，多数器体相对较小。部分器物形体较大，如玉猪龙、玉勾云形器、斜口筒形器等，造型奇特，具有抽象、神秘、威严之感，被学者称为红山文化典型器。红山文化玉器多见动物造型，如玉鸟、玉凤、玉蚕、玉龟等，有圆雕、片状体；人物作品较少，多为圆雕，均以打磨琢制完成。在动物和人物的塑造方面，纹饰雕琢多侧重于头部刻画，注重突出眼睛的表现，在整体造型表现上与实体有所差异。前者塑造形象上表现出特殊的艺术概括，造型抽象，讲究对称感，强调的是神似，是该类器物最为突出的特点。后者的形体塑造上着重表现大眼、大鼻、大嘴，突出表现出人体比例不协调，构成这一文化的显著特征。

红山文化时期由于制玉工具滞后，器体多不甚规整，薄厚不均、粗细不一等，器表常遗留有钻痕、切割痕，甚至出现为打孔或考虑对称等设计留有定位点或定位线制作痕迹。红山文化玉器钻孔形式有桯钻式和管钻式两种，多见单面钻和对钻式。钻孔多不在正中，在穿孔玉器的孔壁上由于制作工具不断的研磨，造成愈至深处孔愈小的现象，且孔道内常见隐约的螺旋痕。单面钻孔孔径一般多呈喇叭形，即孔口一面较大，一面较小，器壁较薄者另一面口沿稍见旋转一圈。较厚或较长的器物，两面对钻孔道内外不一，内壁常留有错位台痕。另一类钻孔多置于背部，俗称"隧孔"，或"牛鼻孔"，即两两相对，同一平面两头斜对钻，两面斜磨对穿，孔壁较薄，孔道精细。由于管钻法钻孔技术的出现、切割材料技术的普遍使用，红山文化中晚期器体形状相对规整，边缘棱角分明，器面较平整，体现了红山人对制玉技艺的娴熟掌握。

三 红山文化玉器的地域特色

红山文化遗址众多，遍布东北各地，依据发掘出土和民间收藏器物研究，同一文化、不同地域出现的器物在造型、纹饰、工艺等特征基本一致。少部分器物特征略有差异，有的体现在材质上，有的体现在器体饱满程度上，均表现出不同的地域特色。从现存的红山文化玉器的总体特征看，按照地域特色可分为四大版块。如：吉黑地区出土玉器多数玉质偏白、内含天然墨点，器体表面干净，从制作工艺看：器物的时期有偏早或偏晚之分，偏早的器物大部分比较小甚至体薄，工艺原始，有早期的艺术形态，偏晚的器物较大宽厚，工艺技术显得较为成熟；赤峰地区是红山文化发源地，器物相对较大，小件器物多为人面饰和动物类等装饰性器物，该地区由于埋藏环境因素，器表氧化程度和受沁比较明显，制作工艺相对辽西出土器物较粗糙；辽西地区出土玉器玉质多泛绿，种类繁多、题材丰富、数量众多、器体较大者居多，器形相对规整，应是红山文化制玉的成熟时期，该区域出土器物应为红山文化晚期制作的可能性极大，因埋藏地域砂土特性，出土器物大部分器表均显干净；通辽地区发掘的红山文化哈民类型与辽西地区出土的玉器造型、类型较为相似，制作工艺基本一致，但在材质的特殊性和器物的饱满度上有较为明显的不同，玉质大部分泛黄，浑厚、饱满的器物造型和艺术风格个性鲜明，极具地域特色。

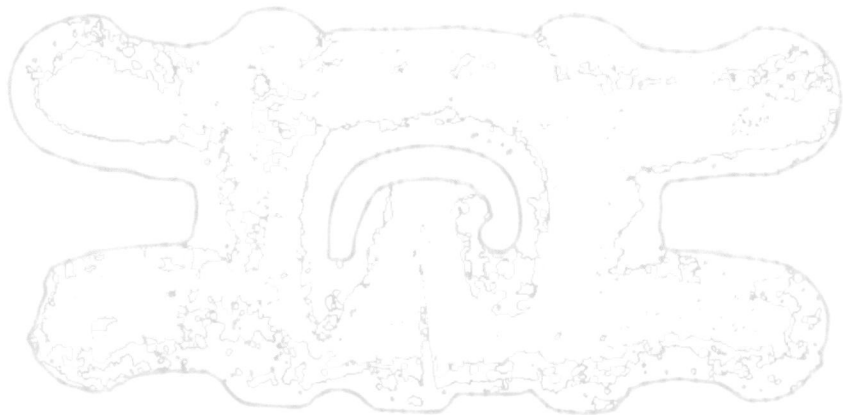

双联玉璧

1. 辽宁省朝阳牛河梁第十六地点M1出土。北京艺术博物馆：《时空穿越——红山文化出土玉器精品展》，北京美术摄影出版社，2012年，第77页。
2. 内蒙古自治区通辽地区哈民忙哈遗址出土。塔拉：《见证文明——红山与中国史前玉文化》，内蒙古人民出版社，2015年，第131页。
3. 吉林省通榆县新兴乡张俭坨子遗址出土，现藏通榆县文物管理所。古方：《中国出土玉器全集》，第2卷，科学出版社，2005年，第173页。
4. 黑龙江省泰来县宏升乡东翁根山遗址出土，现藏泰来县博物馆。古方：《中国出土玉器全集》第2卷，科学出版社，2005年，第210页。

　　不同区域出现同一风格的玉器特征相同，应属同一文化玉器；同一文化出现少数不同器物，如红山文化哈民类型中的虫首形匕形器、螺形耳饰等，应属这一时期的创新作品。红山文化无论是哪个地域出土的器物，玉质均显细腻莹润，打磨光滑。器物在造型设计理念上均注重整体效果，不求细节，强调神似。红山文化距今已有五千多年历史，器物表现出强烈的悠久历史感，一是埋藏时间较长，器物表面氧化所致；二是古今审美观念以及工具、工艺技术等差异，致使器物表现出与今不同的原始性。

四 红山文化历史研究

新石器时代红山文化分布在内蒙古东南部、黑龙江东部与吉林省北部、辽宁西部、河北北部，遗址点分布面积广，总体形成"带状"的文化纽带，是辽河流域文明进程中的主要阶段。

红山文化遗址分布密、类型多，部分地区出现高规格的遗址群落。目前，还有很多的遗址没有发掘出来，所以还有更多的信息没有破解，如果没有盗掘，会有更多的文物以及历史信息呈现给世人。红山文化出土玉器较多，制作精美，该文化不同于其他史前文化，一是由于年代久远，二是因其自身特殊性，"唯玉为葬"是红山文化时期玉石器文化的主导形式。某些器物不仅是装饰品、实用器，也象征着宗教、礼仪和权力地位等。"一人独尊"的埋葬设置形式和随葬器物的不同类别，进一步表现出族群内部的等级化，也体现了红山文化时期神权、王权以及军权集于一体的权威统治，这是红山文化特殊的葬俗和文化特性。红山文化氏族是一个庞大的族群，政治体系完整，是一支具有创新理念，勤劳而智慧的族系，是以农业、养殖业兼以采集、渔猎为主要经济生活，体现了渔猎文化、农耕文化发展的长足进步。红山文化在史前时期盛极一时，在其文化、经济、政治等形成与发展的过程中，成为东北地区最具影响力的史前考古学文化，有着深厚的文化底蕴，在世界历史长河中熠熠生辉。

在新石器时代，东北区域内诸文化关系是交错共存、相互促进的。红山文化出现了很多礼仪性器物，礼制的形成对各分支氏族部落的交流与融合起到了一定性积极的推动作用，促使红山文化在东北乃至中国玉器发展史上形成第一个高峰时期。从出土器物的形制、工艺、类型、功能来分析，红山文化在东北的大地上形成了一个无形的文化网络，因此，有学者提出"红山诸文化"[8]"红山系玉器"[9]，很好地诠释了东北史前以红山文化为代表的"以玉为尊"的礼玉文化的内涵。红山文化的重要性不仅在于整个东北，也影响着国内南北文化的交汇，以至文化传播至国外的很多国家。

注 释：

[1] 傅仁义：《庙后山遗址》，《辽宁大学学报（哲学社会科学版）》1999年第4期。

[2] 傅仁义：《金牛山遗址的新发现》，《辽宁大学学报（哲学社会科学版）》1985年第2期。

[3] 傅仁义：《鸽子洞遗址时代的再研究》，《北方文物》1992年第4期。

[4] 辽宁省文物考古研究所：《辽海记忆——辽宁考古六十年重要发现（1954-2014）》，辽宁人民出版社，2014年。

[5] 裴文中：《中国史前时期之研究》，商务印书馆，1948年。尹达：《关于赤峰红山后的新石器时代遗址》，《中国新石器时代》，生活·读书·新知三联书店，1955年。

[6] 郭大顺：《关于辽西文明起源道路与特点的思考》，《牛河梁等红山文化遗址所见"祖先崇拜"的若干线索》，《辽河流域文明起源道路与特点的再思考》，《从牛河梁遗址看红山文化的社会变革》，《郭大顺考古文集》，辽宁人民出版社，2017年。

[7] 中国社会科学网：《辽宁：朝阳半拉山红山文化墓地研究又出新成果》，2017年4月14日。辽宁省文物考古研究所、朝阳市龙城区博物馆：《辽宁朝阳市半拉山红山文化墓地的发掘》，《考古》2017年第2期。

[8] 苏秉琦：《辽西古文化古城古国——试论当前考古工作重点和大课题》，《文物》1986年第8期。

[9] 邓淑苹：《谈谈红山系玉器》，《故宫文物月刊》1998年第9期。

神秘的

石家河文化玉器

| 院文清

论及史前时期玉器，大家自然会联想到红山文化玉器、凌家滩玉器、良渚文化玉器、龙山文化玉器、齐家文化玉器等等。相对而言，石家河文化玉器，其知名度要小得多，无论是自身的年代，还是被发现和认识过程都很晚，都是属于史前玉器的"小字辈"。但石家河文化玉器却以精湛的雕琢技艺、丰富的器物类型、独特的艺术魅力和深邃的文化内涵而超越了所有的玉器"前辈"，换句话说就是集长处于一身，登上了史前玉器艺术的顶峰。有学者认为，石家河文化玉器的工艺水平之高超令人震撼，圆雕、透雕等技艺较良渚文化的平面雕刻有很大进步，代表当时中国乃至东亚范围内琢玉技艺最高水平。

■ 一 时空背景

中国新石器时代的考古学文化宛如"满天星斗"。地处长江中游地区的湖北，新石器时代遗址星罗棋布，在距今约7000~4000年前，已经形成了融汇南北又独具特质的区域文化及发展谱系：城背溪文化 — 大溪文化（油子岭文化） — 屈家岭文化—石家河文化。

大溪文化以重庆巫山大溪遗址命名，其分布范围可分为峡江（长江三峡）和两湖（湖南、湖北）区域和类型。湖北的鄂西南区域，大溪文化面貌与重庆、湘西同时代的文化特征相类同。而在湖北的汉江中下游地区域的史前文化结构更是纷繁复杂，多姿多彩。大溪文化与仰韶文化，在这一区域发生交汇、冲突、碰撞、融合，形成了具有地域特征的边畈—油子岭文化，其文化中心聚落位于汉江流域，并延及周边的江汉平原地区。

石家河文化是长江中游地区继城背溪文化、大溪文化（油子岭文化）、屈家岭文化之后，发展起来的一种地域性新石器时代晚期的考古学文化。在年代上相当于黄河流域的龙山文化。

湖北汉江中下游区域考古学文化序列谱系：

油子岭文化（距今约6000～5000年）

屈家岭文化（距今约5000～4500年）

石家河文化（距今约4500～4000年）

石家河文化是以湖北天门石家河遗址命名。在历史年代纵轴线上，是继屈家岭文化之后发展而来，但在文化面貌上发生了剧烈的演变，成为了长江中游地区最为兴盛强势的新石器文化，强大的辐射功能波及到长江上下游，文化因素影响甚至扩展到了黄河中下游，在中华文明进程中起过重要作用。

石家河文化的地域分布主要是在湖北和河南南部、湖南北部地区，其北端可至南阳盆地，西北到达汉水上游，西南至长江西陵峡，东端以大别山为界，南端为洞庭湖西北部，文化中心区域是江汉平原地区。这一时期的文物以陶塑艺术品和玉器而独树一帜。在石家河遗址之中发现了铜矿石冶炼铜渣及残铜片，表明当时的社会形态已经进入了"铜石并用"时代，可以说石家河文化晚期已经踏入了文明社会的门槛。

石家河文化在文化面貌上即包含有明显的龙山文化因素的存在，如陶器中袋足器、篮纹罐等都很普遍地存在；又有着强烈的自身文化的地方特征，如陶器中的红陶杯、小口高领罐等。因而对于它的文化命名，曾引起了学术界长期而广泛的争议。二十世纪六十至七十年代，有人将此类遗存命名为清龙泉三期文化；七十年代，有人将之称为湖北龙山文化和季家湖文化；八十年代末期，湖北省考古学界认识基本趋于一致，将此类遗存命名为石家河文化。

石家河文化分布的区域以及时代概念，与古代传说中的三苗集团的分布区域和时代大致相吻合，学术界往往将屈家岭 — 石家河文化遗存与三苗民族集团相联系为一体。就目前考古资料所能反映的状况来看，这种联系还只能是一种推测而已。但作为一个问题提出来，还是很有价值的。

石家河文化时期的聚落遗址规模已相当宏大，可以证实这个时期已经出现了大型的城址。湖北天门石家河遗址是长江中游地区迄今发现分布面积最大、保存最完整的新石器时代聚落遗址，也是长江中游史前时期最大古城，总面积超过120万平方米。石家河城址与山西陶寺、陕西石峁、四川宝墩一起，被认为是史前时期的四大古城。

城址的出现，标志着中国古代酋邦文明的开始，或者说是中国古国时代的开端，极有可能已经迈开了跨入文明社会门槛的步履。当时的社会分工已经十分明显，从其手工技术和艺术的角度而言，最令人瞩目的是玉器的制作和使用。石家河文化玉器主要出现在石家河文化晚期，有学者将之称为后石家河文化时期，其相对年代处于晚于龙山文化而早于二里头遗址夏文化的这一阶段。

三 考古发现

学术界对石家河文化玉器的认识，主要是通过考古发掘资料不断地增多而逐渐加深的。从二十世纪五十年代在天门石家河罗家柏岭遗址出土第一批玉器到明确提出石家河文化玉器的概念，继之为人们所认识和重视，先后约经历了三十年的时间。这正好说明了人们的认识随着时间的推移和资料的丰富而渐渐提高。石家河文化玉器的考古发现主要是在湖北和湖南，尤其是在湖北的江汉平原地区最为集中。在这一区域，石家河文化玉器的重要考古发现主要有如下几处：

湖北天门石家河罗家柏岭遗址

石家河文化玉器最初的重要考古发现是在二十世纪五十年代中期。1955年，中国科学院考古研究所在湖北天门石家河城内罗家柏岭遗址的发掘中，发现有一批玉器，器形种类有牌形人首面像、璜形人首面像、玉蝉、玉虎首（报告称"龙"实为筒状虎首）、玉凤、玉管、玉璜、玉璧、棒形器等。这批出土玉器分别收藏在中国国家博物馆和湖北省博物馆。其中最为精美的是透雕圆形玉凤，被称为"天下第一凤"，选为"龙凤文物"序列邮票的图案（图一）。

图一

当年发现时，却因这些器物出土于表土层下，无明显的地层积压和相关的断代依据，又限于当时的认识水平，在其年代的断定上有误，致使其重要性以及其价值没能被人们及时的重视。随着考古研究水平的提高，考古学界将之确定为石家河文化玉器。目前对于这批玉器的时代及意义的重要性，已经是无庸质疑的事实。

湖北钟祥六合遗址

1985年，荆州地区博物馆和钟祥博物馆联合组队，对钟祥六合遗址进行了调查和发掘，发现了一批瓮棺，清理出土了一批玉器。玉器的种类有玉人首面像、玉鹰、玉蝉、玉琥、玉璜、玉管、玉簪、玉坠、玉锛、纺轮等器。这批瓮棺的形制、纹饰都与石家河文化时期的同类器相同，可以断定随葬玉器是属于石家河文化时期的遗存。这批玉器成为了荆州博物馆的第一批石家河文化玉器馆藏。

在该遗址上，早先曾清理了一个瓮棺（六合高二山），出土有玉鹰（图二）等玉器，这些玉器收藏在钟祥市博物馆。

图二

令人痛心的是，1988年10月20日夜，钟祥六合、松滋桂花树遗址出土玉器，被盗贼从荆州博物馆展厅盗走，成为了荆博人永远的痛。这批玉器至今仍然下落不明，而荆州博物馆只留下有几张精品玉器的照片（图三）。

图三

湖北天门石家河肖家屋脊遗址

肖家屋脊遗址位于石家河古城址的南部，与1955年发掘的罗家柏岭相距约500米。1988年冬到1989年春，北京大学考古系、湖北省文物考古研究所、荆州地区博物馆三家联合组成考古队，对湖北天门石家河新石器时代的大型聚落遗址进行大规模的考古调查和发掘工作。在肖家屋脊遗址中，发现和发掘了一批瓮棺，其中17座瓮棺中出土了一批保存完好的精美玉器，数量达百件以上。

其中六号瓮棺保存最为完好。由两个绳纹敛口大瓮扣合（图四），瓮内有成人骨骸，很显然属二次葬，随葬56件各式造型的玉器，还随葬有石家河文化时期的典型器物红陶杯及兽牙，从而断定了这批瓮棺的时代是属于石家河文化时期。肖家屋脊出土玉器的器形有兽首神面像、璜状人首面像、牌状人首面像、筒状人首面像、虎首像、飞鹰、蝉、锥形器、柄形器、叉形器、玉龙、玉璜、玉坠、玉珠、端饰、玉管、玉簪、纺轮等。这批玉器分别收藏在湖北省博物馆和荆州博物馆。

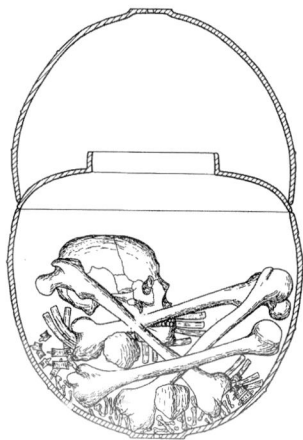

图四

湖北江陵枣林岗遗址

1991年春季，荆州地区博物馆在配合荆江大堤加固工程的考古发掘中，在江陵县马山镇枣林岗发现并发掘了45座石家河文化时期的瓮棺。从瓮棺中清理出土了一批玉器及玉器残片，经初步统计，约有二百余个个体（包括残件）。其玉器种类有人首面像、琥、锛、珠、簪、锥形器、坠、璜、琮等。这也是一次重大的发现，为石家河文化玉器研究提供了重要资料，从而更加丰富了学术界对石家河文化玉器的认识。这批玉器收藏在荆州博物馆。

湖北荆州沙市汪家屋台遗址

1997年春季，荆州博物馆在荆州市沙市区观音当镇汪家屋台，发现一处石家河文化时期的遗址，该遗址中出土有2件玉牙璋，现收藏在荆州博物馆。

湖南澧县孙家岗遗址

1991年，湖南省文物考古研究所在湖南澧县孙家岗遗址发掘中，发现有玉器数十件，其中透雕龙形和凤形玉佩的造型十分精巧别致。这批玉器收藏在湖南省文物考古研究所。

在湖南还有一些零星的发现，但都很重要，器物造型也很精美。

在湖南安乡度家岗遗址发现有一件玉琮。

在湖南石门丁家山遗址采集到一件石家河文化玉人首像（图五）。资料发表在《湖南考古辑刊》第8集。丁家山遗址有石家河文化堆积，类似造型很多，不难判断。特点是头顶多出有小圆柱，头背有梳状装饰。与上海博物馆收藏的大致相同。

图五

湖北天门石家河谭家岭遗址

考古学的魅力就是表现为在不经意之间，往往会有一些让人不可思议的神奇发现。2015年冬，考古工作者在石家河城中部的谭家岭遗址精心寻找建筑遗迹过程中，偶然发现有后石家河文化时期的几个瓮棺，依以往的经验，其中会有玉器随葬。果不其然，经过慎重发掘清理，瓮棺中出土玉器二百四十余件，器物的种类相当齐全，几乎包括了之前的所有器类，制作非常精致。谭家岭出土玉器的另一个明显特点是玉器的沁蚀白化程度很严重，可能是因为埋藏的地下环境不同而造成。

谭家岭瓮棺发现的这批石家河文化玉器，无论就数量还是品类而言都是前无先例的重要发现。这是石家河遗址继罗家柏岭、肖家屋脊发现玉器之后的第三次发现玉器，也是肖家屋脊发现石家河文化玉器之后，又经历了二十多年的沉寂以来的一次最为重大的发现。这批玉器收藏于天门博物馆和湖北省文物考古研究所。

笔者在见到谭家岭出土玉器时，观摩放在手中的件件器物，就有一种"似曾相识燕归来"的感觉，特别地熟悉，也特别地亲热。更为重要的是，新的材料出现，使得过去的一些不可理解的困惑，得到了解释，甚至有一种豁然开朗的感觉。

二十世纪八十至九十年代，湖北钟祥六合、天门肖家屋脊、江陵枣林岗、沙市汪家屋台考古出土的石家河文化玉器大多收藏在荆州博物馆。很幸运，由于工作上的方便是最早接触到出土石家河玉器的少部分人之一，也就成为了最早的研究者之一。1997年第十五卷第五期《故宫文物月刊》刊发了拙作《石家河文化玉器概论》，较为全面介绍了玉器的发现、类别器形及对时代、内涵及源流进行的综合分析，论述文章的刊发，使"石家河文化玉器"的命名在学术界得以确论。

在石家河文化玉器的大量出土和确定后，纵观中国和世界各地的古玉收藏品，就有许多与石家河文化玉器的造型及风格极其相似的作品，这些藏品都很有可能是属于石家河文化的艺术品，或者说源于石家河文化。

石家河文化玉器的器形种类相当丰富，有数十种之多，归纳有饰品玉、工具、礼仪玉等三大类。

佩饰用玉是石家河文化玉器的主体，也是最具特征的器物群。佩饰用玉又可分为雕刻成具象或抽象的动物及人、神等仿生造型器和单纯饰品器物造型。雕琢成动物和人的造型有人首面像、琥、蝉、鹰、鸟、凤、龙、鹿、牛、兽首神面像等。这类经精心设计，巧妙雕琢成动物和人首面像的造型是石家河文化玉器中最有代表性的器物。单纯饰品器物造型有牌饰、管、珠、簪、端饰、坠、柄形器、棒形器、叉形器、锥形器等。

仿生动物造型玉器

仿生动物造型玉器器形都很小巧，雕琢却十分精致。这些仿生动物造型玉器的宗教寓意十分深刻，如果避开这一点而论，其实也都是佩饰所用之器，是雕琢得更为精巧美妙的玉器。其中的人首面像、虎首、蝉三种造型的出土数量最多；凤、鹰、鸟雕琢极为精致，颇具特色；兽首神面像最为引人瞩目。

1. 人首面像

人首面像是石家河文化玉器中常见的器物，也是最具有文化特征的典型器物之一，出土数量较多。在钟祥六合、江陵枣林岗和天门石家河罗家柏岭、肖家屋脊、谭家岭等遗址都有出土。其造型主要有圆雕、半圆雕的正面像、筒状像、牌状正面像、璜状侧面像、块形双头像等多种形状。

圆雕、半圆雕的正面像都雕刻得十分精致，造型也各有特点。筒形雕像的造型如石家河肖家屋脊出土的人首像，为卷沿平顶帽，后侧凸翘棱，帽沿似箍状饰物。宽圆脸，平宽鼻，叶状眼眶，棱形大眼，扁嘴唇，微微张开。扇形大耳，耳下垂处浮雕有圆窝，似为耳饰，宽下巴，粗长劲，无领。面目清秀，神态穆然（图六）。

图六

又有钟祥六合出土柱形雕像，为弧状宽沿帽，高额起棱。眼棱形，蒜头鼻，波形大耳内卷，耳下垂处有圆形耳饰，耳饰穿圆孔。扁圆嘴，吐舌，宽下巴，长颈，下端残。

另一件是出土于谭家岭的平冠人面首。圆柱体，平冠。宽圆脸廓，宽额，梭眼蒜头鼻，扁圆嘴，尖下巴。一双大耳紧贴两侧，垂圆珥突出。粗长颈为支撑（图七）。

江陵枣林岗遗址出土有半圆体人首像（图八）。雕像为背平面凸，弧顶，头戴半月形帽，两端作回钩状，长方形脸，波状耳，有耳饰，穿孔。宽凸鼻，棱形眼，圆凸额，扁圆嘴，圆下巴，粗长颈，无领。顶与底对钻有小孔。

图七　　　　　　图八

图九

谭家岭还出土有羽冠吐舌人面首（图九）。扁圆柱体。戴冠，冠上有羽纹。长脸廓，杏仁形眼，高鼻扁嘴嘴中吐舌。长耳外展，垂珥。粗颈。颈下有较长柱体支撑。与出土发现的石家河文化玉器比较，此乃第一次出现冠上羽纹。众所周知，羽冠是良渚文化玉器中神人像的突出特征，可不可以将之归纳为是受到良渚文化玉器的影响呢？这种可能性是存在的。

牌状正面像是人首面像的重要造型，出土数量最多，形式也较为丰富，有的雕琢得相当精致，也有的雕琢得很粗糙。

天门肖家屋脊遗址出土的牌状正面像雕琢得就非常精巧和细致。造型为扁平长方形，宽沿平冠，冠沿上浮雕云纹。宽脸，凸眉棱眼，蒜头鼻，扁平嘴，扇形大耳，耳上耳垂有圆形耳饰，钻有穿孔。圆下巴，粗颈，颈下有领，领部琢有浅槽，槽钻有小孔。

天门罗家柏岭遗址出土的几件牌状正面像就显得粗糙，在形象的雕刻上也简略得多。扁薄体，长方形，宽沿弧顶帽。方形脸，棱形眼，蒜头鼻，扁圆嘴，宽下巴。粗颈高领，扇形大耳，下端有耳饰。帽沿及领沿上有小钻孔（图一〇）。

图一〇

　　谭家岭遗址还出土有一件双首连体玦型人首面像（图一一），造型相当怪异。这种造型的人头像是第一次发现，很有意思，整体是件玦，而双人头的雕像已经将玦的功能性质冲淡到不被重视的地位。圆首宽额，戴帽，帽上刻纹。梭眼凸鼻，大嘴张开，尖下巴。耳廓清晰，后端有钩状长发。颈部弯曲相连。

　　璜状侧面像出土数量少，在天门肖家屋脊和罗家柏岭遗址各出土一件。肖家屋脊遗址出土的这件造型是头带尖顶圆帽，高额凸鼻，作鹰钩状，棱形眼，扁长嘴，尖下巴，弧状长颈，尾端有小孔。波形耳，上端作钩状，双面雕像，面目相同（图一二）。

　　罗家柏岭遗址出土璜状侧面像是高圆冠，上有钻孔，棱形眼，蒜头鼻、小嘴圆下巴，长颈尾端残，横断面为弧边三角形。双面雕像，面目相同。

　　还有一个值得注意的问题是，在考古发掘中，没有发现有石家河文化的全人形的玉雕器，但并不能说没有存在。在传世的文物中就有其整体人形的玉器存在（图一三）。可以预言，在将来的考古发掘中，一定会有整体形玉人的出现。

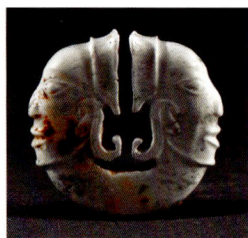

图一一

图一二　　　　　　图一三

关于人首面像的性质，有可能就是部落首领或巫师的形象写照，亦有可能被视为神灵，但其寓意还应该是属于祖先崇拜的范畴，与神面像的性质是不可类同的。哪怕就是双头人，也是自然界可能存在的形象。

2. 琥

琥是石家河文化玉器的典型器物之一，发现的数量较多。在钟祥六合、天门肖家屋脊、罗家柏岭、谭家岭、江陵枣林岗等遗址都有出土，单在天门肖家屋脊遗址就出土有九件之多。石家河文化玉琥多雕成虎首面，依其造型可分为筒状琥、平底圆雕琥、牌状琥三种形状，而扁平的全形虎也栩栩如生。

筒状琥虎首浮雕于圆筒上，皆为高额小脸，虎首雕作卷耳凸鼻，圆眼或棱眼，凹嘴露齿，卷成筒状。雕刻一般都很精巧，在罗家柏岭、六合、肖家屋脊、枣林岗等遗址有出土。

枣林岗遗址出土的筒状琥横卧成圆筒，筒体短粗。卷耳凸额，圆眼宽鼻，凹嘴平齿，首尾相连（图一四）。

图一四

■ 神秘的石家河文化玉器

肖家屋脊遗址出土的筒状琥为立式筒状。平顶，中有圆孔，正面浮雕出外张双耳，圆形耳窝，宽高额，短脸凸鼻，棱眼圆睛。底面雕出扁平大嘴，嘴中扁圆口，双侧露獠牙。造型奇妙，颇具匠心。谭家岭出土的这件也很精美。虎首雕在管壁上，器物中空。圆顶宽额，中间起脊。圆眼，宽鼻。一双大耳向后展开，耳蜗明显。问题在于这张照片拍照时，将器物放倒了，成了仰面朝天（图一五）。

图一五

平底圆雕琥出土较少。在枣林岗遗址出土有一件绿松石质的雕琥，造型为平底，凸面，面上雕出虎首的耳眼鼻，而虎嘴雕空，露出獠牙及平齿（图一六）。

图一六

牌状琥出土数量多，在六合、肖家屋脊、枣林岗等遗址都有出土，其造型特征是以牌面雕出虎首的面目或轮廓，背面或弧或平，多有小穿孔。牌状琥又有写实具象和写意抽象之分别。

写实具象牌状琥的虎首以正面为轮廓，浮雕出虎额、双耳、鼻、眼等面部器官。在形体上大同小异，多为人字形凸顶或亭形顶，翻卷大耳，浅圆耳窝，额部宽大，脸面窄短，长鼻凸出。

肖家屋脊遗址出土牌状琥有的是亭状顶，外张大卷耳，耳廓棱角分明，圆耳窝，头顶至鼻尖中梁有凸棱，棱眼圆睛，体形扁平，底弧面。有的为圆顶，高额，两侧张大耳，凸鼻，棱眼圆睛，体形厚实，平底面凹。亦有为人字顶，卷耳外翻，鼻梁凸棱，圆脸丰满，圆眼圆睛，底平面弧。

有较多牌状琥为人字顶，大卷耳，圆耳窝，圆眼凸鼻，牌面弧状平底。枣林岗遗址出土的一件为亭状顶，叶形大耳，圆耳窝，宽凸鼻，鼻梁起棱至顶，直眉圆顶圆眼圆睛。

写意抽象牌状琥是以虎首面的正面轮廓为基本造型，简化抽象了面部器官。主要特征为省略双耳而形成双角，头顶似有冠。出土数量不多，但制作都很精致，在肖家屋脊和六合等遗址有出土。

肖家屋脊遗址出土的有亭状顶，宽长额，双角上翘似为耳尖，嘴部凸出，体形厚实，面部无器官。亦有一件为亭状顶，似为冠。琥面作半月形，双角高翘，镂孔为棱形眼，体形扁平。六合遗址出土亭状顶似冠，双侧有波状大耳上端作回钩状耳角，宽额大脸，凸鼻大眼，镂孔为棱形，底平面凸，体形扁薄。

谭家岭新出土有高冠虎首、双头虎首、扁体玉虎。玉管形虎首过去有较多的发现，但这三种造型的玉虎都是第一次发现。

图一七

谭家岭新发现的两件扁体玉虎，呈老虎的侧面整体形象，这是石家河文化玉器中的首次发现。一件昂首抬头作啸吼状，龇牙咧嘴，嘴中圆孔。屈腿垂腹，尾上翘。整体形象粗壮有力（图一七）。

图一八

另一件呈璜形，昂首弧腰，垂腹翘臀，长尾内卷。虎首高额，翘耳凸鼻，龇牙咧嘴。四肢屈蹲似为俯卧前冲状，力度感极强（图一八）。

老虎的整体形象的出现很重要，此类的玉虎造型出土器和传世品有较多的发现。过去的主流观点一直都认为这种玉虎从商代开始出现，尽管有学者指出，其中的部分器物具有石家河文化玉器的特征，但认同者寥寥无几。而新材料的发布，使得人们不得不对传统观点进行重新审视。

　　谭家岭新出土玉器中有一件高冠虎首，该造型也是第一次出土。其虎首面部位与前期发现的玉虎面没有太大的差别，为宽额大耳，圆眼凸鼻。而特别在于额顶之上，有宽大的高冠。冠上部向后翻，中间起棱。有六道凸弦纹（图一九）。在传世的神面像中有高冠者，而虎首上高冠，也仅此一例。

　　双头虎首玉冠饰（图二〇），或当名为龙首虎头玉冠饰，此器也是第一次出现。单从制作工艺来说，难度是最大的，远比镂孔难度要大。扁体前后两个兽首以长条扁体相连，呈上下态势。前虎首造型与以往发现的虎首相同，较为写实，大耳圆眼，凸鼻宽嘴。后兽首脸面简略，突出圆眼，宽长的嘴中吐出长长的卷舌。头顶似有角，故当为龙而非为虎也。

　　在石家河文化玉器及后世的玉器中，上下双首双兽造型也非常多，有神人与虎（图二一）、神面像与虎（图二二）的多种组合。谭家岭新出土的这件应该是龙与虎的上下组合，笔者认为它们的性质是相同的。

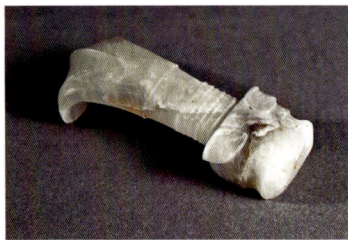

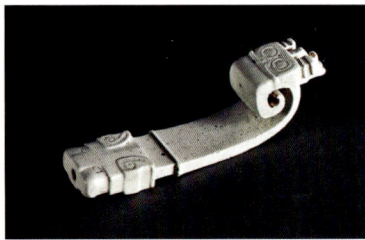

图一九　　　　　　　　　　　　图二〇

图二一　　　　　　　　　　　　图二二

3. 玉龙

玉龙在石家河文化玉器中十分少见，仅在肖家屋脊和湖南澧县孙家岗遗址各出土一件。

肖家屋脊遗址出土玉龙为圆首覆冠，尖唇小嘴，龙身卷曲作玦形，首尾相对。造型古拙简练，风格别致。

湖南澧县孙家岗遗址出土的为扁平体透雕龙。器体扁平，为镂孔透雕。龙体曲弯，龙尾似鱼尾状，头身之上饰宽大的羽状花冠，造型较为写意。

4. 玉蝉

玉蝉是石家河玉器中最为常见的器物之一，也是发现数量最多、最具有代表性的典型器物，仅肖家屋脊遗址一处就有几十件出土，在罗家柏岭、六合、枣林岗、谭家岭等遗址也多有出土，蝉的造型有写实具象和写意抽象之区别。

写实具象玉蝉多雕出蝉的细微特征，尖唇、凸眼、甲壳、羽翼、蝉身及蝉毛，彼此之间的轮廓界限清晰，在形体上有宽窄之分，又有厚薄之别。罗家柏岭遗址出土的有厚宽体，凸头尖唇，双翅内收，甲壳前端凸圆眼，甲壳与翼分界处有数道凸纹，圆身尖尾。亦有宽体扁薄，凸头圆唇，棱形眼形双翼，圆尾。还有厚体扁窄，圆头棱眼，甲壳略凸，双翼细长，翼端微翘，尖尾。

肖家屋脊遗址出土的有宽体扁薄，凸头尖唇，双棱眼，凸甲壳或宽甲壳，扇翼双收，尖尾，甲壳上钻有孔。也有尖唇凸眼，宽甲壳，扇状双翼微上翘，小圆尾。在枣林岗还出土有一件水晶质地的蝉。

写意抽象玉蝉是以蝉形外轮廓为基本造型特征，简化蝉的细部器官，其主要造型特征是人字形或亭状头顶，似为冠，凸双眼，面凸棱脊，甲翼分界明显，翼身一体。双翼下端侧略微外卷，中间凹部为尾。形体上亦有宽体窄体之别，厚体薄体之分。宽体较厚实，人字形头冠、棱形眼，甲翼间有二道凸棱为界，平宽翼，尾翼双侧上卷。有宽体扁薄，人字形冠，圆眼宽甲，双翼略窄，尾两侧微外张，上下端钻有小孔。

　　谭家岭也出土有很多的玉蝉，见诸发表的有弧形玉蝉和长方形玉蝉。弧形玉蝉形体厚实，造型较为写实，双眼夸张的外凸，带甲略凸，双翼轮廓明显，尾部两侧与蝉尾形成凸尖（图二三）。长方形玉蝉为扁平体，写意性蝉。人字形顶，圆形眼。头甲与翼体间有凹槽，翼下端微外翘（图二四）。

　　要介绍的一个很特别的例证，在湖北枣阳郭家庙曾国墓地M18中，发现有一件石家河文化玉蝉，资料发表在《枣阳郭家庙曾国墓地》报告中，墓葬的年代为春秋早期。这件玉蝉器体扁平，写意性强（图二五）。但其特征明显，无论是材质、造型等与春秋玉器差别极大，一眼就可以看出就应当是石家河文化玉器无疑。应该是属于"遗玉"。

图二三　　　　　　　　图二四　　　　　　　　图二五

5. 玉凤

　　玉凤是石家河文化玉器中最为精彩的器物造型，其中有较多的扁平透雕器。这件透雕凤纹牌饰（图二六）甚是精美，器体扁平，器形中似乎有好多的伸展的凤首，似命名为透雕群集凤鸟纹牌饰更为确切。

图二六

　　谭家岭的这件造形似透雕群集的凤鸟，很美，却有点让人觉得眼花缭乱，可以见到有多个凤鸟在翘首高昂鸣啼，不像孙家岗出土和首都博物馆的那样突出凤鸟主体，却像是有多只的凤鸟群集在一起。古人在创造这件器物的时候，构图上应该是下足了功夫的，用现代的艺术眼光来观察，其构成也是非常合理巧妙。从更深层次的角度而言，可以肯定的一点，就是石家河文化玉器中透露出对凤鸟崇拜的信息是极为强烈的。

　　扁平体透雕器是石家河文化玉器突出特点之一，类似器物较多。在钟祥六合遗址出土有圆形透雕太阳牌饰（图二七），中间雕出似火的形状，周边透雕扁长的孔。若以中孔为视角中心，七孔一定是围绕着一团火在转动。使人联想到的一定是太阳的图像——一个旋转中的太阳火球。因此不妨直接称之为太阳牌饰。

图二七

中国远古时代的太阳崇拜，往往是与凤鸟相联系。成都金沙遗址出土太阳鸟（图二八），就是凤鸟围绕火球旋转。如今，它已经成为了展示中国文化遗产的标志。

图二八

其实在石家河文化玉器中，早就有太阳鸟的出现。现藏国家博物馆的这件凤鸟玉雕（图二九），发现于湖北天门石家河罗家柏岭遗址，也是石家河文化玉器凤鸟的典型代表。这件旋转中的圆形凤鸟造型，已经流露出石家河文化太阳鸟的韵味，加上六合的那件圆形透雕太阳牌饰，两者可以相互续存，彼此印证。罗家柏岭遗址出土的这件扁体璧形凤，凤首尾相连，尖长嘴伸入尾羽间，圆首短劲，凤首覆冠，圆眼长嘴，双翼紧收，长尾卷曲作璧形，中间镂孔。凤身之上浮雕减地阴纹细线条为双翅及尾翼，在尾翼上端有小圆孔。两面图案造型相同。

图二九

湖南孙家岗出土的透雕凤纹牌饰的风格与透雕群集凤鸟纹牌饰更加相近似。为扁平透雕侧视凤形，圆首圆眼，眼孔镂空。波状高冠，曲颈凸腹，凤翅伸展，作欲翔状，尾翼翻卷，造型典雅，形态生动真切。凤的造型很具象，高冠，扁首，圆眼，尖喙，曲颈，凸圆腹，展翅，长尾内卷（图三〇）。

在首都博物馆收藏有一件形式相近的石家河文化扁平透雕凤纹牌饰（图三一）。其凤首主体很明显，作回首顾尾状。而在外侧似有鸟首的存在。

图三〇

图三一

扁体透雕是石家河文化玉器的特色。谭家岭玉器中还有一件透雕玉牌饰（图三二），亦似应命名为透雕凤鸟兽面形牌饰。

图三二

这件玉牌饰在石家河文化玉器中是第一次发现，造型上的特点是对称，形状似为写意兽面形。介字顶，形体好像是由简化凤鸟纹组合而成，上部是对立的鸟，其下是两只回首曲身伸展尾翼的凤鸟，再下仿佛亦存在有对称的鸟影。奇妙的是在中间出的倒勾，似鸟首、似鸟翼、又似獠牙。

类似的器形在同时期的玉雕器中发现不多，在石家河文化玉器中独此一件。在山东临朐西朱封龙山文化墓葬出土的带簪玉佩，其上部的扁平透雕玉牌形似兽面，兽面的主体是由鸟组成，其顶上亦为双鸟（图三三、三四）。

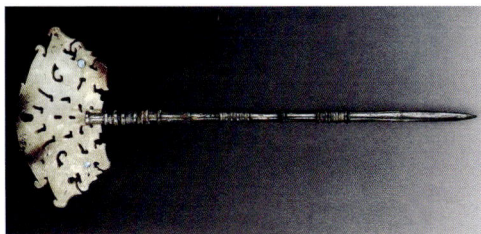

图三三

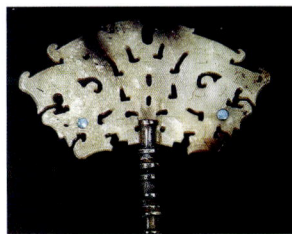

图三四

稍微观察一下，是不是会觉得谭家岭新出的透雕凤鸟兽面形牌饰，就像是这件山东牌饰的简化的具象版。这件牌饰的图像构成，在整体特征上与山东发现的龙山文化玉牌饰也是较为相似。

仔细观察，可以看出上部为对立的两只凤鸟，下方是两只回首曲身展尾的凤鸟，再下还是两只背向而立的凤鸟，中间好像也有似獠牙状的部件，兽面形象还是很明显的。更为重要的是，两者之间的相似性彰显的是文化上的联系与共性，这才是值得认真思考的问题。透雕兽面形玉牌造型对后世的影响巨大，在春秋战国时期的楚地非常流行。假若要溯源，一定会追溯到石家河文化。

6. 玉鹰

玉鹰也是石家河文化玉器中写实性玉雕的代表性作品。可分为圆雕飞鹰、柱状雕鹰和浮雕立鹰三种。

肖家屋脊遗址出土有飞鹰，为圆雕，造型为迎风展翅状，圆头，圆眼短颈，覆冠圆腹，双翅伸展作波状。

谭家岭新出有玉鹰（图三五），造型作圆雕振翅飞鸟。雕琢精致，巧妙的是飞鹰的嘴是可以活动的，这种精细的琢玉工艺，在石家河文化玉器中是独一份，不能不说是精巧之至。对于这件飞鹰，有学者认为是红山文化的遗玉，或受其影响的产物。笔者不能认同。鹰也是石家河文化玉器中最常见的题材，其造型、纹饰等特征与红山文化玉鹰有较大的区别。

图三五

柱状立鹰似为玉簪类器物。圆首，棱形眼，有小圆鼻孔。宽冠覆首，凸腹圆背，双翼紧收，浮雕羽纹浮雕细腻精美。

谭家岭新出土的一件浮雕鹰纹圆牌（图三六），使得过去一些材料中的此类鹰的文化属性得以明确，它就是石家河文化的典型造型。

图三六

这件圆牌上减地浮雕一只居于圆圈之中的展翅立状雄鹰（凤）。类似的立鹰在石家河文化玉器中曾有残件出土，而相似的图案也有发现，只是谭家岭出土的这件完整的圆牌立鹰是第一次出现。其构图也非常巧妙，鹰首呈侧视状，而利用颈部圆形正、侧视图不变的原理，进行了90°的转变，颈部以下皆为正视图像。在观察古代的图案造型时，一定要有"四维"的概念，就是要注意在三维的基础上，考虑其可能存在的动态行为。鹰首为圆头圆眼，长嘴钩喙，短冠微翘，昂首眺望。肥硕的胸腹，粗壮的腿肢，伸展有力的足爪。宽大的双翼对称舒展，翼平直于双足之间。

从人们观察的角度，对它是处于仰望的视角，而从鹰的角度则是处于俯视。特别要指出的是：鹰的形象是被圈定在一个圆框之中，其寓意当值得深究。是不是可以认为此鹰就是太阳的化身，它就是太阳的精灵呢？至少在汉代的画像石中，可确切地见到太阳鸟的形象。二者之间是不是有关联？这些问题还需要认真地进行讨论，在后文中有较详细的论述。

7. 兽首神面像

兽首神面像是石家河文化玉器独具特征的典型器物之一。考古发现和传世品都较为多见。兽首神面像的基本型图像构成特征为：戴冠，双额展翼角似双鸟，蒜头鼻，垂耳，龇牙咧嘴或露獠牙，粗颈。而特异型兽首神面像也较多。

肖家屋脊遗址出土的这件兽首神面像为菱形体，背弧面凸，头戴宽沿冠，方脸凸冠，叶形棱眼。蒜头鼻，面以鼻梁为中线起凸棱，扁长嘴，嘴中平齿，两侧生獠牙，宽下巴，粗颈高领。扇形大耳，下垂圆耳饰，中穿孔。耳上部的波形回钩状饰似立鸟回首形。雕像造型奇特。神像上部及波形回钩状饰与抽象牌状琥的特征相似，神像面目器官及颈领又与牌状人首面像相似，故名兽首神面像（图三七）。

图三七

兽首神面像还有一种造型，菱形体，正面以鼻梁为中心，雕刻神像，人字形顶，宽额大眼，眼窝下凹，棱眼圆睛，长形脸，宽高额。面部仅雕出双眼。无颌有领。雕像似人脸兽面目，露出圆瞪双眼，好似西方宗教神话中幽灵的面目，有一种神秘的恐怖感。谭家岭新发现玉器中最为精致、最为神秘的当属这件神面像（图三八）。

图三八

谭家岭出土的另一件兽首神面像，具有人面特征，又衍生有额头上的双鸟，嘴中露出长长的獠牙。平顶冠，外侈沿，正面阴刻写意纹。宽额，双侧伸展有似鸟形。梭形眼，蒜头鼻。耳廓外张，下端有圆耳孔。龇牙咧嘴，双侧有獠牙。圆下巴，粗颈。

谭家岭新发现的有一件兽面座双鹰玉牌饰，亦可名为双立鹰介冠兽面神像，造型也很奇特，非常有气势，当属特异型兽首神面像。

纯饰品玉器

纯饰品玉器有玉牌饰、管、珠、坠、簪、端饰、柄形器、棒形器、叉形器、锥形器等。

1. 牌饰

石家河文化器中的玉牌饰数量较多，也是饰品类玉器中最常见的器形，在六合、肖家屋脊和枣林岗遗址都有出土。造型主要有圆形牌饰和长方形牌饰，以圆形牌饰为主。

六合遗址出土的圆形牌饰为平底凸面，在牌饰的凸面上减地浮雕有圆形纹饰，是在一个大圆之中规整排列着四个同心圆，每个同心圆由三个大小不同的圆形组成。六合遗址还出土有一件镂孔的圆形牌饰。在圆形牌饰的中心部位雕有似纹形的镂孔，而环绕在纹外侧的有一圈较规则的圆角长形镂孔，似乎有表现火纹或太阳纹的寓意。

枣林岗遗址出土的圆形牌饰为素面，体形较薄，造型规整。肖家屋脊遗址出土的圆形牌饰亦为素面，却在圆边有突出对称的方形的小钮。

在肖家屋脊遗址中还发现有方形牌饰。方形牌饰有器形简单者为素面，圆角长方形。而造型复杂的则是十分精致，透雕镂孔花纹。透雕可以说是石家河文化玉器的一个突出特点。

2. 玉管

玉管在石家河文化玉器中有较多的发现。以圆形的管为多，还有方形管发现，但极少。

枣林岗遗址出土一件圆形管，管形较粗，是天河石质，这种天河石质的器物在石家河文化玉器之中非常稀少。

肖家屋脊遗址出土玉管有细长形和短粗柱形。细长管外壁笔直，管孔较细。短粗管形体似鼓形，中孔粗大。

3. 玉珠

玉珠也有很多的发现。圆形为主，在珠体上钻有小孔，一般形体较小。枣林岗遗址发现有形为椭圆体的小珠，对钻有孔。肖家屋脊遗址出土的玉珠体形大者状似小枣般大小，中孔也较粗。而体小者似扁鼓形，却也精致，钻孔细小。

4. 玉坠

玉坠形状各异，大小不一，一般体形较小。枣林岗遗址出土有一件叶形的绿松石坠。肖家屋脊遗址出土有梯形坠，制作规整，形似柄形器。还出土有薄体的方形坠。

5. 玉簪

玉簪是最为常见的饰品玉器。石家河文化玉器中的玉簪出土较多，形状也较多。枣林岗遗址的这一件玉簪粗且长，簪体为菱形。该遗址还有造型为簪首菱形、簪尾圆形的玉簪，在簪体上刻有小圆圈纹。

肖家屋脊遗址出土的玉簪种类形状更多。有圆体平头尖尾的造型。除圆形玉簪外，还有方体平首圆尾的玉簪。特别是有一件圆体玉簪，簪体中有数道凹凸旋纹的圆箍，簪首上端为花瓣形，花瓣中为较深的孔窝。

6. 端形器

端形器是石家河文化玉器中具有特点的器物。造型有圆首柱体和喇叭形。

枣林岗遗址出土的这件是柱状体，圆首平底，器体中部和下部有数道凹凸的圆箍为纹饰。

肖家屋脊遗址出土有喇叭形端形器。一件粗短，制作精细，在器体上有四道凸箍。另一件较细长，在器体近上端处有一道凸箍纹。

礼仪玉器

礼仪玉器主要有琮、璧、璜、牙璋等。其中玉琮出土数量较少，璜出土较多最为常见。

1. 玉琮

在枣林岗遗址出土有玉琮残件，属于两个不同的个体，可以依据器形的内圆外方、具有矮射等特征判定为琮。在湖南孙家岗遗址出土有一件完整的玉琮，造型为外方内圆形，矮射，器表刻有方正的线条为纹。

2. 玉璧

玉璧出土数量较少，在罗家柏岭出土有五件玉璧。其中两件形状保存较为完整，但玉质腐蚀较为严重。器表较为规整，但薄厚不均。孙家岗遗址出土的玉璧则制作得规整得多，显得精致美观。

3. 玉璜

璜是石家河文化玉器的典型器物之一。出土数量较多，在六合、肖家屋脊、枣林岗、罗家柏岭、孙家岗都有出土。

肖家屋脊出土的玉璜器型扁平，半月弧状，一端为直边，有一小圆孔，另一端为圆边，两端基本对称。器上还有切痕，显得很粗糙。肖家屋脊出土有扁平体弧状玉璜，两端不对称，一端宽直边，另一端为斜边，宽度较窄，在两端边均钻有小孔。

孙家岗遗址出土玉璜制作十分精致，在两端上有凸出的尖角，在璜体上有凸起对称的凸箍。

4. 牙璋

牙璋在汪家屋台遗址有出土。一件是扁平长条形，平首，叉形尖，对齿牙。短内，内上钻有圆孔。另一件是扁薄长条形，圭形首，平刃，凸牙为半月形，内上钻有小孔。

工具类玉器

玉质工具出土的数量较多，且种类较多。一般形体较小，多为琢玉工具和纺织工具，亦可能作为佩饰使用。器形有锛、刀、钻、和纺轮。

1. 玉刀

在枣林岗遗址有较多的发现。形体较小，扁体，直刃平背，有小孔。

另有扁体直背斜刃刀，背上钻有孔痕，背一边断痕尚存，刀体和刃部琢磨光滑。

2. 玉锛

玉锛在枣林岗出土较多，形体小，多为薄体梯形。直刃平滑，扁薄体，长方形上部钻有一孔，通体琢磨光滑，十分精致。还有窄长厚体，平背直刃，边略呈弧凸面，背部较窄，刃部稍宽，呈梯形。

3. 玉凿

玉凿在枣林岗和肖家屋脊、六合都有出土。肖家屋脊遗址的这件为长条形，底平面弧，平背直刃，制作精致。

4. 玉钻

玉钻在枣林岗和六合遗址都有出土。枣林岗出土这件为长条柱状，尾端较长，钻体细圆，体尖部凸棱为界，细长尖。扁圆柱状体，尾为二节，有明显的凸棱，乳头状尖，扁体上钻有小孔。

5. 纺轮

在肖家屋脊、六合遗址都有出土。六合遗址出土的数量较多。肖家屋脊遗址出土的这件的形式是扁圆厚体，棱边，双面平整，中心部钻有小孔。

四 内涵探秘

玉器与玉文化是中国传统文化的重要组成部分，具有鲜明的民族特色。在中国古代的观念之中，玉是可以通灵的神物，是通天地、祀鬼神的神稷重器，是权势与地位的物化表征，也作为追求灵魂升天，保尸不朽的殉葬工具，古人还赋于玉这种天然矿物许多的宗教寓意，玉器便成为了人文之美与自然精华之美的结晶。中国古代对玉的认识，尤其是远古人们对玉的认识，并非现代人理解意义中的狭义的矿物概念。《说文》云："玉，美石也。"表明了古人对玉的理解是相对广泛的精美石头。古人视美石为玉，表明玉具有温润的光泽，坚实的质地和精致洁丽的品质，稳定宁静之中蕴涵着超凡脱俗的深邃神秘意韵。

石家河文化玉器在质料上所表现出的正是古文献中所指的"美石"之概念。石家河文化玉器在质料方面应用的非常广泛，所探用的原料多以青玉为主体，亦有黄玉和碧玉。石家河文化玉器除了普通采用玉料以外，还采用了石英、水晶、玛瑙、大理石、绿松石、滑石、荧石等作为琢器的原材料。这些材料在湖北、河南、湖南的山区都有蕴藏，其地域位于石家河文化的分布范围，可视作为就地取材，在这些材料的雕琢器之中，也有不少精巧之作，如肖家屋脊遗址出土的鹿首、羊头为滑石，枣林岗遗址出土有绿松石虎首、水晶蝉、玛瑙璜、天河石管。这些精美之器，当然也属于古人所称的"美石之器"。可以说选择广泛的美石作为雕琢精巧之作的材料，是石家河文化玉器的一大特色。石家河文化玉器的另一个显著特点是形体小巧但从雕琢工艺上看都很精致，各类器物形体的规格和细腻的神态都掌握得十分准确。在雕琢手法上较为普遍地采用圆雕、浮雕、阴刻、透雕等多种雕塑技法，最令人叹为观止的是细微的减底阳线的普遍使用。标准的造型和精美的装饰，便构成了石家河文化玉器在制作工艺上一大特色。在雕琢手法上具有相当的难度，可以说，不是具有掌握了专门琢玉技术的能工巧匠，并且拥有相当先进的琢玉工具和手段的话，是根本无法做到的，换而言之，石家河文化玉器制作工匠的技术是相当高超的，所使用的琢玉工具和手段也是超出了我们所能想象的先进。

石家河文化玉器以其丰富多姿的类别，精巧别致的造型，独具特色的工艺风格而大放异彩，令世人瞩目。更为重要的是从石家河文化玉器中透射出的时代气息，更是令学术界注目的焦点。从宏观的角度而言，探究石家河文化的构成因素，其主要的有三点。其一，石家河文化是长江中游江汉地区继城背溪文化（彭头山）、大溪文化、屈家岭文化之后，发展起来的地域性的考古学文化，这里有一个沿袭的因素。其二，石家河文化所受到的周边区域文化因素的影响是相互性的。其三，石家河文化所处时代因素的制约。玉器，作为石家河文化的一个重要组成部分，必然的会受到这三个方面因素的约束，反言之，从玉器中所表现出来的文化内涵及特征，其主体必然包含在这三大因素之中。应当这样来看待这个问题，相对而言，石家河文化玉器与大溪文化、屈家岭文化玉器相比较，无论是在数量上、品种上都明显地增多，更为重要的是在造型风格上存在着相当大的差异，可以说产生了质的变化，这不仅存在着时代早晚的关系，实际上所体现出的是由不同源流的文化汇聚产生出的新特征。石家河文化的构成，就存在着本源与主源相汇聚以及比例大小之差别，这也是研究玉器风格特征的重要前提。石家河文化的本源应当说是以屈家岭文化因素为主导地位，而主源（尤其是在石家河文化晚期）与中原的龙山文化一脉相联，主源与本源的融会，从而构成了新的文化共同体——石家河文化。这一历史现象极有可能是"禹征三苗"所造成的。仅就玉器而言之，受到的中原文化因素的影响又远远大于其他领域所产生出的玉器艺术风格及特征的主体。有学者指出石家河文化玉器与山东龙山文化玉器在许多方面都有相似之处。这种看法是可以赞同的。

学术界将史前玉器称为"神玉"，可以理解为两个方面：一是神玉为祭神之玉，如琮、璋、琥、璜。二是神玉器雕作成"神"的形象。两者都是要透过玉作为媒介达到与神相沟通的目的。与神相沟通的载体，是神玉的主要功能。如前所述，石家河文化玉器以出土数量多，造型别致精巧，寓意深刻的动物及人、神雕像为典型代表性特征。而这些作品所表现出浓厚的原始宗教崇拜的信息，更是值得注意研究的一个方面。毋庸置疑，远古时代的艺术品，往往都与原始宗教崇拜有着密切的联系，石家河文化玉器做为原始艺术的一个品类，也毫无例外地与中国远古时代的先民对神灵的崇拜有着极为深刻的联系。

卷曲的龙和舒展的凤，显然是中国先民尊凤崇龙文化传统的体现，这种文化传统早在远古时代就已经为中华大地包括长江、黄河、辽河流域以及北方草原地区先民们所认同。至于龙凤的渊源，显然不是石家河文化土著因素的原始产物，是受到周边文化因素影响所产生的结果。

造型别致的琥，可以说是具有强烈自身文化特征的艺术形象。虎作为一种威武雄勇的动物，被视为"兽中之王"，极有可能被石家河土著民视为一种神灵的象征，从而赋予虎以神秘的宗教含义。虎崇拜在石家河文化中就是一个一目了然的事实。

玉蝉是石家河文化玉器中数量最多、造型最丰富的玉雕器，也是最能表现其文化特征的典型器物。玉蝉形式多样，似有具象写实和抽象写意两大类。毫无异议，蝉也包含有某种神秘的宗教寓意。蝉是一种经过几次蜕变的昆虫，人们时常可以观察到蝉由蛹蜕化而来的过程，先民们对蝉在形态上的蜕变形象，不可能有科学的解释，对这种自然现象感到十分的迷惑不解，从而会产生出神秘感，进而便对它产生了崇拜。虽不能肯定地说玉蝉具有了"蝉蜕龙变"的宗教寓意，但玉蝉具有了"死而复生"的宗教意义，应该说是可以肯定的。

人首雕像是石家河文化玉器中最富特色的玉雕造型。一般都为写实性雕像，但也极具装饰性。主要有牌状人首面像、璜状人首面像和筒状人首面像三种。雕像面目表情严肃，神态呆滞，还有作吐舌张嘴状，似乎表现出一种令人肃然起敬的神秘意味。有推测认为人首面雕像可能是部落酋长的客观体现，用这种说法来解释那些逼真写实性的雕像是完全讲得通的。也有推测说人首面雕像可能是先民所崇拜的神灵雕像，其性质同于兽首神面像，具有象征天神的意义。其实，兽首神面像与人首面像两者之间既有一定的联系和相似性，却也存在质的差异。兽首神面像的造型是以兽首和人面部分器官复合装饰于一体为特征，人首面像大都逼真写实，尽管有一些人首面像具有很强的装饰性，但人面五官形象仍然清晰明确，是属于人的面目。即使是吐舌，也是人本身所能表现出的一种真实的面部神态表情。至于所表现的宗教意义，可以肯定是属于祖先崇拜范畴中的艺术作品。人首像的造型有可能就是部落首领或巫师的形象写照，亦有可能被视为神灵，但其寓意还应该是属于祖先崇拜的范畴。在此重复说的是：哪怕就是双头人，也是自然界可能存在的形象。

兽首神面像不仅具有人面像的部分特征如肩、眼、鼻，同时，也具备有兽首的翼角、獠牙等动物特征，可以说已经脱离了人脸面部自然表情的范畴，是更深层次的宗教崇拜形象在艺术上的体现。它与人首面像在形象上的差别仅仅是具有特别突出的翼角和獠牙，而两者之间在文化内涵上，又有着祖先崇拜与神灵崇拜的不同范畴，两者的差异性十分的明确。是否可以这样认为，兽首神面像是石家河土著民从祖先崇拜向神灵崇拜转换过程中，创造出的历史性雕塑艺术品。

兽首神面像是属于神灵崇拜的艺术作品，它与良渚文化玉器上所刻画的神徽在性质上是相一致的，或者说是相似的。它与山东龙山文化玉锛上刻画的神面像就更为相似了，大有异曲同工之妙，这一点在学术界几乎达成共识。兽首神面像在国内外有较多的收藏。近年来，在商代墓葬及遗址中也曾有出土，就目前资料而言，其时代上限为龙山文化（石家河文化），下限可至殷商，可依据其时代早晚排出序列。它在造型上具有兽首与人首的综合特征，是两者的复合性造型，从其宗教意义上讲，极有可能是中国远古时代先民所崇拜的一位尊神。

究竟是何方神圣呢？还得从这张特异型兽首神面像图像构成观察入手。

图三九

这件器物出土于天门石家河谭家岭（图三九），其造型是两只对向伸展的大鹰，立在兽首神面之上。鹰的钩喙硕大，平首圆眼。背脊圆弧，腿足下垂。胸前展开翅膀前伸，羽脉清晰。以尾翼立于基座上。兽首神像简略写意，圆眼圆睛，其顶仿佛为介形冠。此造型当属首次发现。看似很特别，其实，相类同的图案早就有发现。山东省博物馆藏有一件出土于山东日照两城镇遗址的兽首神面纹玉圭，其中的一幅刻纹图案（图四○、四一)很有意思。其图案就是一幅写意性的双鸟立于介冠兽面神像之上的状况。

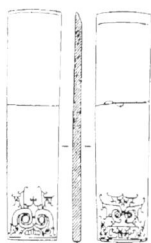

图四○

图四一

可以看到这幅图中上部写意立状鸟，尽管很简略，但鸟的特征还是可以确定的。在二鸟的中间是变形的介字形顶，下面是夸张的圆形大眼。从总体上观察，这幅写意性图案与谭家岭出土的双立鹰介冠兽面神像极其相似。只是在兽面的下端，还有露出牙齿的大嘴。而这幅图的属性，大家都认识，它就是山东龙山文化玉器中兽面神像图案的一种。依此类推，基本特征类同于双立鹰介冠兽面神像。

双立鹰介冠兽面神像，其实质应该是兽首神面像的另一种形态，或者说是兽首神面像的一种转换形态。山西省博物馆的一件兽首神面像（图四二）是在一个标准的神面之头顶立有写意性的双立鸟，其鸟冠形成了一个介冠，而同山东博物馆玉圭上的另一面图案意境相同（图四三）。

 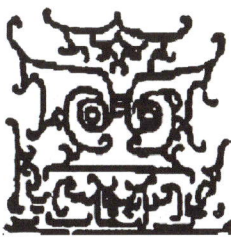

图四二　　　　　　　图四三

可以说，尽管变化无常，但万变不离其宗，就是围着兽首神面像而构成的各种形态而已。

冠、鸟都谈的较多了，再谈谈獠牙。獠牙是一些凶猛肉食动物的特征，在远古时代，先民对獠牙也产生过崇拜。在浙江余姚田螺山遗址，发现有一件木雕（图四四），构成和寓意都与石家河文化玉器神面像有些相似之处。其上部似为鸟形，而嘴中露出了獠牙。

图四四

更神奇的是在内蒙古的白音长汗遗址，出土有人面獠牙的石雕（图四五）。

神面像露獠牙的图像，在湖南洪江高庙遗址的陶器上，表现的最为充分（图四六）。可以说是獠牙夸张到极致。

 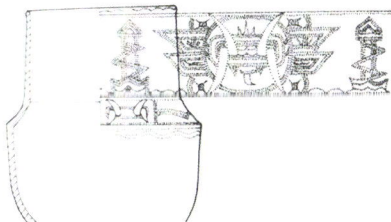

图四五　　　　　　　　　　　　　　图四六

图四七

图四八

图四九

图五〇

众所周知，高庙图案以神面纹为主体，还有鸟纹，皆为太阳崇拜的写照。高庙图像特征与石家河文化玉器神面像极其相似。是不是也要考虑神面像玉雕，是与石家河文化先民对太阳的崇拜有关呢？笔者认为这种思考非常的必要。

对于中国古代先民对于太阳的崇拜，在考古材料中，可以找寻到很多相关的图像，或明显、或隐喻，都有例证。而它们的共同特征是与飞鸟相关联。河姆渡的双鸟托日图、三星堆的太阳鸟、画像石上的太阳运行图，都与鸟形成一体。

在良渚文化玉器上，有刻划图像，是与太阳崇拜相关联。其中的太阳的化身，就是简化的飞鸟造型（图四七、四八）。关键是有介冠喔！

在先民的观念中，鸟是太阳的化身，有一种鸟就是太阳鸟。很多的文物上刻划的就是太阳鸟。再回到石家河文化玉器中，鹰状飞鸟最为瞩目，它就是石家河文化先民所崇拜的太阳鸟。从太阳鸟要上升到太阳神，就有一个从动物向人升华的过程，说得通俗点就是神的人格化。

台北故宫藏的一件龙山文化玉圭上，有一幅立鹰图像，很清楚地刻划出了在这只鹰的腹部中，呈现有兽首神面像的图形（图四九、五〇）。意寓着兽首神面像与鹰为一个共同体。亦可分化成两者，甚至转化为鹰、兽、人三者不同的造型，作为万物之灵的人，才是主宰。

兽首神面像就是太阳神的人格化形象。

那兽首神面像怎么会有不同的面孔，或者说有不同的表情呢？有的同一件器物上，正面和反面的图像显然不一样（图五一），再说直接一点，就是有无獠牙的不同造型。其实很简单，就是太阳神和月亮神的差别。

太阳月亮崇拜是相辅相成的关系。这样解释：一面是太阳神，有獠牙；另一面是月亮神，眼睛圆圆的，但没有獠牙。

图五一

还必须指出的是，石家河文化玉器与山东龙山文化玉器，在很多方面有相似或相同之处，两者之间的文化联系是客观的存在。问题是谁影响了谁，就目前资料来说，还很难有一个肯定的意见。有一点是可以作为参考的，那就是从艺术发展的基本规律而言，一般是先有具象的图案，在具象的基础上，提升为抽象图案。石家河文化玉器多为写实性的具象图案。

石家河文化玉器对于后世玉器具有很强烈而深刻的影响，像琥、蝉、龙、凤、鹰及人首面像、兽首神面像等主要造型，在商周玉器中都曾经出现，在风格上可谓同出一源。

人首面像更是源远流长，在河南申县春秋黄君墓中出土的玉人首面像，与江陵枣林岗出土的石家河文化人首面像就颇有几分相像，完全有理由说它们是同源于一师之门的艺术品。类似江陵枣林岗和钟祥六合出土的柱状玉鹰，在湖北盘龙城　座商代墓葬中就有出土。与石家河文化琥首相似的造型，在山东西周墓中也有出土。还有前面已经提及的兽首神面像，在陕西西周墓和江西商代遗址中都有发现，这些都是非常突出的例证。石家河文化的玉凤与商代玉凤造型及工艺也颇有几分相似，能说明的问题是商周时期乃至后世的中国玉雕器的许多器形可能源于石家河文化玉器中，也可以这样说，石家河文化玉器是中国玉器艺术由原始阶段走向成熟时期的一个代表性作品群，它与龙山文化玉器、良渚文化玉器、薛家岗文化玉器一道，共同构成了新石器时代晚期中国玉器文化一道全新的风景线，从而透射出文明时代的缕缕曙光。

陕西神木石峁出土玉牙璋

之观察与思考

刘云辉　刘思哲

　　1975年冬季，陕西省文管会戴应新先生到神木县高家堡镇开展文物调查，见到了该镇收购站老收购员段海田，他告诉戴说，附近石峁地方老出玉器，都是当地村民在生产活动中发现的，卖给收购站，县外贸每年下来收购两次，每次都能买到十多件到数十件不等的玉器。从他来收购站十年从未中断过，总计至少收到一千五六百件。县外贸将玉器转售北京总公司，加工出口，赚取外汇。当时只择其质地莹润、厚大精致者收购，凡质差粗黑或薄小者一律不收，估计还有不少玉器散落在各家各户中。戴应新得知这一情况后，表示他现在愿意以较高的价钱收购还在村民手中的玉器，先后四次共收购了石峁玉器126件。为了弄清楚这些玉器出土情况，戴应新先生还清理了一座位于石峁小学路旁的石椁墓，在墓主人胸部有一扇形玉璜，未发现大件玉器[1]。戴应新先生在石峁征集的126件玉器，其中牙璋达28件，还有3件原为牙璋的改制件。材料相继发表后，在学术界引起了较多的关注，有不少学者从不同角度对其进行较为广泛而深入的研究。由于这批玉器均为征集品，缺乏明确的出土地层关系，对它的时代甚至真伪都存在有不同的看法[2]。

　　1981年，中国社会科学院考古研究所张长寿先生在石峁遗址调查，见到了石峁村民收藏的玉牙璋、玉刀、玉璧、玉璜、玉斧、玉钺等，征集了其中3件[3]。

　　同年，西安半坡博物馆对石峁遗址进行了小面积试掘，发现了石棺葬和瓮棺葬等，遗物包含玉器、石器、骨器、陶器等[4]。

　　1986年以后，榆林市文物部门和神木县文物部门先后多次对该遗址进行调查，并征集到一些包括玉器在内的遗物。

2011年，由陕西省考古研究院、榆林市文物考古勘探队、神木县文体广电局组成联合调查队，对石峁遗址进行了大面积调查。

2012年，经国家文物局批准，陕西省考古研究院和市、县文物部门联合组队，对石峁遗址开始正式发掘，经过几年的调查和考古发掘研究，获得全新的认识：石峁遗址是一座规模恢宏、布局严整、功能完备、内涵极为丰富、令人叹为观止的中国早期文明的城址[5]。

在此之前的1999～2000年，陕西省考古工作者在商洛市商州区东龙山遗址范围内一座与二里头文化一、二期相当的墓葬M83墓室中发现了一件牙璋[6]，出土时牙璋位于墓主人左臂外侧，同时出土的还有玉戚和石圭各1件，这是陕西境内首次发现有明确考古地层关系的夏时期玉器，其意义自然不可小视，其中出土的牙璋对研究判断戴应新先生征集的28件牙璋也有重要的参考价值。

如上所述，这次陕西考古工作者在石峁遗址进行的考古调查和发掘，迄今已出土的玉器至少有30余件，包括了4件牙璋[7]，其意义更为重要。既证实了戴应新先生当年征集的这批玉器的价值，又能对早年流失到海外诸多博物馆的优质墨玉牙璋来源提供坚实的证据，进一步廓清了历史谜团，使其真相大白于天下。

2016年秋季，笔者对戴应新先生当年征集的这批牙璋经过反复观察，综合上述材料，对陕西出土的牙璋进行了一些梳理，在前人研究的基础上对其特征作了若干概括，并提出一些思考。

■ 一　关于牙璋起源及相关问题

关于牙璋的起源问题，概括起来至少有以下诸种观点：

1. 陕北本土起源说

张长寿先生将所谓的"牙璋"依据夏鼐先生观点暂称之为"刀形端刃玉器"，认为神木出土的刀形端刃器数量最多、年代最早，很可能是这类器物的鼻祖。张长寿先生还认为二里头文化的刀形端刃玉器和神木出土者最为接近，神木玉器中最典型的器形在二里头文化中都有发现，推测二里头文化中的这类玉器直接来自神木玉器的传统[8]。

台北故宫博物院资深研究员邓淑苹女士认为，可能在公元前2300～公元前2200年前后，山东、陕北等地，在某种目前还不清楚的动力下，先民都用玉石料制作长片形带凹弧端刃兵器，目前尚无法考证出该玉器的真正器名，但已约定俗成地称之为"牙璋"。邓淑苹还认为山东海阳司马台出土的牙璋无论玉质、器形、切割痕等特征均属典型石峁文化[9]。

2. 中原龙山文化产生发展说

郑光先生认为牙璋作为文明社会的表征，是由农业工具演变成制作精致、装饰华丽的大型礼器，大约在中原龙山文化时期产生和发展起来的。神木石峁的大量精美的玉璋是其发展过程中辉煌时刻的代表[10]。

3. 山东龙山文化起源说

李学勤先生认为牙璋及其主要文化因素出自山东龙山文化，也是很可能的[11]。

王永波先生认为牙璋是《周礼》中一种具有特定功用的玉制品，给此类玉器冠以这种名称，则势必造成概念上的混乱，这类玉器以"耜形端刃器"作为其指代性称谓较妥。王永波先生认为这种耒耜形端刃器就是瑞圭，大约形成于大汶口文化晚期或海岱龙山文化早期，其后随各邦族集团之间的文化交流，逐步向西、向南传播，于夏商时期达到极盛。神木石峁遗址出土的大量瑞圭和石刀形玉器，或者就是海岱东夷族团向中原进军过程中，滞留在当地的居民——伯益族的一个分支所创造的物质文化，推测此一部族很可能就是后来发展成为战国七雄、并最终一统中国的秦国王室的远祖[12]。

邓聪、栾丰实、王强认为山东龙山式牙璋从年代和各种技术特征的组合，均反映了迄今所知东亚地区最早古老牙璋的特征。他们并认为山东龙山式牙璋的年代横跨距今5000～4300年阶段[13]。

4. 源于陶寺文化说

朱乃诚先生认为玉牙璋大概是陶寺文化晚期兴起的，最早可能是木质的，但主要流行于二里头文化时期。山东地区缺乏制作牙璋的文化传统，山东东部地区发现的牙璋应是由其他地区传入的，时间在山东龙山文化晚期以后，大约在公元前1800年之后，也可能是夏王朝之后，夏人东迁的结果。石峁一带的牙璋，大概是"汤作夏社"之前，伴随着夏部族逃窜西北而传播到那里[14]。

5．中原统治者分配说

日本学者冈村秀典先生认为玉牙璋是从中原分配到各地的可能性很大。或者说它是以从中原分配来的玉牙璋为模型在现地制作的玉器更为妥当[15]。

孙庆伟先生认为，牙璋起源于中原地区，是夏王朝的核心礼器，它的真实名称应是《禹贡》中的"玄圭"。神木石峁发现的玄圭，当源于两地的文化交流，或可能为某支夏人曾迁居于此，并带来夏代礼器，孙庆伟还认为近年石峁遗址有大量玉器流散到社会，而却无一件牙璋，说明牙璋在石峁这样的中心聚落也不是普遍分布的。山东龙山文化并不具备产生牙璋的环境，高等级遗址和墓葬均不见牙璋，现在零星采集品都不支持牙璋曾经起源和大量流行于山东龙山文化的观点[16]。

6．石家河文化起源说

台湾中正大学教授郭静云女士认为，鄂西川东石家河文化是牙璋礼器的起源地，陕北神木石峁的玉器是西北族群在江河地区掠夺而来的窖藏珍宝。所以神木玉器的出土，并不代表西北族群制造玉器的水平高，而是反映了青铜时代早期江河平原农耕文明面对来自西北先戎掠夺的风险。郭氏还认为神木玉器都存放在专门的石棺或者玉坑里，并未见有放在墓葬中当作随葬品的情况，这说明神木玉器是来自远方的贵重品，而非本地可以自己制作生产的东西，又因不将之作为随葬品，故并不代表本地的精神文化。郭氏还反对中原二里头夏王将包括牙璋在内玉器分配至南北各地域的观点，认为就算偃师二里头确实为当时的政权，其统治势力也不可能涵盖北到内蒙古，南到长江那么广的范围，况且其中还存在着许多小型国家，并无统一的政权与社会。此外，偃师周围没有玉矿，因此偃师二里头不可能是牙璋的发祥地，亦不是分配玉器的权威中心[17]。

7．日本京都大学教授林巳奈夫将所谓的"牙璋"称之为"骨铲形器"

林巳奈夫在其《中国古玉研究》骨铲形玉器的编年一节中认为山东海阳司马台和山东临沂大范庄的两件采集品都属龙山文化。可以看出，林巳奈夫基本赞同最早的牙璋是出自山东龙山文化时期[18]。

二 对石峁部分牙璋的观察与测量

1. 石峁牙璋的材质和颜色

不论是戴应新先生在石峁征集的牙璋，还是从石峁出土而流失至海内外博物馆的牙璋，以及近年在石峁遗址发掘出土的牙璋，它们均是由透闪石制作的，材质优良，几乎很难见到蛇纹石或石质制品。这些牙璋绝大多数的外表色泽发黑，俗称墨玉，但在灯光下多呈茶褐色。黑色亦有深浅之分，除了黑色之外，还有其它颜色如浅灰色、茶绿色、浅黄色等。

2. 石峁牙璋的长度

戴先生在石峁征集的28件牙璋，最短的一件仅9厘米，编号SSY28，可以看出它是一件残器，已不知原器有多长，现重量仅30克。其次短的编号SSY26，长21.5厘米，这也是一改制件，原长度应更长。编号SSY6长24.7厘米，编号SSY27长25厘米，编号SSY5长25.3厘米，编号SSY7长26.5厘米，编号SSY4长27厘米，编号SSY10长28.5厘米，编号SSY13长29.3厘米。其余19件牙璋，18件长度均在30厘米~36厘米之间，最长的一件编号SSY17，长49厘米。

其实它并不是迄今所见石峁牙璋中最长的，当年由萨尔摩尼征集，现藏德国科隆东方博物馆的一件石峁墨玉牙璋，长53.5厘米[19]。而收藏在日本白鹤美术馆的石峁式牙璋长度多为30厘米以上[20]。

3. 石峁牙璋的厚度和重量

迄今所见的石峁牙璋最厚的为1厘米，就是编号SSY17，长度为49厘米的那件。依次厚度为0.8厘米的3件，编号是SSY3、SSY9、SSY27；厚度为0.6厘米的亦为3件，编号是SSY7、SSY10、SSY14；厚度为0.5厘米的1件，编号为SSY8；厚度为0.4厘米的1件，编号为SSY15；厚度为0.35厘米的1件，编号为SSY13；厚度为0.3厘米的4件，编号为SSY1、SSY、SSY16、SSY24；厚度为0.25厘米的7件，编号为SSY4、SSY11、SSY12、SSY19、SSY20、SSY21、SSY23；厚度为0.2厘米的有5件，编号SSY22、SSY25、SSY11、SSY26、SSY29；最薄的为0.15厘米两件，编号为

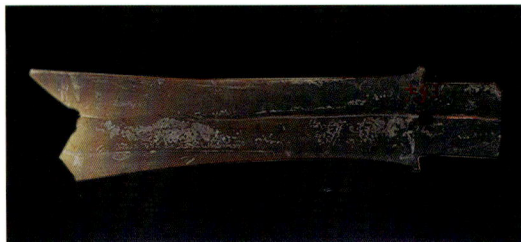

图一 编号SSY1

图二 编号SSY2

图三 编号SSY4

图四 编号SSY13

SSY2、SSY28。每件牙璋都是后端略厚，前端尤其是刃部特别薄，使用游标卡尺无法测量。有些牙璋薄如纸，厚度为1毫米甚至不足半毫米的也有。由于太薄，其重量自然很轻，如编号SSY1牙璋长32厘米，宽为7.5厘米 重量为86克（图一）。编号SSY2牙璋长32.9厘米，宽8厘米，厚仅0.15厘米，重量有80克（图二）。编号SSY9牙璋，长35.5厘米，宽6.5厘米，戴应新先生公布的厚度为0.8厘米，实为最厚处，璋体大部分都很薄，在0.25厘米左右，所以重量只有86.6克。编号SSY18牙璋，长30厘米，最厚处0.4厘米，大部分厚度在0.25厘米左右，重量为78.8克。编号SSY23牙璋，长度31.5厘米，宽度为 6.8厘米，厚度0.25厘米，重量为76.4克。还有3件牙璋，件件都令人称奇，编号SSY4牙璋，长27厘米，宽6.2厘米，厚0.25厘米，重量53.7克（图三）。编号SSY6牙璋，长24.7厘米，宽5.6厘米，厚0.2厘米，重量仅48.6克。编号SSY13号牙璋，长29.3厘米，宽7.8厘米，最厚处0.35厘米，多数地方约为0.15厘米左右，其重量仅为32.6克（图四）。

4. 石峁牙璋上的阑部、齿牙、纹样

石峁牙璋阑部形状，均为单阑，多数向后倾斜，其夹角小于九十度，也有接近九十度者，还有个别阑部大于九十度者，如编号SSY7牙璋阑柄夹角大于九十度。有个别单阑上出现小齿。

石峁牙璋中有阑部雕琢成"近似业字形"，林巳奈夫先生称其为象水牛头额部以上形，两边外撇的牙像牛角，中间两小牙像牛耳。如编号 SSY15（图五）的牙璋的阑部和编号SSY18（图六）牙璋的阑部均呈近似业字形，而SSY15牙璋的宽度达 9.3厘米，它是石峁牙璋中最宽的一件。编号 SSY16（图七）牙璋和编号SSY17（图八）的牙璋阑部均雕琢成被林巳奈夫称为的"鸡冠形"[21]，其中SSY17牙璋一侧阑部琢出两边外撇的牙，中间还夹有五个较小的牙，其中三个为尖牙。在阑下璋两缘又雕琢出若干个小齿牙。

笔者认为SSY15、SSY18、SSY17这三件牙璋的所谓侧饰的两端形象，均与邓聪先生所称的二里头龙牙璋十分接近[22]。

图五 编号SSY15

图六 编号SSY18

图七 编号SSY16

图八 编号SSY17

戴应新先生公布的石峁有纹样的牙璋就是编号SSY16一件，此牙璋在侧牙双阑前方的器表刻三组竖线纹并夹两组交叉线纹，其中三组竖线纹，一组为两条平行线纹，另外两组各为四条平行线，而两组交叉线纹均为两条平行线组成[23]。

2015年，香港中文大学邓聪先生在陕西历史博物馆拍摄编号 SSY17 即长49厘米牙璋时，在其下端双阑处又发现纹样，其纹样共有四组竖线纹，其中三组各为三条平行竖线，一组为四条平行竖线，在两组竖线空间围绕内部的圆孔各有三条平行线交叉纹，由于这件牙璋上的细线纹不如SSY16牙璋上的那样深刻有力，纹样极浅，不用侧光就很难发现。

除了以上这两件牙璋刻有纹样之外，2016年笔者又在陕西历史博物馆编号SSY21牙璋双阑前发现了竖线纹，共有10条平行的竖线纹，其中一条较宽较深，除此之外，牙璋的两条长边上还阴刻有两条竖线纹。此种做法和现象，在日本白鹤美术馆收藏的那件石峁式牙璋上同样存在[24]（图九）。

图九 日本白鹤美术馆收藏的石峁式牙璋

三 关于石峁牙璋的数量年代及制作地

1. 石峁牙璋的数量

石峁遗址迄今究竟出土了多少牙璋？已经很难统计出一个很准确的数字，邓淑苹研究员对收藏在海外十几座博物馆的牙璋做过深入调查和研究，故宫博物院收藏有几件石峁牙璋，上海博物馆收藏的石峁牙璋数量有12件，现收藏在陕西历史博物馆戴应新先生的征集品28件，加上石峁遗址近年的发掘出土了4件残牙璋，总数早已超过百件。但如果我们将"文化大革命"时期由当地收购站卖给神木县外贸部门，再转售给北京外贸部门的玉器中的牙璋计算在内，那将是一个非常庞大的数字，其数量远远超过同期其他文化发现的牙璋总和。在山东各地采集出土的牙璋数量无法与石峁牙璋相比，迄今已发现的河南二里头文化时期牙璋也无法与之相比。甘肃省临夏州博物馆收藏的牙璋和清水县博物馆收藏的牙璋都是经过改制的，齐家文化这些牙璋应是从石峁传入的，对其改制有两种可能，第一种可能原器已有残缺，第二种可能是当地居民并不了解原器的功用，对其加以改制。总之，牙璋并不是齐家文化玉器的特色。

2. 石峁牙璋的年代

戴应新先生认为它们属于龙山文化时期的产物[25]，学术界多从其说。根据近年来陕西省考古研究院的考古发掘和初步研究成果，将石峁遗址的年代定为龙山文化晚期至夏代早期，即公元前2300～公元前1800年之间，该遗址使用大约500年。但石峁出土的牙璋从器形观察，似可分为发展型和成熟型两种，光素无纹的牙璋制作时代应在龙山文化晚期，有纹样和阑部为所谓"业字形"和"鸡冠形"的牙璋制作时代应在夏代早期。

3. 石峁牙璋的来源或制作地

有认为是来源于山东龙山文化，有认为来源于中原夏王朝，或是中原王朝的分配，还有认为是来源于从石家河文化的掠夺，有些观点还有待于新材料的发现和证实，有些观点则比较离奇。

笔者认为尽管现在还无法证实牙璋就是起源于石峁，但石峁牙璋时代跨度大，是龙山文化晚期至夏代早期最具代表性的器物，它是这一时期数量较多、形态较丰富、材质上乘、制作精美的玉器。由于石峁并不产玉，玉材来自今甘肃一带的可能性较大，但制作应是在石峁当地，是不容置疑的。

四 关于牙璋的性质和用途

关于牙璋的用途，学术界普遍认为它是礼器，或是礼天或是祈年之用，或是身份的象征等等。

夏鼐先生将牙璋称为"刀形端刃玉器"，将其归入兵器类[26]。邓淑苹研究员认为在龙山文化至夏时期，牙璋还具有实用性，故柄端圆孔多与两侧凸出的阑大致连成一线，就可以安装木柄使用。可能因为陕北发现了铁、锰含量高的深色闪玉，制作的牙璋和多孔玉刀特别薄锐坚韧，约公元前2200年左右，石峁文化异军突起，用这样的深色近黑的闪玉，大量制作牙璋、长刀，向东、向南多方征战[27]。在石峁牙璋刃部和玉大刀刃部确有使用的痕迹，但笔者认为石峁牙璋分为两种，宽大厚重者有直接作为武器使用的可能性，但多数牙璋器大而薄，虽然有坚韧锋利的一面，也确实有使用的痕迹，但仍有不耐磕碰的特点，而且不是宽大厚重石兵器的对手。使用痕迹可能是在某种仪式中使用而留下来的，而不可能是征战砍伐而留下的。另外，这些牙璋制作非常不容易，制作成本太高，用于作战容易损坏，因此，总体来说做兵器使用的可能性并不大。

林巳奈夫认为这些骨铲形玉器刃部已被过度磨薄，侧饰极为细致，已经从执行实际作业的工具，演变成仪式上的携带之物，从制作精致的上等品来看，推测其为权威的象征。林巳奈夫先生认为骨铲形玉器是地域首长权威的象征，能将厚度数毫米的玉器，锯切成很薄的两片，并以切口保持原状而放置的这种方式使用，究竟为何人？答案很明显，遗物本身明了地显示着：拥有者将玉器拥有者征服了，将其当作自己的臣属，然后以首长的权威将玉器的一半授于原物主的胜利者。胜利者将玉器带给匠人锯切成两半，一半保留在自己处所，另一半还给原本的拥有者，此时不仅是送还，还是以地方首长的权威，从自己手中重新授予原主[28]。

还有学者认为牙璋是祭天的礼器，或认为是代表身份的瑞圭，或认为是夏代的玄圭，笔者认为这种常规形的牙璋很可能就是降神礼天之器，这从三星堆铜人呈跪姿手持牙璋仰望天或能得到诠释[29]。

另外，近年从石峁石墙体中发现包括牙璋在内等玉器的事实，证实石峁先民亦将牙璋视为精神性武器，石墙体中插入包括牙璋在内的玉器，是为了增强石墙体的神圣性。

那么，这种极薄的牙璋是用来作什么？北京大学吕宇斐研究员多次赴石峁遗址现场观察研究发现，石峁石城东门位置稍微偏东北方向，当夏至日太阳升起时，光线正好射进城门中，门道之中全无阴影[30]，说明石峁先民的天文学知识很发达，笔者深受启发。近日再拜读王永波先生大作《齐鲁史前文化与三代礼器》，书中已提出"凹首瑞圭"乃是借由原始起土工具耒耜、祈谷、报天等传统典礼升华而成的，统治者用以显示身份地位、执以朝会、会盟、拜日的观点[31]，笔者亦受启示。因此笔者又推测，像石峁这种超薄形的牙璋执在手中在太阳光下可看见奇妙的色彩，因此很有可能石峁城的高级贵族如巫师等手执它对着太阳进行拜日的活动，或称之为祭日的礼器。

五 余 论

笔者以厚度将石峁牙璋分为两种类型，一种为常规形，它和山东半岛和河南二里头发现的牙璋相同，其厚度在0.4厘米～0.8厘米之间；另一种为超薄形，其厚度在0.15厘米～0.3厘米之间，属于这种厚度的石峁牙璋达13件。现收藏在美国华盛顿佛利尔美术馆的牙璋，长36.6厘米，其厚度亦是仅0.1厘米～0.2厘米，以明暗的灰绿色斑玉做成[32]。毫无悬念，这件超薄的牙璋就是石峁牙璋。前述的日本白鹤美术馆的牙璋也是极薄的。这种大型超薄的牙璋正是石峁牙璋最令人称奇的特色。

要制作出牙璋这样大型超薄的玉器，笔者以为至少要满足以下三个方面的条件，首先必须要有优质大型玉材；其次是琢玉工具要先进，当时琢玉无非是要用片状的工具以及柔性的线状的工具，还要有钻孔的钻，并且没有坚硬而细腻的解玉砂也是不行的；另外还要有高超的工艺，超常的毅力的优秀玉工，这背后常常需要坚强的精神信仰做支撑。笔者认为这三者缺一不可。

关于石峁牙璋的来源问题，这涉及牙璋的起源说，前文已述主要观点较多，诸如山东龙山文化起源说、陶寺文化起源说、中原夏文化起源说、石家河文化起源说，还有观点认为陕北神木石峁玉器均为掠夺物，非本地制造，不能代表石峁时期的精神文化。笔者认为牙璋起源问题现在还无法下定论，仍有待于新材料的发现和研究工作的进一步深入。但石峁出土的牙璋数量之大、时代跨度之长、种类之多、形制

之复杂、工艺精湛的程度是任何其他地方出土的牙璋都无法相比的。因此石峁牙璋是在石峁当地制作的，这也是无法否定的客观事实。

对于牙璋阑部的形状，如上已述，林巳奈夫先生将其分为业字形和鸡冠型，王永波先生将其分得更细，并认为各种瑞圭的器阑几乎都具有从简单的几何形造型逐步发展到动物 — 神兽形造型，然后渐次退化的演变规律[33]。方向明和周晓晶在其合著的《中国玉器通史》新石器时代北方卷中更指出，神木石峁四件牙璋的器阑为"介字冠形"[34]，还有前述的邓聪先生所谓龙形牙璋，都是对牙璋阑部形状的认识与描述。笔者认为尽管结论还难以统一，但有一点必须肯定，器阑的形状是有特定含义的一种表现，或可说是"有意味的形式"，决不能将其称为"侧饰"。它的含义是本质性的，而"饰"则是派生出的表象，对此不可不察。

超薄形石峁牙璋，极有可能是用以拜日的礼器。

石峁牙璋刃端出现"v"形态是最早的，它影响了二里头和三星堆的牙璋。总之，神木石峁出土的牙璋，以其数量巨大，时代跨度长，玉材优良，器形多样，尤其是工艺精湛，能切割加工出大而超薄的器物（可称之为鬼斧神工）等特色，在中国上古牙璋史上占有特殊的地位。随着石峁遗址考古工作的深入开展，尤其是对皇城台和高等级墓葬的发掘，关于石峁牙璋的诸多秘密都有可能逐步破解。

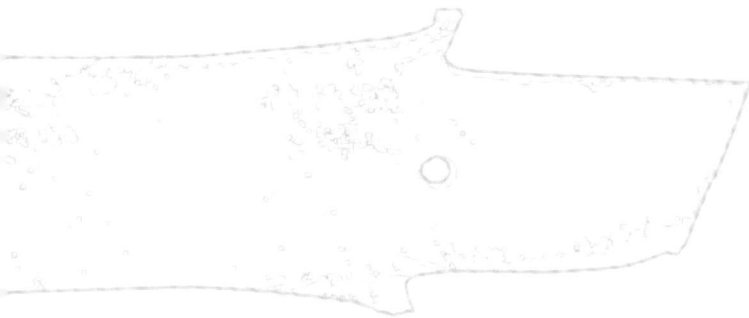

注 释：

[1] 戴应新：《回忆石峁遗址的发掘与石峁玉器》，《收藏界》2014年第5、6期。

[2] 1993年河北美术出版社出版的《中国玉器全集》未收录石峁玉器，究其原因是编委会意见不一致，对它的断代乃至真伪存在争论。

[3] 张长寿：《论神木石峁出土的刀形端刃器》，《南中国及邻近地区古文化研究》，香港中文大学出版社，1994年，第59~62页。

[4] 西安半坡博物馆：《陕西神木石峁遗址调查试掘简报》，《史前研究》1983年第2期。
魏世刚：《陕西神木石峁遗址发掘二三事》，《史前研究2000》，三秦出版社，2000年。

[5] 陕西省考古研究院、榆林市文物考古勘探工作队、神木县文体局：《陕西神木县石峁遗址》，《考古》2013年第7期。

[6] 陕西省考古研究院、商洛市博物馆：《商洛东龙山》，科学出版社，2011年。

[7] 孙周勇、邵晶：《关于石峁玉器出土背景的几个问题》，《玉魂国魄——中国古代玉器与传统文化学术讨论会文集》，浙江古籍出版社，2014年。

[8] 张长寿：《神木出土的刀形端刃器》，《南中国及邻近地区古文化研究》香港中文大学出版社1994年，第59~62页。

[9] 邓淑苹：《杨家埠、晋侯墓、芦山峁出土四件玉琮再思考》，《玉润东方：大汶口——龙山·良渚玉文化展》，文物出版社，2014年，第20~21页。

[10] 郑光：《略论牙璋》，《南中国及邻近地区古文化研究》，香港中文大学出版社，1994年，第9~17页。

[11] 李学勤：《试论牙璋及其文化背景》，《南中国及邻近地区古文化研究》，香港中文大学出版社，1994年，第5~7页。

[12] 王永波：《耜形端刃器的分类与分期》，《考古学报》1996年第1期。王永波、张春玲：《齐鲁史前文化与三代礼器》，齐鲁书社，2004年，第595页、570页。

[13] 邓聪、奕丰实、王强：《东亚最早的牙璋——山东龙山式牙璋初论》，《玉润东方：大汶口——龙山·良渚玉文化展》，文物出版社，2014年。

[14] 朱乃诚：《时代巅峰，冰山一角——夏时期玉器一瞥》，《玉魂国魄——玉器·玉文化·夏代中国文明展》，浙江古籍出版社，2013年。

[15] （日）冈村秀典：《公元前二千年前后中国玉器之扩张》，《东亚玉器》第一册，香港中文大学中国考古艺术研究中心，1998年，第85页。

[16] 孙庆伟：《礼失求诸野——试论牙璋的源流与名称》，《金玉交辉——商周考古、艺术与文化国际研讨会论文集》，历史语言研究所，2013年11月。

[17] 郭静云著：《夏商周从神话到史实》，上海古籍出版社，2013年11月。

[18] （日）林巳奈夫著，杨美莉译：《中国古玉研究》，台湾艺术图书公司印行，1997年，第324页、325页图6~81、图6~82。

[19] (日)林巳奈夫著，杨美莉译：《中国古玉研究》，台湾艺术图书公司印行，1997年，第330页，图6~99。

[20] (日)林巳奈夫著，杨美莉译：《中国古玉研究》，台湾艺术图书公司印行，1997年，第342页，测图3、343页，测图4、5。

[21] (日)林巳奈夫著，杨美莉译：《中国古玉研究》，台湾艺术图书公司印行，1997年，第330页。

[22] 邓聪主编：《香港中文大学华夏第一龙展览图录》，2012年2月9日刊行，第20~21页上图。

[23] 戴应新：《石峁牙璋及其改作——石峁龙山文化玉器研究札记》，《南中国及邻近地区古文化研究》，香港中文大学中国考古艺术研究中心，1994年，第79页~85页，图12~21。

[24] (日)林巳奈夫著，杨美莉译：《中国古玉研究》，台湾艺术图书公司印行，1997年，第291页，图版8。

[25] 戴应新：《神木石峁龙山文化玉器》，《考古与文物》1988年第5、6期。

[26] 夏鼐：《商代玉器的分类、定名和用途》，《考古》1983年第5期。

[27] 邓淑苹：《杨家埠、晋侯墓，芦山峁出土四件玉琮再思考》，《玉润东方：大汶口——龙山·《良渚玉器文化展》，文物出版社，2014年，第20~21页。邓淑苹主编：《敬天格物——中国历代玉器导读》，台北故宫博物院出版，2011年，第62页，图5~2~1a，图5~2~1b，牙璋加装木柄示意图。

[28] (日)林巳奈夫著，杨美莉译：《中国古玉研究》，台湾艺术图书公司印行，1994年，第341页。

[29] 《中国考古文物之美》，《商代蜀人秘宝——四川广汉三星堆遗迹》，文物出版社、光复书局企业股份有限公司，1994年。

[30] 吕宇斐：《石峁古城外城东门的天文考古学研究》，《早期石城和文明化进程——中国陕西神木石峁遗址国际学术研讨会论文摘要》，2016年8月。

[31] 王永波、张春玲著：《齐鲁史前文化与三代礼器》，齐鲁书社，2004年，第440页。

[32] (日)林巳奈夫著，杨美莉译：《中国古玉研究》，台湾艺术图书公司印行，1997年，第296页。

[33] 王永波、张春玲著：《齐鲁史前文化与三代礼器》，齐鲁书社，2004年，第539页。

[34] 陆建芳主编：《中国玉器通史·新石器时代北方卷》，海天出版社（中国深圳），2014年，第210页，图4~27。

齐家文化的
前世今生

唐士乾
（甘肃省齐家文化研究会研究员）

　　我与齐家文化结缘，是二十世纪末最后一个秋天的事儿。提起齐家文化，在国内外考古界名声显赫，但普通民众知道的人并不多，可我被它时间持续之久、影响广泛深远的强大"魂魄"迷住了，久久不能自拔。

　　齐家文化因1924年6月，瑞典考古学家约翰·古纳·安特生在甘肃省广河县齐家坪首次发现而得名。1925年，他在《甘肃考古记》中把齐家文化列为"六期"文化之首，引起了世界轰动。1945年4月，我国现代考古学奠基人夏鼐在广河县位于半山遗址以东靠南侧一个叫阳洼湾的地方进行考古发掘，根据层位关系，提出了甘肃仰韶文化早于齐家文化的论断，纠正了安特生的历史断代错误。1947年6月，著名考古学家裴文中在广河县齐家坪等遗址进行考古调查，首次发现齐家文化白石灰面房址，并撰写了《甘肃考古报告初稿》。1957年10月，甘肃省文物管理委员会在宁夏、广河、临洮进行考古调查，发现文化遗址44处，其中齐家文化遗址22处。1958年7月和1962年1月，甘肃省博物馆文物队又先后进行了两次复查。

　　1973年至1975年，甘肃省博物馆文物工作队在广河县齐家坪进行考古发掘，发掘墓葬118座，出土铜器、玉器、陶器、牙角骨器、石器和金器等千余件随葬品。其中，发掘出土一面直径6.2厘米的铜镜和一柄长15厘米的铜斧，铜斧现收藏于中国国家博物馆，铜镜在齐家文化博物馆展出，被誉为"中华第一镜"，均属我国迄今年代最早的铜器，标志着中国进入青铜文化早期时代。1982年临夏州"四有"工作组进行了复查。

　　1963年2月齐家坪遗址公布为甘肃省级重点文物保护单位，1996年公布为全国重点文物保护单位。

齐家坪遗址 — 齐家文化的发现地和命名地，位于甘肃省广河县齐家镇园子坪村（北纬35°29'56.2"，东经103°49'58.8"，海拔1880米～1920米），是黄河一级支流——洮河西岸一处著名的齐家文化遗存，保护范围150万平方米，重点保护区域32万平方米。齐家坪遗址的发现，对于研究黄河流域青铜文化的产生、发展以及探索中华文明起源的历史进程具有重要意义，从而揭开了黄河上游史前及夏文化研究的序幕。

齐家文化主要分布在包括甘肃、青海境内黄河沿岸及其支流渭河、洮河、大夏河和湟水流域，分布范围东起泾、渭河流域，西至湟水流域，南达白龙江流域，北入内蒙古阿拉善左旗。截至目前发现的齐家文化遗址有1100多处，较著名的有广河齐家坪、武威皇娘娘台、海藏寺、天水师赵村、西山坪、七里墩、武山傅家门、灵台桥村、永靖大何庄、秦魏家、临潭磨沟，青海乐都柳湾、大通上孙家寨、贵南尕马台、西宁沈那、民和喇家、大通长宁，宁夏固原海家湾、店河、隆德页河子等遗址。客观地讲，齐家文化的影响辐射地域更为广泛，需要进一步研究，期待新的发现。这些文化遗存充分展现了齐家文化的生业形态、社会经济、风俗礼仪、祭祀活动等基本特征，为揭示齐家文化博大精深的内涵奠定了深厚基础。

齐家文化是世界闻名、中国最早的青铜时代文化，是新石器时代向青铜器时代过渡的一种遗存。齐家文化时处华夏文明从史前社会向王朝国家过渡的关键时期，大体存续时间距今约4300～3500年，经历中华文明起源与早期发展从万邦林立到华夏一统的特殊历史阶段，是中华文明的重要源头，也是中华民族的祖源之一，人类灿烂的文化瑰宝。正如中国社会科学院学部委员、中国考古学会理事长、中华文明探源工程首席专家王巍所说："齐家文化是研究中华文明多元一体的重要组成部分。对考古研究来说，齐家坪遗址与殷墟、半坡一样是圣地级的遗址，考古人向往的地方。"

时光流入二十一世纪后，齐家文化开始受到当地党委和政府的关注和重视。

2006年6月，齐家坪遗址所在地排子坪乡撤乡设镇，更名为齐家镇。2007年10月，广河县利用政务中心三楼建成850平方米的齐家文化陈列馆。同时，在齐家坪遗址修建管理所。

2008年10月，甘肃省文物考古研究所对齐家坪遗址进行考古勘测，编制完成《齐家坪遗址地质勘探报告》。

2011年3月，在国家商标局注册了齐家文化商标，共10大类，一百多个分项。

2015年5月，成立甘肃省齐家文化研究会，从学术层面提供了有力支持。

2015年8月和2016年10月分别召开"中国·广河齐家文化与华夏文明国际研讨会""中国·广河齐家文化与华夏文明国际论坛"，出版会议论文集2册，同时编著出版《齐家文化与华夏文明》一书，制作完成《齐家文化探源之旅》大型专题纪录片（上、下集），荣获"第三届甘肃电影锦鸡奖"优秀纪录片二等奖；2018年10月，配合中央电视台14集大型纪录片《中华文明探源工程》齐家文化专集摄制工作。

2016年10月，在钟鼎山下的齐家文化广场北侧，利用一年半时间，建成占地14300平方米，馆舍面积5104平方米，投资3500多万元的齐家文化专题博物馆对公众开放。该馆建设速度之快，被甘肃省文物局称赞为"甘肃乃至中国西北地区文博战线的深圳速度"，成为甘肃省爱国主义教育基地。

2017年4月，国家文物局下发《关于开展第三批国家考古遗址公园评定工作的通知》，齐家坪遗址被甘肃省文物局列入重点支持申报立项的遗址之一。

2017年12月，《齐家坪遗址保护规划》通过国家文物局、甘肃省人民政府审批公布。

2018年6月，开通齐家文化门户网站、微信公众号和中英文双语切换版齐家文化数字博物馆。

2018年，齐家文化内容载入七年级历史课本。

2019年1月开始实施齐家坪遗址保护利用设施项目，甘肃省文物考古研究所对该项目进行了文物地质勘探。

目前，中美联合洮河流域考古工作队、中国社会科学院古代文明研究中心、中国社会科学院考古研究所甘青考古队、上海同济大学等10家国内外科研机构在广河县设立齐家文化研究基地和田野实习基地。

当前，在国家实施华夏文明探源工程、推进黄河流域生态保护和高质量发展及甘肃推进华夏文明传承创新区建设的大背景下，挖掘齐家文化价值，打造齐家文化品牌，恰逢其时，更时不我待。齐家文化不仅是广河著名地标品牌，更是临夏乃至甘肃的文化名片，引起了甘肃省领导和省发改委、省文物局等部门的高度关注，提上"文化大省"建设的议事日程，也一定会得到国家层面的倾斜支持，使甘肃这一文化"奇葩"大放异彩。

更为喜人的是，国家文物局和甘肃省人民政府获批公布的《齐家坪遗址保护规划》，内容包含投资近5亿元的"齐家坪遗址考古公园"。届时，一个集考古展示、科普教育、旅游休闲于一体，独具特色的园林式公园会展现在世人面前。

齐家文化玉器产生、消亡背景初探

| 韩昌晟

■ 齐家文化的渊源

对于远古中华文明的起源，历来都有不同的说法与版本：中原中心说、满天星斗说、黄河流域说、辽河流域说、长江流域说等等。由于没有完整的历史文字记载，我们只有在历史传说中捕捉信息，并通过不断出土的文物加以考证，不断地充实完善。玉器史是中华民族大融合、大发展、大交流的缩影，是中华民族历史演进的活化石。远古玉器是远古文明的重要载体，我们可以通过对远古玉器的不断审视、考证来了解历史的脉络，传承华夏文明。

在广袤的大西北地区，在距今大约五六千年前，与齐家文化地域基本对应的甘、青地区原是一大片气候宜人、水草丰茂的沃土，这里生活着诸多史前先民，这里也孕育了灿烂的华夏早期文明。仅以马家窑文化为代表的彩陶文化就有石岭下、马家窑、边家林、半山、马厂等若干文化类型，且前后延续近千年。直到齐家文化时期，玉器大量兴起，彩陶文明的影子被遮掩和冲淡，也才勾起史学界对于这个文明的渊源的审视与追问。

由于齐家文化大量玉器的横空出世，不仅冲断了这个地域陶文化的系列链条，而且由此使齐家文化的产生渊源和来龙去脉蒙上了神秘的面纱。于是，产生了齐家文化西来说、东来说、当地说等等，而最终结果尚无定论。

那么，齐家文化的产生渊源和消亡背景究竟如何呢？ 本人就以实地考察和史料的对照理解来谈谈个人的观点：

我认为，齐家文化应是新石器时代晚期承续甘青地区原始文化（马家窑文化），

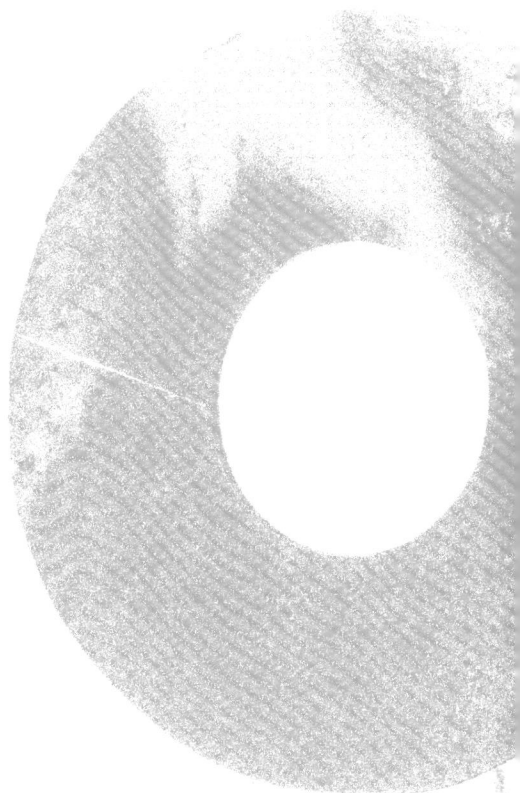

并揉进了中原（含江南）文化和西域文化而形成的独具特色的地方文化。是以甘肃为中心，横跨甘肃、青海、宁夏、内蒙古，东至陕西，西至新疆、西藏部分地区，主流文化早于夏包含夏，非主流文化延续至商、西周，跨三代时空而自成一体的泛区域文化。从考古发掘的实物来看，齐家文化区域与马家窑文化地域基本对应，陶器（彩陶、素陶）的演变无缝对接，唯独玉器在齐家文化中异军突起，独树一帜。

首先我们了解一下齐家文化源头马家窑文化的玉、石器发展状况：

在临夏州马家窑彩陶博物馆的六个展厅中，分别陈列着马家窑、边家林、半山、马厂等各时期伴随着陶器出土的石质器物二十多组。这些石器主要是生产工具类，从制作工艺上看，基本都是敲打制作，有些加以研磨成平面，绝大多数仍可看到打制工痕。也就是说，在马家窑文化期内，基本上没有玉器制作，石质器物上也未发现加工玉器所用的切割等工艺，与齐家文化玉器精细的切割打磨，是完全不同的风格。

那么为什么会到了齐家文化时期突然地出现高超的治玉能力呢？除了考虑到当地生产力的发展之外，还应该考虑到区域外文化的交流影响。首先我们要了解在齐家文化期前夜当时中国的势力集团的格局背景。马家窑文化时期大约相当于中原仰韶文化庙底沟二期前后，中原地区已经过"炎黄大战"，黄帝大败蚩尤，蚩尤部族南迁长江流域，西迁汉水流域（史称三苗），基本上趋于中原集团领导统一的文化背景；但是，随着江南的富庶和生产力的提高，三苗仍不断骚扰、企图问鼎中原。于是，"尧伐九黎""舜征三苗""禹征三苗窜三危"，再次形成部族大迁徙，民族大融合。迁徙是手段，流散是目的，迁徙亦不可能全部迁完，有生力量迁至大西北（迁至三危应是其中一批，大量应在广泛甘青宁地区）；逃窜的一部分沿江溯流而上进入湘黔成为后来的彝族（巴人、纳西族、土族、土家族、苗族）；其中不足以形成威胁的或老弱病残仍留在原地。

正是迁至大西北的"三苗"带来了泛良渚、大汶口的玉文化—玉礼教，他们与当地原居民融合，形成新的部落联盟和势力集团。恰逢地域资源优势，甘青地区玉矿资源丰富，这就促使齐家文化玉器应时而生，并形成了西北地区独特的玉文化风貌。

《孟子·万章上》："舜流共工于幽州，放驩兜于崇山，杀三苗于三危，殛鲧于羽山，四罪而天下咸服，诛不仁也。"殛鲧于羽山与杀三苗于三危为同时，其时期推断应在舜帝时期、禹尚未立，远在夏朝之前，与齐家文化玉器的萌生年代应该相一致。

此时，中原地区龙山文化（玉器文化）亦正是从东至西蓬勃发展的时期，龙山文化与齐家文化亦不断地交流融合，互相影响。应该说齐家文化与红山文化、良渚文化、龙山文化都是一脉相承的玉教文化。

说到这个观点，也许会有人认为贬低了齐家文化的出处，似乎是迁徙的奴隶创造了齐家辉煌的玉文化。其实不然，在中原"炎黄大战"中，黄帝就联合了以熊、罴、豹、虎、雕、鹰、鸢为图腾的部落作为盟军，战后即形成了超越亲属部落联盟的新兴联合体雏形，拉开了英雄时代的帷幕。英雄不问出处，能者为师，迁徙的苗人由于具有先进的文化和技能，很快与原居民融合为一体，并成为当地财富的创造者和拥有者，形成若干个新的羌、戎部落，这些新的部落即是优秀文明的传承者，其创造的文明亦属于优秀的华夏文明。

三　齐家文化玉器的产生背景

首先我们要弄清楚，在齐家文化玉器问世之前，甘青地区有发达的彩陶文化，当地又有充足的玉石原料资源（齐家文化范围内有马衔山、武山、旱峡、径保尔等玉矿产区），为什么就没有玉器的制作？

在这里可能有人会说，马家窑文化没有玉器和齐家文化重玉轻陶是由于不同时期的文化及崇尚使然。此理不差，但是究其根本，主要原因还是玉礼教的传播仍未达甘青地区，因而没有文化动力。而当华夏民族进一步融合，尧、舜、禹前后相继"伐九黎""征三苗窜三危"，民族大迁徙的副产品 — 文化大交流，使长江流域（泛良渚文化、石家河文化）、黄河流域（大汶口文化、龙山文化）先进的玉文化、玉礼教和治玉技术传入甘青地区后，这里得天独厚的优势便很快被发现。先民惊奇地发现，甘青地区玉石资源如此丰盛，于是开始大量地制造玉石财富，占用玉石资源，强化玉礼教，甚至催生出同其他文明团体之间的玉石交易。于是，齐家玉文化得到充分的发展，也绽放出了耀眼的光芒。

三 齐家文化玉器的特征及常见器型分类

齐家文化玉器与其他地区玉器的发展演变过程有许多的相似之处，亦有自己本身突出的特点。

（一）齐家玉器的功能、用途分类

1. 礼器类

齐家文化中礼器类玉器较多。六瑞之中的璧（环）（图一）、琮（图二）、圭（图三）、璜（多璜合璧）（图四）在齐家文化中都有实物体现，这些玉器无疑是玉礼器。除此之外，在新石器时代出现的大型玉刀（图五）、玉钺（图六）、玉斧、玉铲也都当归入礼器范畴。

图一 齐家文化玉璧——众甫博物馆藏

图二 齐家文化玉琮——甘肃临洮出土

图三 齐家文化玉圭

图四 齐家文化三璜联璧——众甫博物馆藏

图五 齐家文化玉刀

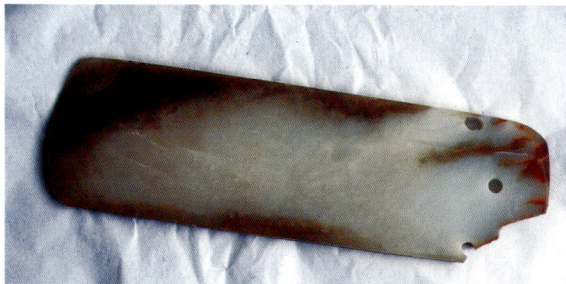

图六 齐家文化玉钺——众甫博物馆藏

虽然"刀""斧""铲""钺"这些字眼都代表某种实用工具，但是从出土器物的形态来看，这类玉器大多都是体大而薄，加上"玉"这种材质的物理特性较脆，并不适合作为砍、切的实用工具，再从这些器物的出土环境和器物使用痕迹来观察，其刃部往往光滑而平整，毫无砍劈使用遗留的痕迹，而且出土这类器物的墓葬往往等级很高，所以综合来推断，玉刀、玉钺、玉斧、玉铲在当时也属于一种重要的礼仪用器。

厚重结实的石刀、石铲、石斧等器物本身不属于玉器，故在此不纳入玉礼器范畴。

2．饰品类

玉器在史前社会中能脱颖而出，重要的原因就是因为其"美"的属性。因为其"美"的属性首先被史前先民认知，继而才在这自然属性上赋予更多的玉礼教内涵。

在齐家文化中，虽然玉器已经明显具有精神层面的内涵，但同时，也有彰显其"美"之功用的器物。例如，绿松石饰品是齐家文化玉器中比较常见的一类，在甘肃积石山县新庄坪遗址、甘肃武威皇娘娘台遗址等多处遗址都出土相当数量的绿松石饰品，这类器物就是当时先民用于装饰的玉器（图七）。

此外，还有一些小型玉璜、玉管珠、小型玉环亦是当时先民的装饰用玉。

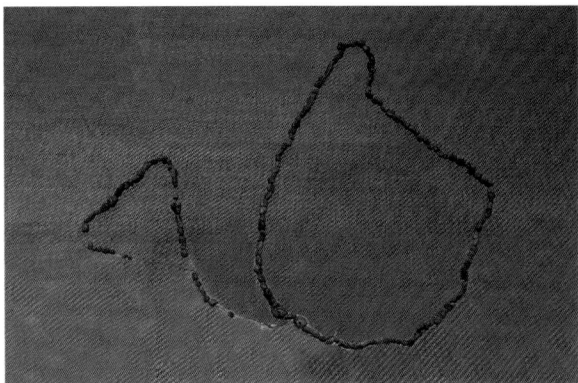

图七 齐家文化绿松石串珠——甘肃积石山新庄坪遗址出土

3．财富类

玉器从来就是稀有物品，是财富的象征，亦是财富聚集的结果。在史前社会，人们生产力落后，在当时采集玉石和加工玉器都要耗费大量的劳动力，因而在当时，玉料和玉器本身也带有财富属性。

如果说，体量较大、制作较好的玉器在当时是上层社会精神意志的表现的话，那么一些碎小的玉边角料和小型玉制品当是拥有者财富状况的一种体现。

在齐家文化出土玉器中，有很多五花八门的小玉件，包括一些叠堆出现的半石半玉性璧环、小玉璧、小玉璜、小玉环、小玉铲、小玉刀，还有一些随形制做的玉件，本人认为，这些玉件连同那些随葬的玉料，在当时都是一种财富的象征，它们并没有像礼器一样参与到社会上层建筑的礼仪活动中，但是也绝非人人可有，它们是作为一种珍稀的物质而为富人拥有，是贫富分化出现后一种象征财富的特殊物质。

（二）材质和工艺特征

统观齐家文化的玉器，呈现出与大西北人豪放的性格相一致的风格品味，"不拘一格"是其最突出的特征：用料不拘一格、器形不拘一格、大小不拘一格、厚薄不拘一格、打孔不拘一格。

1．用料不拘一格

虽然齐家玉器中重要礼器所选用的玉料大部分为透闪石真玉，有黄色、褐黄色、青黄色、白色、糖色、墨色、艾绿色、豆青色、翠色、碧色等品类，但整体用玉状况又不局限于透闪石，如绿松石、天河石、珊瑚化石、汉白玉、滑石、萤石、蛇纹石等材质也被广泛地应用，这一方面体现出齐家人对透闪石为真玉的朦胧认识，另一方面也表现出"美石即玉"的早期玉材观念。就地取材，为我所用，塑造形象，服务信念意识，就是其突出的特点。

单就齐家文化玉材而言，其选用的优质马衔山玉料非常接近和田玉，且就玉器的色彩变化相比，马衔山玉所产生的色彩视觉甚至更优于和田玉。在齐家玉器中，究竟有多大的比例来源于和田？有5%～30%的各种不同说法。我个人认为，在主流时期，就地取材是绝对的。在交通运输极为艰难的条件下，在当地玉石资源充足便利的情况下，绝无可能舍近求远，经历千辛万苦而长途搬运。我从很多看似和田玉的齐家玉器中，挑选出来20件做比重测试，绝大部分比重在2.95以下。所以，我认为它们仍然是地方玉料。就地取材，不拘一格，"不去斑杂、连皮带肉"是齐家文化玉器用料最为突出的特色。当然，也不排除在晚期通过部落之间的交流和转运而获得昆仑山地区和田玉真玉的可能。

2．器形不拘一格

齐家文化玉器的器型呈现出一定的总体特征，但是具体到每个器物之上又各不相同，不拘一格。例如玉璧，好与肉之间的比例变化较多，没有定格。玉琮的变化更加明显，玉琮有高体、矮体之别；射部有长射、短射之别；甚至还有隐去射部两端平齐型的玉琮。

除此之外，还有少部分玉琮带有瓦楞纹（图八）、弦纹，而大部分玉琮均为光素无纹。由此可见，齐家文化玉器的器形既有自身特色，却又"不拘一格"。

图八　齐家文化瓦楞纹玉琮——甘肃静宁治平乡后柳沟村出土

3．大小不拘一格

齐家文化玉器的体量大小差别明显，大型的玉刀、玉璋可达五六十厘米，而有些小型的玉铲、玉凿仅仅两三厘米。同一种器形间，器物的体量大小也差别较大，富于变化。例如齐家文化静宁七宝中的弦纹大玉琮高度可达16.7厘米，而出土于甘肃省定西市团结乡高泉村的一只玉琮高仅3.2厘米。其器形与大小规格之间似乎没有统一的对应和规范，没有特定的要求和标准，随料而为，不拘一格。

4．厚薄不拘一格

齐家文化玉器中，片状玉器的厚薄差别比较明显。同一器物上也常常存在厚薄不均匀的现象。由于齐家文化玉器主要采用片切割工艺，在开料过程中存在一定的玉料的磨损以及切片的偏斜（图九），因而在同一件器物上往往形成厚薄不均的状态，只有少数器物会特意修磨，达到整体厚薄均匀的效果。

此外，就不同片状器物对比来看，厚薄差距更加明显。有些片状玉器可以薄至1毫米，而有些片状玉器厚可以达到20毫米。由此可见，齐家玉器厚薄随料随形，不拘一格。

图九 齐家文化玉璧上呈现厚薄不均现象——众甫博物馆藏

5．打孔不拘一格

齐家文化玉器的打孔技术比较成熟，也丰富多样，较常见的有单面管钻孔、管钻双向对打孔、拉丝锼孔、管钻加拉丝孔、桯钻孔等等。

桯钻孔纵剖面多呈"U"形，常见于玉璜之上，是齐家文化玉器上细小孔最为常见的形式；单面管钻孔一般比较大，孔剖面呈现马蹄形，或者"U"形，常见于玉璧之上，是玉璧中间大孔即"好"部分的常用打孔方式；管钻双向对打孔常见于玉琮之上，由于钻孔时常有定位偏差，所以孔内多有错位痕迹，往往还会遗留下对钻而产生的玉芯（图一〇）；拉丝锼孔主要出现在玉琮之上，这种孔洞的横剖面大多不是正圆形状，其工艺类似于线切割，在孔洞内常留下细密而连绵的纵向锼痕（图一一）；管钻加拉丝孔一般是先管钻，然后拉丝修正，也主要出现在玉琮之上，这种做法或许是古人对于错位较大的管钻孔进行修正的方式。

从各种表现来看，齐家先民当时已经掌握了非常成熟的玉器打孔技术，他们不拘一格，根据器物需求而灵活选择打孔方式。

图一〇 齐家文化玉器管钻对打产生的玉芯

图一一 齐家文化玉琮上的拉丝打孔痕迹

（三）器形的发展及演变

如前所述，齐家文化是以甘、青、宁地区为核心，承续马家窑文化脉络，并吸收外来文化因素，而自成体系、独立发展的新石器时代晚期的灿烂地方文化。它是独立的，但不是封闭的，它与中原乃至更广泛地区有密切的文化交流与碰撞。

既然齐家文化是在承续马家窑文化的基础上兼容并蓄，发展而来，那么探究齐家文化玉器的源头亦应首先着眼于马家窑文化各时期的玉器遗存。然而，马家窑文化各时期除了石质的工具和石璧之外，只有零星的绿松石、天河石饰品，以及一些类似管、珠的小器物。所以，可以肯定，齐家文化时期出现的崇玉现象应当是接受了外部玉文化和治玉技术的影响而逐步发展起来的。

综合出土实物对比发现，齐家文化玉器在早、晚期存在着一定的差异。

从器型和体量来看，早期更多见大型玉器，如高体玉琮、大型玉璧，大型多璜联璧、大型玉刀玉铲等，此阶段出现的大型玉璧做工精致，打孔也多经过二次修磨，整个器物光洁整齐（图一二）；玉琮则外表打磨光洁，器物形体周正端庄，内孔也经过后期修整，不见管钻遗留的错位痕迹。

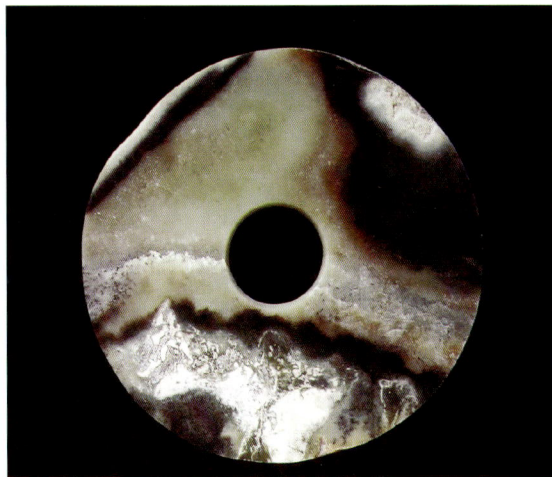

图一二 齐家义化玉璧 —— 甘肃静宁治半乡后柳沟村出土

　　中期以后，总体来看大多数齐家玉器材质和加工工艺都更加随意，虽然数量增多，但是总体特征似乎趋向于对玉器观念信仰的追求，而在实物的追求上略显泛而粗。此期遗址中出土器物，往往玉器材质较差，半石半玉的用料较多，工艺也较为粗糙，器形较单一，多素面无纹。器形整体以璧、环最多，玉琮变少。玉璧上，明显带螺旋纹的单面大斜孔比较普遍。器物平面厚薄不匀，中孔偏心，外缘不圆不规整，而且绝大部分玉器用料偏厚，显得粗犷而朴拙；玉琮也逐渐由早期的高体高射而逐渐向扁体短射演变，虽有质地精良的矮体玉琮打磨光洁细致，但是器型多不像早期挺拔规矩；此期间，唯有多璜联璧出现较多，加工也比早期更加规整（图一三）但是整体量变小，主要以三璜联璧为主，四联、五联、六联少见。在晚期，虽然也出现一些做工精细的特殊器物，如甘肃临洮新庄坪采集到的有领环、玉璋等，但是这些器物从工艺和器形风格上看更像是其他地区文化交流而来，并不能代表齐家晚期的玉器加工工艺。

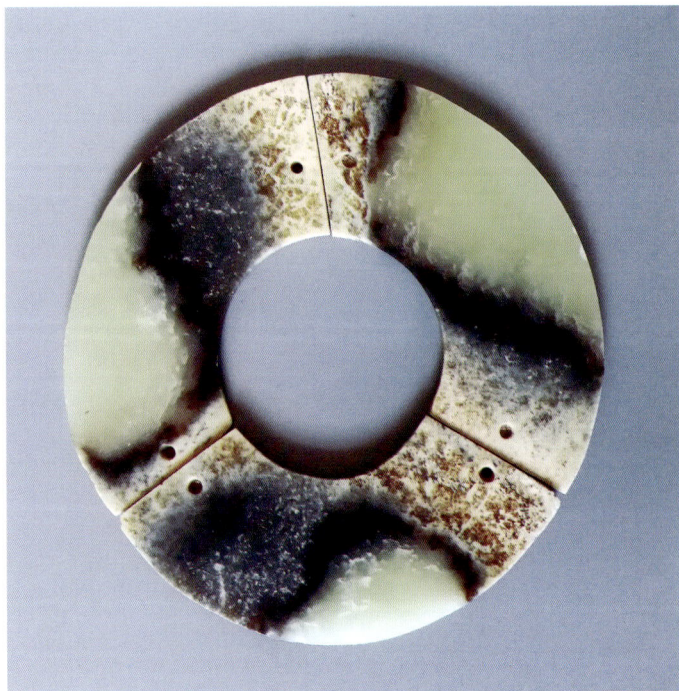

图一三　齐家文化晚期三合璧

四 齐家文化玉器消亡之谜底

弄清楚齐家文化消亡的时间和背景，对于确定齐家文化晚期玉器的流变有重要意义。

齐家文化到底是如何消亡的呢？

按照测年记录，齐家文化起于公元前2300年止于前1500年，前后跨度约800年，然后神秘地消失。其消亡原因有种种的说法：首先是自然灾害说，认为是空前的大地震加洪水，给齐家文化带来突发性的灭顶之灾。

本人认为，齐家人当时基本上是半地穴式的棚居，其房屋相当于防震棚，它并不像砖石结构房屋一样有很大的承重，因而即便坍塌也不会像砖瓦房一样给居住者带来巨大杀伤。其次，即便发生大地震，那也是震中地区受灾严重，一般不可能危及甘、青、宁整个齐家文化所在的广大地区。

也有学者提出气候和生态环境变化说，认为是自然条件的变化使得齐家先民无法适应原有的生业模式，被后来的文化群团所取代。齐家人无法定居从事以农牧业为主的生产生活方式，而改为游牧生产生活方式，亦无法再从事玉器生产、保管和携带，齐家文化独具特色的玉文化也就从此湮灭。

本人认为，以上种种观点，都不足以证明一个欣欣向荣、活力四射的时代瞬间灰飞湮灭、神秘消失。更深层次的问题应该是当时生产力和生产关系的矛盾达到了一个空前的、不可调和的层面，这就是宗教信仰危机的问题。

一方面宗教信仰（玉崇拜、玉礼教）活动所耗费的人力、物力越来越多，大量生产力被集中到宗教领域活动之中，从而对农业、手工业等正常生产生活造成极大破坏，从早期提高生产力和创造财富到后期变为阻碍生产力的发展。

另一方面，由于齐家人对于玉文化、玉礼教过于追求，对于玉石资源的过度占有和过度开发，也导致了齐家文化区域内玉石资源的加速枯竭。对玉器疯狂的追求与资源的减少、枯竭形成尖锐的、不可调和的矛盾。

这两方面的原因也迫使区域内时代文化的转型、转化，而与其共生相伴的玉文化也就自然而然地衰落。

五 与玉文化有关的传奇历史人物与事件的个人见解

（一）关于瑶池西王母的见解

西王母是中国上古时代颇具传奇色彩的神仙形象，早至黄帝、尧、舜、禹，迟至周穆王、汉武帝时期均有各种版本的传说。《竹书纪年》云："帝舜有虞氏九年，西王母来朝，献白环、玉玦。"从舜帝（约公元前2100年）"舜西教六戎，西王母来朝"，到《史记·周本纪》载"（周）穆王十七年（公元前916年），西巡狩，见西王母"，前后跨越1200年，由此推论西王母并非具体的哪个人，而是昆仑山中一个尚处在母系社会时期的西戎部落首领的形象化身。但是，这从另一侧面证明，在舜帝时期，西戎部族已有玉器生产制作工艺，而马家窑文化时期尚无治玉技能，说明在舜帝时期西戎已进入齐家文化时期，齐家文化玉器已名扬中土。也就是说齐家文化早于夏代，齐家玉器也早于夏代玉器，这在两个文化的玉器形制和工艺特征上也可以得到求证。齐家文化玉器大部分光素无纹，只有在晚期才出现横竖线条、扉牙和弦纹，与洛阳偃师二里头文化出土的玉刀等器形极为相似，扉牙和纹饰更加精细美妙，应该是在齐家文化后期同时代的产物。

（二）关于"九黎""三苗"的梳理

上古历史无文字记载，皆由世世代代口口相传流传下来。西方世界早年基本不承认中国经历过"石器时代"。但是，大部分传说都在后来的考古活动中得到验证。据本人整理信息综合推演，"九黎"乃伏羲后裔"九夷"音转而来。主要是分化成九个支系，分居九个不同区域，活动范围在今山东、河南、山西、河北一带。下传近1300年，至炎帝姜榆时代（公元前2767年〔甲寅〕至公元前2713年〔戊申〕在位55年）结束。

公元前2713年，炎帝姜榆与黄帝轩辕争帝位战于"阪泉城"，炎帝姜榆败而让位，改封于潞国（今山西潞城县）。此时"九黎族"部众一分为二，追随蚩尤者仍在故地（三省交界古黎阳郡），追随炎帝者迁于潞国。蚩尤亦为伏羲后人，被黄帝部族丑化。蚩尤统一了"九黎"部落遂成为"九黎"国君。炎黄大战之后，炎黄部族统归黄帝而合战蚩尤，蚩尤败死，其部落南迁长江流域，西迁汉水流域（云、贵、川）。伏羲后代中的一支不断衍化成华夏族（汉族前身），其他支系如蚩尤部族则衍化成夷族（1949年定名为彝族、纳西族、土族、土家族、苗族），后称"三苗"。

因此说"三苗"实为"九黎"之后，亦同为伏羲后人。有江南说、西北说。本人以为，其时战乱频仍，人群居无定所。此时其原本居江南，尧舜禹时作乱被伐而被流徙，其中一部迁"三危"，即由东南而至西北。《战国策·魏策一》云："昔者三苗之居，左彭蠡之波，右洞庭之水，文山在其南、衡山在其北。恃此险也，而禹放逐之。""禹放逐之"意为禹征三苗而迁徙之。尧迁禹徙都不易考证，虽然"三苗"（一部分）从东南迁西北是共识。但迁徙不可能尽绝，迁西北仅为重要的一支，此即与当地西戎融合而成之氐羌族（羌戎），携带着东夷、南蛮的玉文化形成甘青大西北地区的新文化 —— 齐家文化。当然三苗在江南故居仍有残留（危姓），在湘黔亦有散布。黔北苗有大量民歌记忆可佐证。

通过以上梳理，我们不难看出，所谓"九黎""蚩尤""三苗"皆为炎帝不同时期，不同分支的后人，而炎帝则为伏羲后人。

（三）关于"西戎"的相关思考

在我国上古时代，为了强调中原的核心地位，"以我为中心"，称南方居民为"南蛮"，称北方居民为"北狄"，称东方居民为"东夷"，称西方居民为"西戎"。此四方称谓皆有贬损边民之意，借以抬高中土圣地的自己，与居住在这些地区的居民的民族和种族几乎没有什么关系，而和（图腾）宗教文化信仰却有十分密切的关系。人群在征战中不断迁徙，信仰在迁徙、融合中不断改变，随着时间、地域、政治环境的改变，信仰、图腾、部落、民族、姓氏也在不断地融合拆分。但是，无论怎么融合、拆分、改变，都是大华夏子孙内部的交流。

　　以西戎为例，西戎泛指上古时期生活在大西北地区的居民。有诸多的称谓，形容边缘意思的名称有：西戎、边戎、蕃戎等；形容众多意思的名称有：九戎、百戎、大戎等；带有来源性质的名称有：羌戎、姜戎等；带有狡猾、贬意或图腾信仰名称的有：鬼戎、犬戎、寇戎等。事实上，不同历史时期，西戎部族内部也在不断分解，融合而形成不同的部族名称。云南元谋人（距今170万年）属于旧石器时代早期古人类。考古学家认为，"元谋人"北上越过金沙江，到甘肃青海成为古羌戎人。既是羌戎的起源，亦是华夏民族的起源，华夏民族的人文始祖伏羲皇就是这支古羌戎人的后裔。关振兴《元古时期兰州的羌文化》称"羌族是非常古老的民族与华夏族是同一祖先"，是"西戎"的主要组成部分。关振兴先生认为，秦始皇建立统一的秦帝国之前，整个今兰州地区仍然是羌戎部族居住生活的地区。

　　辉煌灿烂的马家窑彩陶文化即为这些古羌人所创造，彩陶上的水涡纹、蛙神纹所显示对水的敬畏，大禹治水的年代大约在齐家文化中期前后。

　　夏朝时称西戎为昆仑、析支、渠搜等。《史记·匈奴列传》记秦穆公时有西戎八国：绵诸、绲戎、翟戎、岐山戎、梁山戎、义渠戎、大荔戎、乌氏戎等。

　　周幽王五十一年（公元前771年），犬戎与申侯联合，攻杀周幽王，迫使周室东迁。傅斯年《姜原》说："姬周当是姜姓的一个支族，或者是更大之族之两支。"传说姬姓周的始祖"弃"的母亲姜源是姜部落之女，姬姓周和姜姓羌应是互为婚姻的两大集团。周与姜、羌联盟是武王灭商的重要条件。周朝立国以后，把一些姜姓羌人分封到中原地区，如分封在今山东的齐国(《史记·齐太公世家》)，分封在今河南许昌、南阳一带的申、吕、许都是姜姓国。周时进入中原的这部分姜姓羌人，历西周之世，已基本上与华夏人相融合，成为华夏族的重要组成部分。

　　周平王东迁以后，一些以羌人为主体的羌戎大量迁入中原地区。由此可知，伏羲、炎帝、黄帝、夏、商、周、秦都是古西羌民族。范文澜《中国通史简编》中说："有些戎狄和华夏并无种族上的差异，如姬姓、姜姓之戎，他们和周人本是同族之人。他们之所以被周人看作戎人，原因就是他们文化上落后于周人。文化高的地区即周礼地区称为夏，文化高的人或族称为华，华夏合起来称为中国。对文化低即不遵守周礼的人或族称为蛮、夷、戎、狄。到东周末年，凡接受华夏文化的各族，大体上融合成一个华族了。……因为华族文化程度较高，政治上有霸主主持盟会，起着互救的作用。华族凭藉优势的文化和政治力量，终于融合了诸族。……中国这一名称，含有地区居中的意义，但更重要的意义则是指传统文化的所在地。"

通过以上梳理，我们不难看出，古羌族对中国历史发展和民族发展有着广泛而深远的影响。古羌族主要活动在大西北地区，迁徙到中原地区的羌戎族大多华夏化，而华夏族分化出来的某些分支被驱逐迁徙至边地，又被妖魔化。历经不同时代的不断拆分融合，文化信仰、风俗习惯亦经历来自四面八方的影响，形成新的信仰和民族、宗教。

本人认为，中华传统文化（含玉文化）的源流与涌动是此起彼伏、互相推动的。从中原裴李岗文化贾湖遗址9000年的出土玉器，兴隆洼8000年的玉文化，大地湾、凌家滩约7000年，红山文化，良渚文化约6000～5000年，到大汶口文化、仰韶、石家河、龙山、齐家文化5000～4000年，虽然看上去文化区域是东西错落，互不衔接的，但它们始终是互相影响，互相推动，在文化上（玉礼教）是有所继承又各成特色的。

从考古实据来看，江南的泛良渚文化、黄河中下游的大汶口文化，都要早于齐家文化，又有"迁三苗于三危"的史料记载，那么齐家玉文化的形成受到江南乃黄河中下游玉文化的影响应该是合乎逻辑的。当然，齐家玉文化亦影响推动了中原的夏朝玉文化、商周玉文化，为华夏玉文化、玉礼教的传承打下了坚实的基础。

后记

"中国（深圳）收藏文化月"活动按照深圳市的统筹安排在每年六月份举行，2020年春节期间突如其来的疫情完全打乱了节奏，好在我们着手早，大部分工作在2019年已启动。尽管如此，还有一些重要环节被疫情牵制。

活动的总策划之一为"享受政府特殊津贴专家"，中国社科院文学研究所研究员、教授叶舒宪老师，他同时为上海交大致远讲席教授，中国民间文艺家协会副主席，中国文学人类学研究会会长，以及美国、英国多所大学的访问学者。他在比较文学、文学人类学研究等方面的研究处于国内领先地位，特别是对"玉成中国"中华史前古玉器对中华民族初始文化"玉礼教"的发展脉络有更深入的研究。著有《玉文化先统一中国说》《图说中华文明发生史》《金枝玉叶》《中国神话哲学》等30余部专著。

由于本次活动旨在梳理史前古玉对中华民族文化信仰、宗教源流的影响、塑造，以及对各区域玉礼教文化的交流、融合，形成中华民族独特的精神文化标识，而叶舒宪先生近年来的系统研究，正是在不断破译、解析中华文明发生史的密码。由他担任此次活动总策划影响深远。

此次红山文化展品的指导为张鹏飞老师，他是国家文物进出境审核辽宁管理处责任鉴定员、辽宁省文物鉴定组成员。近年来全程参与公安部督办的辽宁朝阳"11·26红山大案"涉案文物鉴定工作。除了兢兢业业为完成本职工作而辛勤耕耘外，他还牺牲了大量个人的休息时间，八年行走十二万多公里，走访东北以及河北、河南、陕西、安徽、天津等曾经出土过红山文化玉器的地区，重点深入到牛河梁遗址、兴隆洼遗址、小河西遗址、赵宝沟遗址、哈民忙哈遗址、南宝力皋吐遗址、夏家店遗址等相关遗址中调查研究，并收集了大量包含民间收藏在内的一手资料，积累了丰富的红山文化玉器鉴定经验，掌握了鉴定要诀。

院文清老师是我们多年的老朋友，多次赴找会授课指导。院教授毕业于武汉大学历史系考古专业，先后就职于荆州博物馆、湖北省博物馆、湖北省文物考古研究所。参与和主持过多项重大考古发掘和陈列展览项目，曾荣获全国博物馆陈列展览年度十大精品奖、全国十大考古发现、夏鼐考古学研究成果奖二等奖、光明杯优秀学术著作二等奖。编撰出版学术著作二十余部、发表学术论文百余篇。现为国家文博类二级研究员，特别擅长楚文化青铜器和长江中下游史前文化玉器的鉴定与研究。

古方老师，先后毕业于北京大学考古系和中国社会科学院研究生院考古系，曾在中国社会科学院考古研究所从事考古发掘与中国古代玉器的研究工作，曾任美国纽约大都会艺术博物馆亚洲艺术部高级访问学者，从事馆藏玉器的整理、鉴定和研究工作。现为中国文化艺术发展促进会收藏文化专业委员会主任。主编《中国出土玉器全集》《中国传世玉器全集》《中国古玉器图典》《加拿大皇家安大略博物馆藏中国古代玉器》等多部著作。

唐士乾先生是甘肃省齐家文化研究会副会长兼秘书长，曾任广河县文化局局长、县政协副主席。他研究齐家文化不单纯是工作职责，更是对齐家文化疯狂地热爱和痴迷。如今，在甘肃省广河县，齐家文化的元素和影响无处不在，从政府决策到民间活动都在演奏着一场"挖掘保护传统文化资源，打造齐家文化品牌"的盛大乐章。所有这些变迁都是与唐仕乾会长多年如一日的努力密不可分的。

刘云辉老师，毕业于西北大学历史学系考古专业，历任秦始皇兵马俑博物馆副馆长，西安半坡博物馆馆长，陕西省文物局文物处处长、副局长，陕西省文物局巡视员等职。退休后仍担任陕西省文物鉴定委员会主任委员。一生从事文物研究相关工作，经验丰富，学界知名度高，尤其是对西北地区春秋战国和史前文化玉器的学术研究、器物鉴定，已达到相当高的水平。

岳峰老师，毕业于新疆大学历史系。曾任新疆维吾尔自治区文物局局长，新疆维吾尔自治区文物鉴定委员会主任，新疆维吾尔自治区收藏家协会会长，新疆维吾尔自治区文物总店总经理等职。现任中国国家博物馆艺术品鉴定中心主任、研究馆员，中国收藏家协会副会长，中国玉雕艺术委员会专家顾问委员会主任，中国社会科学院研究生院兼职教授。兼任全国工艺雕刻百花工匠技能大赛专家评审委员会主任，全国玉石雕刻百花奖专家评审委员会主任，央视1套《我有传家宝》栏目专家，中国（苏州）陆子冈杯专家评审委员会主任等职。主编图书《新疆文物古迹大观》《和田玉与中华文明·和田玉收藏与鉴赏》《中国玉器鉴定》等，以及《论文物鉴定与文物鉴定学》《论中国古代玉器鉴定》《雪域珍宝"天珠"》等专业论文，是我国著名的玉文化学者。

施俊老师，研究馆员。从事文物进出境审核天津管理处玉器、陶瓷类责任鉴定员，任天津市文物鉴定委员会委员。是天津电视台《艺品藏拍》栏目特聘玉器类鉴定专家、山西卫视《天下寻宝》玉器类鉴定专家、河南卫视《华豫之门》玉器类鉴定专家、广东电视台《岭南鉴宝》玉器类等鉴定专家。主要著作有《中国古代玉器鉴定》《施俊说古玉》《玉玦功能的演进》《论古代玉簪饰的发展演变》《红山文化时期盛行玉雕动物崇拜》《玉带钩的演变与特征》《古玉器收藏与辨伪》等。

李国强老师，文博研究馆员、文化部艺术品评估委员会委员。曾任洛阳古墓博物馆馆长、洛阳市流散文物管理所所长、洛阳市文物交流中心（文物商店）总经理。在古建的保护修缮、文物艺术品的鉴定与评估领域研究积累了丰富的实战经验，对青铜器铜镜、古陶瓷唐三彩研究水平在国内居于领先地位。出版专著四部，发表论文四十多篇，受聘为多家省高校客座教授，多次在北上广深为外国专家使节及为各地文物爱好者收藏家做专题讲座，曾在北京卫视《天下收藏》《华豫之门》等电视栏目特约鉴定专家，为多家博物馆文物征集鉴定评估把关，获"最美洛阳人"优秀专业技术人才奖等称号。

韩昌晟先生于2003年创办深圳市收藏协会，担任法定代表人，秘书长，2013年起担任会长，也是深圳市国学文化研究会创始人、会长，中国国际文化传播中心全国民办博物馆联合会副主席，中国收藏家协会特邀顾问、常务理事，广东省民间文艺家协会主席团成员，深圳市民间文艺家协会副主席。在他的带领下，深圳市收藏协会活动出彩，声名鹊起，后来居上，广受赞誉。他的兴趣曾涉猎观赏石、古陶瓷、青铜器、木器等，对史前文化玉石器情有独钟。虽为业余人士，但韩先生谦虚好学，善投名师，在齐家文化玉器研究上颇有心得，对史前文化的古玉器鉴赏研究有了质的飞跃，特别是对东北地区泛红山文化玉器更为钟爱。韩先生认为，它是华夏文明"玉礼教"文化的重要发祥地之一，且历时最长久，文化积淀最厚重，对所有中华玉文化影响最深远，对中华民族优秀文化的传承贡献最伟大。

在此，我们首先向以上提供论文的老师和顾问表示衷心感谢！陕西省神木市石峁文化研究会会长胡文高先生，中国玉文化研究会齐家文化研究专委会副会长兼秘书长、甘肃省齐家文化研究会理事杨慧积先生，中国玉文化研究会齐家文化研究专委会理事、中国临夏市夏文化研究会秘书长苟云先生，杭州市收藏家朱淑华先生，深圳市收藏协会玉器专业委员会副主席廖郭平先生，中国玉文化研究会齐家文化研究专委会副秘书长邵寅生先生等，给予展览活动和本书编辑出版很多支持，仕此一并感谢！

本书能够顺利出版，得益于上级领导及业界人士的大力支持和帮助。在此，我们首先要感谢中共深圳市委、深圳市人民政府、中共深圳市委宣传部、深圳市文化广电旅游体育局，特别感谢深圳市宣传文化事业发展专项基金给我们的经费资助，为我们办好第三届"中国（深圳）收藏文化月"系列活动，尤其是藏品征集、保证本书的编辑和出版质量，给予了有力支持。中国国际文化传播中心、中国收藏家协会、中国国际文化传播中心全国民办博物馆联合会、深圳市文物管理办公室以及深圳市收藏协会在活动组织和本书编辑过程中给予了精心指导和大量的帮助，为本书的顺利出版提供了有利条件。

本书所收录的玉器来自国内外不同地区的民间藏家，为了保证活动质量，各入选藏家都自愿将自己最得意的精品收藏无偿奉献出来，供社会大众欣赏。参展藏品皆选自圈内重要藏家，为了积极配合文博专家按程序要求接受鉴定评选，他们又千里迢迢亲自将参展藏品送到组委会，入选藏品自愿不署名，彻彻底底不图名不图利，我们在此对各位藏家的无私奉献致以敬意。

编者

第三届"中国（深圳）收藏文化月"

活动花絮

第三届中国（深圳）收藏文化月暨第三届中国收藏组织创新发展（深圳）高层论坛、古玉研讨会合影
2020.12.12

玉成中华

开幕式合影照

2020年12月12日上午，第三届"中国（深圳）收藏文化月"系列活动在龙岗文博展览馆开幕，广东省政协原副主席、中国收藏家协会顾问徐尚武先生，中国收藏家协会会长罗伯健先生，中国民间文艺家协会副主席叶舒宪先生，中国社科院考古研究所研究员王仁湘先生，中国社科院研究员易华先生，中国社科院《世界民族》编辑部周旭芳女士，陕西省文物局原巡视员、陕西省文物鉴定委员会主任委员刘云辉先生，深圳市文化广电旅游体育局副局长陈绍华先生，深圳市文化广电旅游体育局文物管理办公室主任乔永清先生，深圳市龙岗区文化广电旅游体育局局长刘德平先生，深圳市龙岗区文化广电旅游体育局副局长褚志敏先生以及各位古玉器研究专家、知名藏家、各省级收藏组织领导齐聚开幕式，共同庆祝第三届"中国（深圳）收藏文化月"活动的顺利开幕。

◀ 开幕式上，首先由中国（深圳）收藏文化月组委会执行主任、中国国际文化传播中心全国民办博物馆联合会副主席、深圳市收藏协会会长韩昌晟先生致辞。

◀ 陕西省神木市石峁文化研究会会长胡文高先生代表藏家发言。

◀ 国家文物进出境审核天津管理处研究员、责任鉴定员施俊女士代表专家组介绍了本次参展展品的鉴定过程和品质规模。

▲ 深圳市文化广电旅游体育局（文物局）副局长陈绍华先生作为活动的主办方代表讲话。

▲ 中国收藏家协会会长罗伯健先生盛赞前两届活动的良好影响力和本次活动品质高、学术性强的特点，认为本次活动是引导民间收藏、服务社会公共文化的范例。

▲ 广东省政协原副主席、中国收藏家协会顾问徐尚武先生宣布"第三届中国（深圳）收藏文化月活动正式开幕"。

◀ 广东省政协原副主席徐尚武先生在展厅参观。

大家一起前往龙岗文博展览馆参观"玉成中华系列展"，展览主要包括史前文化时期不同地区古玉石器与主要文化地区玉器用材标本。▶

本次展事活动中还包含了"史前文化古玉器琢治工艺推演展"，由红山文化玉器琢治工艺研究推演专家苏献斌先生带队为大家现场展示史前文化时期（尤其是红山文化时期）玉器的雕琢、打磨工艺，极大地吸引了观众的兴趣。▶

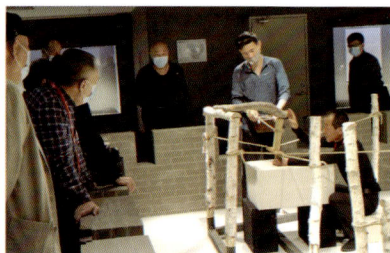

2020年12月12日下午2:30，"全国参会专家大型公益鉴定活动"在龙岗图书馆一楼报告厅举行。活动伊始，前来参加鉴定的藏家积极排队领号，专家们也非常有耐心地为各位前来鉴定的藏家认真鉴定并进行讲解，很好地满足了各位藏家的需求，普及了玉器的鉴定知识。

2020年12月13日上午9:00，第三届中国收藏组织创新发展（深圳）高层论坛暨玉成中华——中华古玉研讨会在龙岗图书馆一楼报告厅举行。中国收藏协会会长罗伯健先生首先发表讲话。

随后，陕西省文物局原巡视员、陕西省文物鉴定委员会主任委员刘云辉作为本场活动的主持人开始主持上午的活动。

本场活动发言顺序为：

1. 湖北省博物馆二级研究员、湖北省文物鉴定委员会委员院文清，演讲题目：《神秘的石家河文化玉器》。

2. 中国民间文艺家协会副主席叶舒宪，演讲题目：《玉文化精神传承万年》。

3. 陕西省文物局原巡视员、陕西省文物鉴定委员会主任委员刘云辉，演讲题目：《关于陕西出土牙璋的观察与思考》，

4. 甘肃省齐家文化研究会副会长兼秘书长唐士乾，演讲题目：《齐家文化的前世今生》。

5. 国家文物进出境审核辽宁管理处责任鉴定员张鹏飞（本人未出席，由深圳市收藏协会秘书处人员代为宣读），演讲题目：《红山文化考古发现与研究》。图为点评人：易华（中国社科院研究员）。

2020年12月13日下午2:30，第三届中国收藏组织创新发展（深圳）高层论坛暨玉成中华——中华古玉研讨会继续进行，但第三届中国收藏组织创新发展（深圳）高层论坛在康铂酒店二楼举行，玉成中华——中华古玉研讨会在龙岗图书馆一楼举行。其中，玉成中华——中华古玉研讨会由中国民间文艺家协会副主席叶舒宪主持，发言顺序为：

1. 中国社科院研究员易华，演讲题目：《玉魂金魄：中华文明金玉关系概说》。点评人：汪永基（新华社原高级记者、高级主管）。

2. 中国（深圳）收藏文化月组委会执行主任、中国国际文化传播中心全国民办博物馆联合会副主席、深圳市收藏协会会长韩昌晟，演讲题目：《齐家文化玉器产生、消亡背景初探》。点评人：唐士乾（甘肃省齐家文化研究会副会长，兼秘书长）

3. 国家文物进出境审核天津管理处研究员、责任鉴定员施俊，演讲题目：《红山文化时期盛行玉雕动物崇拜》。

4. 中国社科院考古研究所研究员王仁湘，演讲题目：《良渚文化玉器微雕中的大视界》。

5. 原任职于中国社科院考古研究所，现中华文化艺术发展促进会收藏文化专委会主任古方（本人未出席，由深圳市收藏协会工作人员代为宣读），演讲题目：《红山文化玉器的用途和意义》。

　　第三届中国收藏组织创新发展（深圳）高层论坛以茶话会的形式，由中国收藏家协会会长罗伯健牵头，各省级收藏协会负责人围坐一桌，探讨民间收藏的创新与发展问题，共同努力，打造可持续的、国家级国际性的重量级文化品牌，促进民间收藏文化在深圳的发展，助力深圳中国特色社会主义先行示范区建设。

2020年12月14日，与会人员参观了深圳"国家级文物保护单位"——大鹏所城，浏览了深圳东部海岸线和美景，整体活动圆满结束。